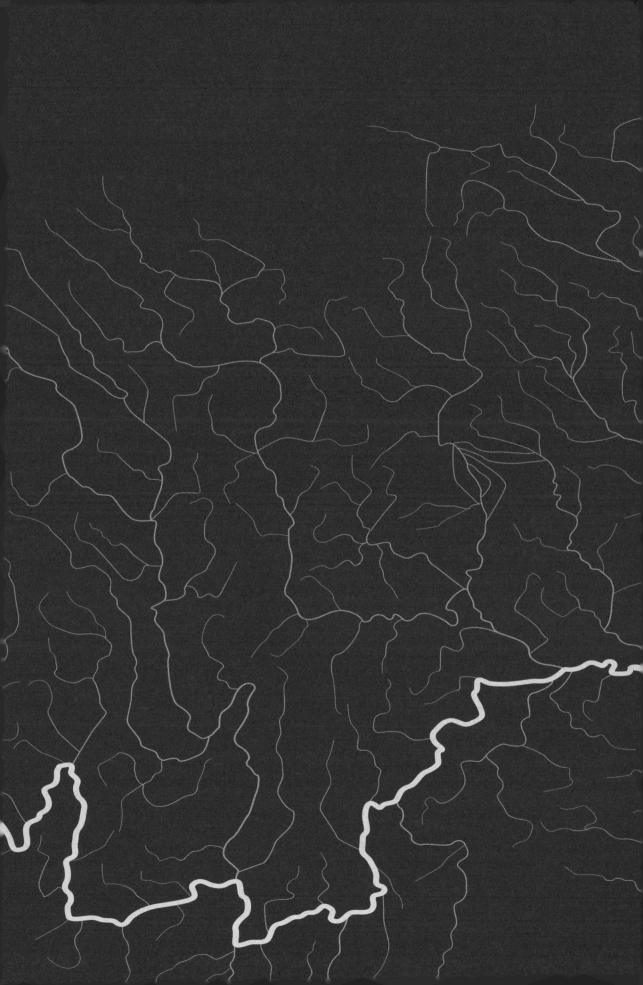

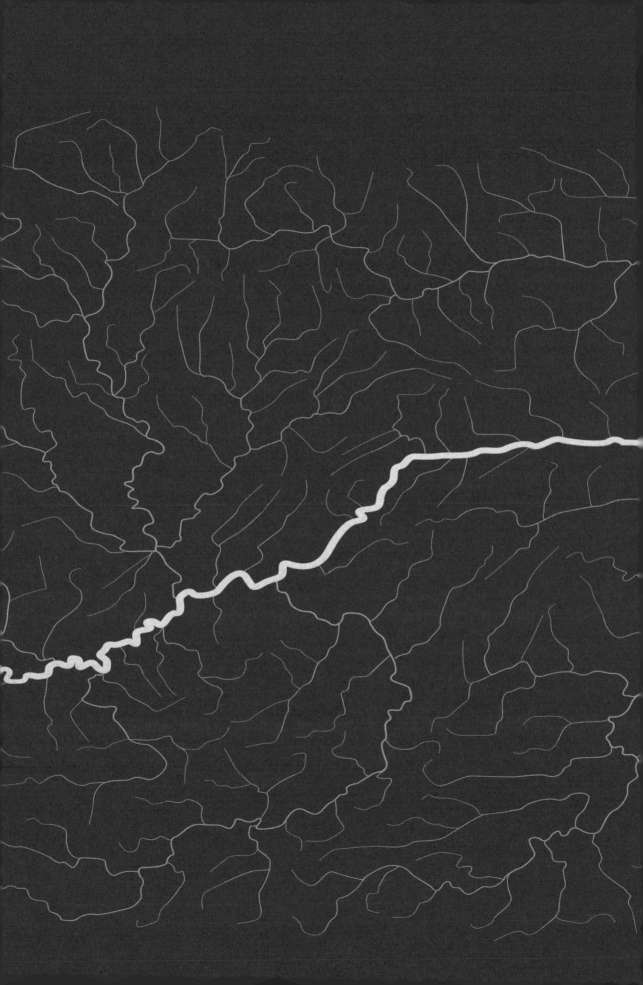

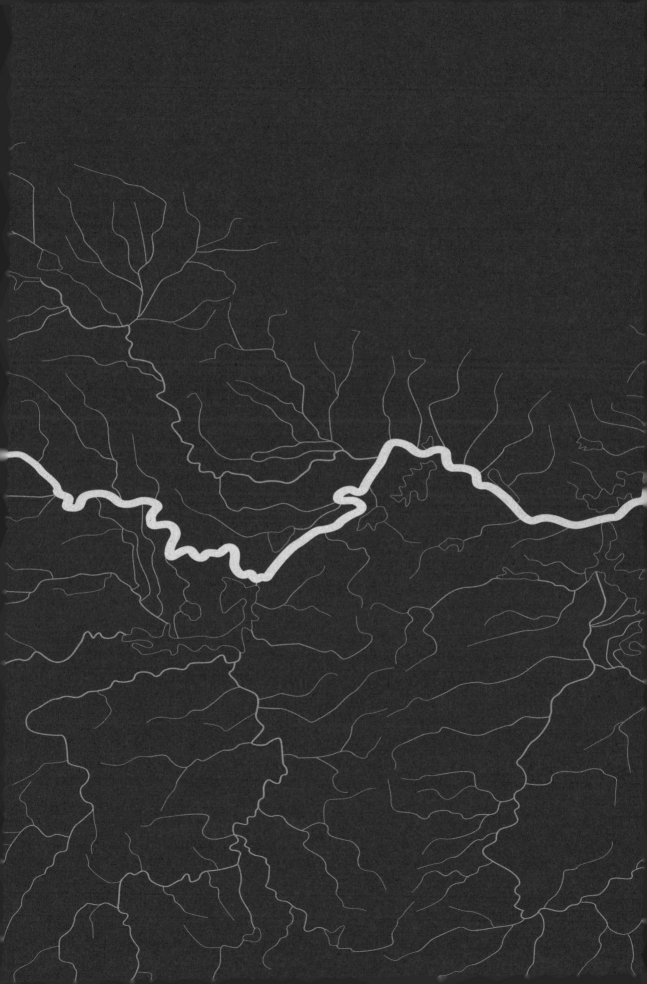

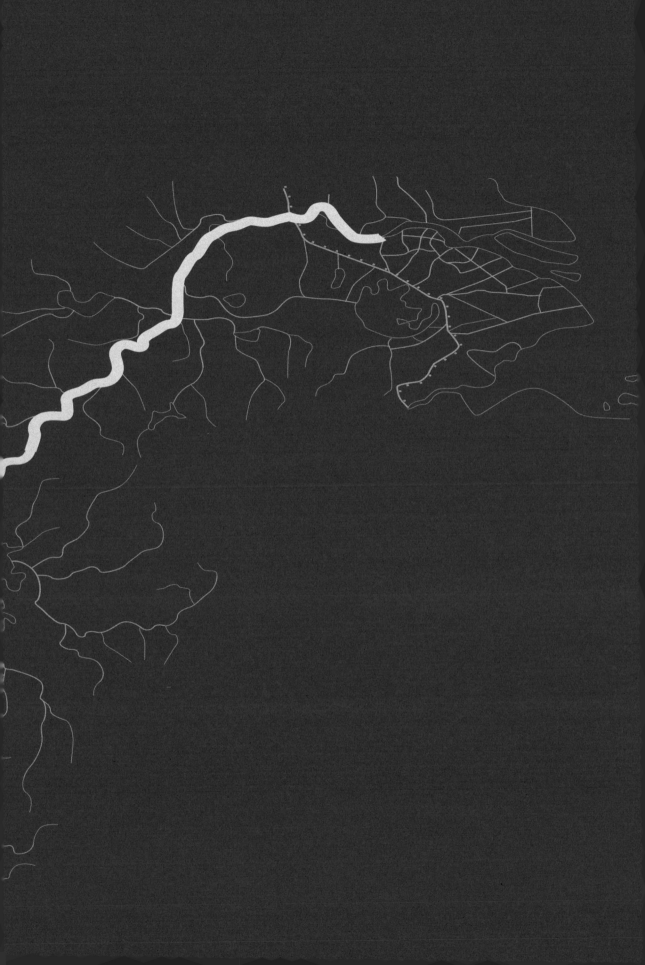

国家出版基金项目

一个长江 从雪山到海洋

长江保护与绿色发展研究院 江苏省科普作家协会 编著

江苏凤凰科学技术出版社·南京

编委会

序

流神川，浩浩汤汤；云雷天堑，渺渺茫茫。古往今来，多少瑰丽的诗篇，试图谣咏她的伟大；多少壮美的传说，竭力解读她的奥秘。她就是长江！孕育中华民族的伟大摇篮。从雪山到海洋，江水涛涛，泽惠四方；从天上到人间，雨露甘霖，万世给养。

长江是中华民族发展的重要支撑。长江发源于亚洲水塔，多年径流量约 10 000 亿 m³，位居世界第三、亚洲第一，约占全国水资源总量的 36%，是国家不可替代的战略水源地；长江水能资源极为丰富，干支流水力理论年蕴藏量达 3.05 亿千瓦，占全国的 40%；水力可开发量 2.81 亿千瓦，占全国可开发量的53.4%，我国 13 个大型水电基地约有近一半在长江流域。作为清洁能源，将为国家生态文明建设和高质量发展以及"双碳目标"的实现发挥不可或缺的作用；长江是世界上运量最大、运输最繁忙的天然航道，2021 年货物通过量 30.6 亿吨，稳居世界内河首位，作为唯一横贯中国东、中、西部地区的水运主通道，是构建长江经济带和沿江绿色生态廊道的主骨架；长江渔业资源丰富，长江水系共分布鱼类 378 种，占全国淡水鱼类总数的33%，居全国各江河鱼类资源之首，拥有许多珍贵鱼类，是我国最重要的淡水渔业种质资源库；长江横跨我国东中西三级阶地和四个气候带，地形地貌多样，气候条件复杂，自然生境具有明显的地带性，造就了我国乃至世界的生物多样性热点区域，是我国重要的生态安全屏障，也是地球上重要的天然物种基因库。流域共有重要保护物种 1 398 种，包括植物 568 种，哺乳动物 142 种，鸟类 168 种，两栖动物 57 种，爬行动物 85 种，鱼类 378 种。此外，长江流域是我国综合实力最强、战略支撑作用最大的区域，人口和生产总值均超过全国的 40%，是长江经济带发展、成渝双城发展、长江三角洲一体化发展等国家战略的重要依托，是连接丝绸之路经济带和 21 世纪海上丝绸之路的纽带。

然而，随着全球变化的加剧和经济社会的快速发展，流域水沙条件发生显著变化、水环境污染问题突出、水生态明显退化，长江新老水问题交织。因此，针对长江的保护变得迫不可待。当前，"共抓长江大保护，实现发展高质量"不再只是作为一句口号停留在书面报告上，更成为长江沿线各地可持续发展的前进方向和奋斗目标。

长江，中华大地的大动脉，华夏文明的母亲河，一呼一吸之间，我们每个人都与她紧密相连。长江离我们那么近，我们每天共饮的是长江水；长江又离我们那么远，远在天边，极至昆仑。虽然绝大多数人不能像专业的地理学家、水文学家一样，用脚步丈量，实地考察，但这并不意味着就失去了与长江近距离"接触"的机会。努力了解长江奇特的地理地貌和丰富资源与物种，领略长江的人文风土，这也是为保护长江生态系统的丰富性、多样性可以贡献的一份力量。

正因如此，在当下这样一个阅读碎片化的时代里，我们希望有这样一本书，可以凭借字斟句酌的密度、条分缕析的精度，为读者全方位、多角度、详细而又准确地介绍长江及其流域。用最新的科学和发现，描绘山川地理，让读者足不出户，便身临其境，于字里行间，畅游雪山草原、险隘洞涧；用可持续的发展保护理念，捕捉雪豹、熊猫、江豚、穿山甲……这些物种最美的瞬间，让读者一瞬之间，便流连忘返，聆弦外之音，与鹤共舞，与兽同行间，思考守护它们的新方法以及发展与保护协同的新路径；用当代人的视野镜头，在聚焦与发散之间，让读者俯瞰万物共生、风土人情，在历史的长河中，审视我们和江山的关系，在未来的期许中，学会探索开拓人与自然和谐共处的新方式。

故此，《一个长江　从雪山到海洋》这本书应运而生。

为了让读者能够更加轻松地进入书中的长江世界，在全书的体例设计上，纵向我们根据长江的自然地域把全书分为五个篇章，将"文字·图片·地图·图表·文献"等信息内容有机地结合起来，五位同表。从野性与神圣的通天河源，到多样与强劲的金沙横断，读者可以看到野性大地的垂直变幻；从险峻与征服的巴山蜀水，到滋养与连通的湖广鄱阳，读者可以体味万物共生的千姿百态；万流朝宗，扬子入海，读者则可以见识到中华大地大江大河纵横交汇的气象万千。横向我们又在每个地域章节设置"生境·生物·生活"三个维度，三维一体，既展现了在地壳运动、气候特征的影响下长江各区域形成的独特地貌，描摹出了不同流域壮美辽阔、险峻特别的地理景观，同时又为读者演绎出多方水土孕育的千姿物种，以及充满积淀的百态人文。

为了方便读者阅读学习，全书图文并茂，绘声绘色。在整体视觉设计上，我们选用数百幅高清摄影大图为书增色，绘制专业地图、物种数据分布图、水利水文生态信息图近百张为书注解，再以具有独特质感设计的多彩纸张加持，力求通过纸书的极致细腻，为读者缓缓展开一幅气势恢宏的"千里江山图"。

与此同时，全书还隐藏着多条叙述脉络。从长江的源头到下游，在空间的横轴上，有一个自然退、人类进的过程；从远古的历史到现代的社会，在时间的纵轴上，也能够看到同样的一个自然退、人类进的过程。而立于时间与空间、历史与未来交汇点的当下，又能看到人类对自然的反哺开始生发。站在空间的维度俯瞰，从长江下游开始，向上游源头追溯，经济上有余力、思想上有认识的人类已经开始行动，勠力同心修复大自然，让一些已经离开的物种重新回归。而站在时间的维度眺望，虽然当下的每一刻正在不断成为历史，但人们现在为长江保护、生态保护所做的一切，却也不断指向未来，必将成为造福子孙后代的大道之行。我们希望这样纵横交织、五段三维的逻辑结构，能够描绘出人与江山的复杂关系，进而带领读者共飨一段有深度、有思考的长江梦幻之旅。

长江者，水也。上善若水，水善利万物而不争，是长江哺育了中华文明，也是长江成就了中华儿女。对长江的了解，对长江的热爱，对长江的保护，其意义和影响深远。所以，我们可以看到，"推动绿色发展，促进人与自然和谐共生"，"统筹水资源、水环境、水生态治理，推动重要江河湖库生态保护治理……"成为党二十大报告的重要内容。古以和为贵，今以谐为珍。从神山圣湖、自然胜境的原始崇拜，至道法自然、洞天福地的文化因袭，再到一方水土养一方人的生存模式，沧海桑田、星移斗转，到如今生态文明的提出以及共建人类命运共同体的概念，长江已经从一条滋养华夏大地的河流，逐渐成为链接每一位中华儿女的精神纽带和文化图腾。因此，能够与长江、与自然和谐相处，也必将成为我们孜孜以求的神圣荣光。

中华大地，万壑争流，千岩竞秀；华夏文化，薪火相传，积厚流光。犹记得一首《长江之歌》，歌词曰："我们赞美长江，你是无穷的源泉；我们依恋你，你有母亲的情怀。"虽是一个长江，却也是百年大计，千秋大业。从雪山到海洋，保护好长江，就是巩固好中华文明赖以繁荣兴旺的根基。就让我们一起，共同领略大美长江的波澜壮阔，瞭望祖国大好河山的气象万千。保护长江梦，建设中国梦。

是为序。

张建云

中国工程院院士、英国皇家工程院外籍院士、
长江保护与绿色发展研究院院长
2022 年 10 月

目录

◎　省级行政中心
◉　地级市行政中心
- - - 　流域范围线
　　　湖泊、河流
　　　运河
▲ 2493　山峰及高程 海拔/米

3　险峻与征服

巴山蜀水

4　滋养与连通

湖广鄱阳

5　聚积与开创

扬子入海

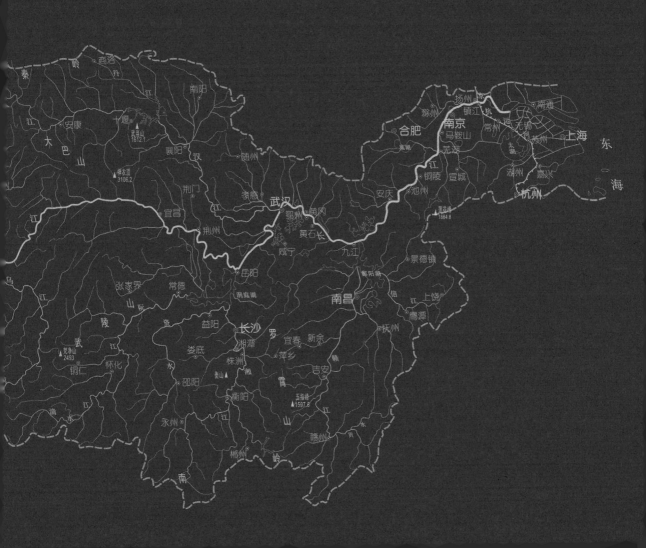

野性与神圣

通天河源

平均海拔 4 000 米以上[
三极”，这里具有除南极
许多孕育文明的伟大河流

长江的故事也从世界"气
的昆仑山脉和唐古拉山脉
的河源区，这里拥有宽度
楚玛尔河、沱沱河、当曲
汇聚而成的水流源源不断
为奔流万里的长江注入了

青藏高原被称为世界"第

北极外最大的储冰量，

这里启程。

三极"上拉开序幕。壮阔
之间，是世界上最高最大
到几百千米的扇形水系，
……自雪山、冰川、湖沼
也为通天河提供水源，也
原始的力量。

世界之极
水圣山神

这里，是世界"第三极"，也是地球上海拔最高、最年轻的高原——青藏高原。3亿年前，今天的世界屋脊还是一片波涛汹涌的辽阔海洋。这片被称为"特提斯海"或"古地中海"的海域，横贯现在的欧亚大陆南部与北非、南欧、西亚、东南亚。这里气候温暖，孕育出繁茂的海洋动植物，其南北两侧则是被分裂开的原始古陆。

河源

喜马拉雅山雪山风景

从古老的海洋，到年轻的高原，这是一部跨越万年的大地史诗。

■ 距今6 500万~5 500万年前，大陆板块持续的挤压再次引起强烈的构造运动。这一次构造运动不仅让原本还不高的青藏高原不断隆起，更推举出了横贯欧亚大陆中部的喜马拉雅山脉。地质学中，把这段高原崛起的构造运动称为喜马拉雅运动。

在以千万年为单位的时间尺度下，经历数次板块碰撞与漫长的构造拼合后，青藏高原终于完成了崛起，以超过4 000米的平均海拔雄踞于亚洲的中部、中国的西部。它的隆起对我国整体的高原、山系与盆地分布产生了极大影响，更促进了我国西高东低、三级阶梯式分布的地势特征的形成。■

■ 在高原地貌的演进中，古老的海洋一点点消失，然而水却以新的方式留了下来。

位于北半球中低纬度的青藏高原，本应属于中亚热带－北亚热带－暖温带，而处于副热带高压控制下的亚热带地区，原本也会由于气流下沉、水汽难以凝结而气候干旱。但是当海拔超过 4 000 米，青藏高原的存在打破了原有行星风系的控制，夏季高原上加强的热低压强烈抽吸周边大气，季风随之携带大量水汽而来，滋润了我国华南地区。

更重要的是，随着海拔上升，水汽撞上无数座直插天际的伟岸山峰，在这里翻滚成云，化为冰雪，北纬30度干旱带之中的"亚洲水塔"就此诞生。

年轻的高原上雪峰林立，古海洋的痕迹仍保存在山脉的巨大褶皱之中。

雪山圣湖

在沉睡着海洋生物化石的地层上，
高峻的群山间，
上万条冰川蓬勃发育，
数千个高山湖泊错落有致，
许多伟大的河流从这里开始了
它们的征途。

长江，则是其中最令人瞩目的一条。在与时间一同奔流的过程里，它横跨中国三大地形阶梯，成为亚洲第一长河，见证过沧海桑田，演进出新的生命，孕育了华夏文明。从高山到海洋，跋涉6 300余千米，流域面积达到180万平方千米，长江几乎滋养了中国陆地总面积的五分之一，成为中华民族的母亲河。

将目光聚焦到江源之地，再次深入探听一条伟大河流的起源故事，人们或许会发现，无论是对青藏高原还是对位于其腹心地带的长江源区都知之甚少。

长江源区的西侧为羌塘内陆湖区，东北侧为巴颜喀拉山，古老的昆仑山在源区西北部崛起，唐古拉山则在南部隆升。唐古拉山脉和昆仑山脉之间，青藏公路以西的区域被称为可可西里，属于羌塘高原内陆湖区和长江北源水系交汇地区。■

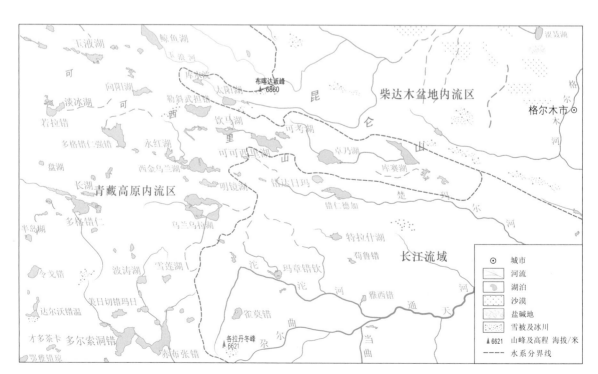

可可西里核心区示意图

可可西里自然保护区里的河湾

被夕阳余晖染成金色的巍巍昆仑

昆仑山，被称为"万山之宗"，曾承载过古代中国人最原始、也最瑰丽的想象。

■ 屈原曾在《九章·涉江》中写道："登昆仑兮食玉英，与天地兮同寿，与日月兮同光。"究竟是怎样雄伟的一座山，才能作为中华文化中最厚重的意象之一，承托起无数天马行空的神话传说？

今天的昆仑山与古今各类文学作品中人们熟悉的"昆仑"不一定重合，但它的壮阔毋庸置疑。作为西部山系的主干，昆仑山西起帕米尔高原东部，沿塔里木盆地西南缘、南缘和柴达木盆地南缘一路向东延伸，至青海湖西南的鄂拉山断层为止，全长 2 500 余千米，由数座大小山脉绵延连接而成。青海省西部的昆仑山口以东被划分为东昆仑，东昆仑以南就是包括长江源区在内的三江源地区，东亚季风和印度季风驱动下的西南暖湿气流为这里带来降水，为长江、黄河、澜沧江的伊始提供了滋养。

中国最西部帕米尔高原，雄伟的昆仑山脉西段

西藏雪域航拍

纳木错视角的念青唐古拉山主峰

到了中昆仑以南，荒野的力量开始生长，位于此处的可可西里自然保护区平均海拔超过5 000米，除了北侧的昆仑山脉和南侧的唐古拉山脉之外，其核心区大多是高原夷平面，起伏的丘陵与沉积盆地纵横相间。这里空气稀薄、气候严寒，全年平均气温在 0℃ 以下，永久冻土覆盖了 90% 以上的土地，然而处于如此严酷环境下的可可西里，却与许多人想象中满目尽是荒凉的无人区不同。这里不仅有雪山、冰川，是长江北源楚玛尔河的发源地，更是中国湖泊分布最为密集的地区之一，也是中国大陆上野生动物最密集的区域之一。

云层下的沱沱河

在可可西里地区，高山上的冰雪融水不断向盆地内流淌，盆地内由于地势平缓，排水不畅，同时土壤下部的永久冻土层又使得流水难以渗入地下，地面长期处于积水状态，形成草丘与水坑。常年积水或季节性积水使得星罗棋布的水坑最终连缀成湖沼，在冰川融水和大气降水之外，它们对长江源地区的水源涵养起到了举足轻重的作用。

更值得惊叹的是，大大小小的湖沼旁，高原植物在寒冷的环境中顽强生长，为生活在此的动物提供了充足的食物。于是一个又一个关于生命、关于力量、关于野性的故事在这片广袤荒野上流传。

中国许多地方不乏苍凉壮美的景色，但缺少生命的活力，而可可西里却集合了这两点，它的独特和珍稀就在于此，也因此被称为中国长江源区最美的一片荒野。■

雪域精灵藏羚羊

青藏铁路清水河特大桥

在青藏线上，唐古拉山脉
是青藏铁路和青藏公路的必经之地。

■ 从可可西里再向南，便是青藏高原中部一条近东西走向的山脉——唐古拉山脉。它位于西藏自治区东北部与青海省边境处，全长约 500 千米，拥有两处现代冰川中心，以唐古拉山口为界，西侧是以海拔 6 621 米的主峰各拉丹冬为首的雪山冰川群，这里孕育了长江正源沱沱河；东段则是海拔 6 328 米的布加岗日及周边的雪山冰川群，冰川融水汇入怒江。

长江正源沱沱河各拉丹冬雪山姜古迪如冰川

主峰各拉丹冬雪山西南侧的姜古迪如冰川藏语意为"狼山"，海拔 6 542 米。在这里除了雪峰和冰川，还有一种只能在中低纬度地区的大陆性冰川上得以见到的奇观——冰塔林。

1976 年，长江水利委员会将姜古迪如冰川确认为长江源，并把源头坐标定在各拉丹冬雪山的分水岭上。而除了姜古迪如冰川，唐古拉山脉中诸多的雪山都是长江的"储水站"，高耸入云的群山之间延伸出一条条冰舌末端，细小的水流纷纷汇聚，最终汇入长江。从某种意义上说，整个唐古拉山脉都是长江源。

雪山冰川构筑出江源高地的神主伟岸，继续深入这片半封闭的高原腹地，流动的水则成为了长江源区血脉的伊始。这里水系纵横，可划分为北源楚玛尔河水系、正源沱沱河水系、南源当曲水系以及干流通天河水系，几条重要的源头河流各具特色。

发源于可可西里腹地的长江北源楚玛尔河，它的名字在藏语中意为"红水河"。可可西里的西部属于内流区域，受自然因素影响形成大片盐碱滩和沙丘，楚玛尔河的河洲、河滩也多为泥沙质。每年春季，强劲的西北风把泥沙顺河道向东搬移，携卷着泥沙的楚玛尔河流经地势高、含铁丰富的岩层时，河水便呈现为红黄色。

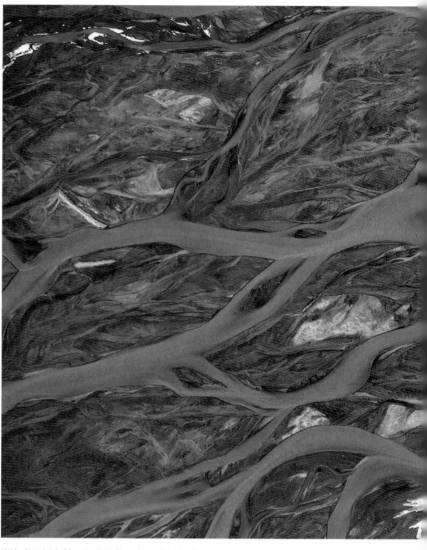

青海省玉树市长江源头的楚玛尔河大桥与公路

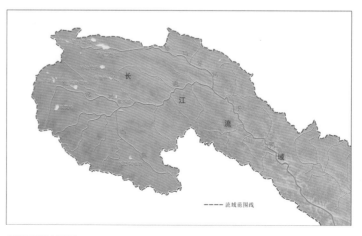

长江三源水系图

青海省长江源头沱沱河风光

发源于各拉丹冬雪山的沱沱河水流较为湍急，主要以冰川融水补给为主，冰川在形成和移动过程中裹挟了大量泥沙石块，同时汇聚而下的冰川融水具有极大的势能和动能，径流也极不稳定，对河道的冲刷侵蚀十分强烈。因此，当沱沱河携带着大量泥沙流出雪山群进入河床宽浅、坡降平缓的河漫滩地带后，便在唐古拉山北侧平阔的大地上，形成了水流时分时合、纵横交织的复杂辫状水系。

这里没有高耸的雪山冰川，有的是一眼望不到尽头的高山草甸与高寒沼泽。

在长江三源中，当曲的发源与其他两条河流有所不同，它以降水、冰雪融水及地下水补给为主。长江源区的沼泽湿地，主要分布在当曲支流冬曲以东的当曲上游地区，这也使得当曲成为三源之中

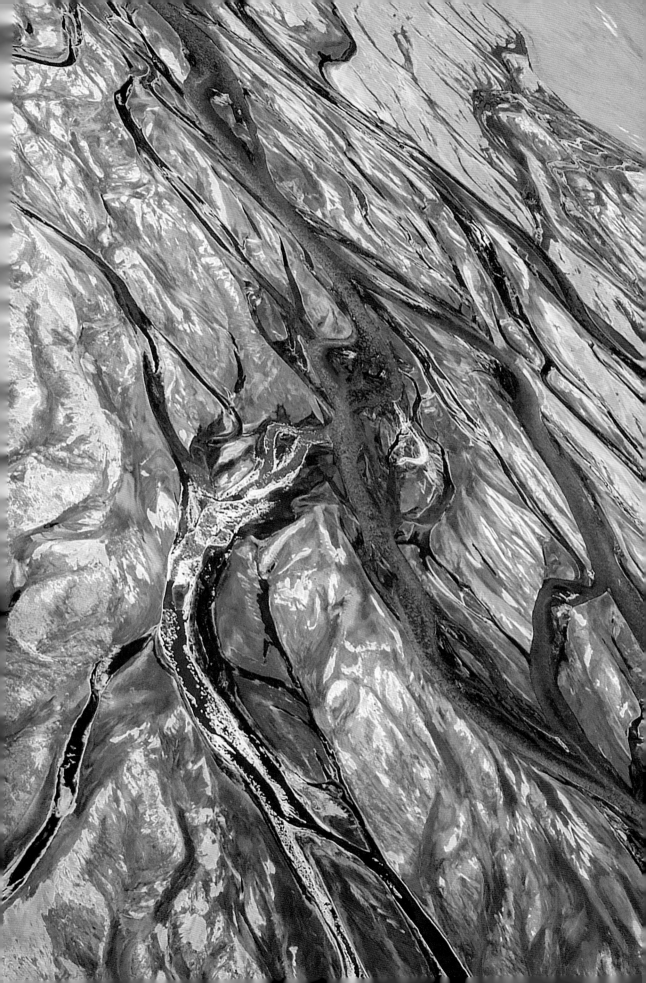

流域面积最大、支流众多、水量最丰富的一支，成为青藏高原腹地重要的水源涵养地。而经过大量湿地的调蓄过滤，当曲的河水也更加清澈。

长江自姜古迪如冰川发源后，青海西南部的若干支流汇入其中，共同组成沱沱河。沱沱河东流在囊极巴陇与当曲汇合，继而形成通天河。

通天河流至楚玛尔河口的一段为其上段，在海拔高约 4 000 米的河床上，河水犹如流淌在玉树草原上的发辫，两岸则是相对平缓的山丘，其间湖泊、湿地星罗棋布，是高原典型的地貌景观。

不过通天河流出几百千米后，受到从可可西里方向延伸而来的冬布里山阻挡，数千米宽的辫状水道收为一束急流，形成了万里长江上的第一个大峡谷——烟瘴挂。

它被称为生态环境中的一块"飞地"，也是长江上游野生动物的一艘"诺亚方舟"。

烟瘴挂峡谷两侧山势陡峻，随处是裸露的灰白色石灰岩和深褐色火山岩，石灰岩地带形成了喀斯特地貌，裸露而陡峭的岩石是岩羊们理想的栖息地。而从高处俯瞰，峡谷内的草地、近处的河道、远处的河滩尽收眼底。

通天河大桥如飞虹般横跨长江之上

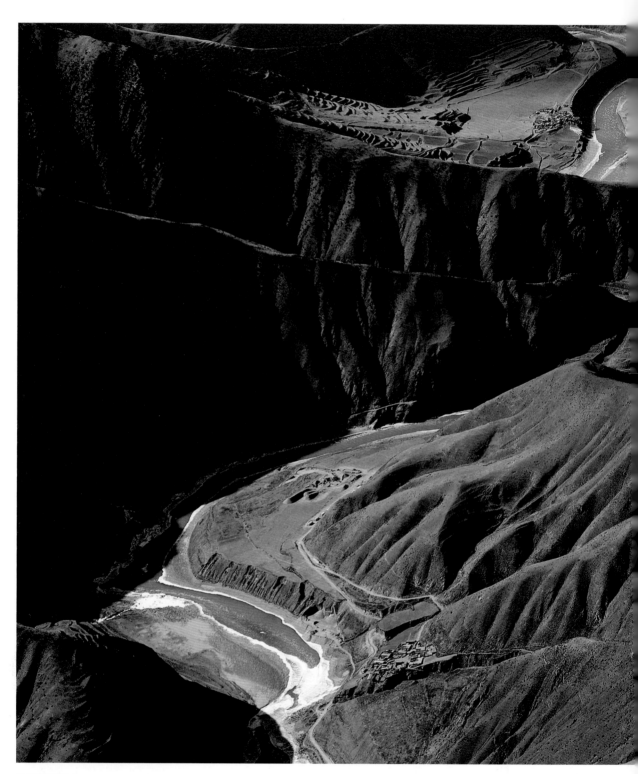

冬日通天河

这里人迹罕至，内部草地几乎没有放牧活动干扰，特殊的岩石地貌又将降水蓄积到峡谷内部，更有利于牧草的发育，因而能为食草动物提供足够的食物，此外沟壑纵横的峡谷内植被类型丰富，草原、草甸、谷坡灌丛……满足了不同动物的食物需求。黄昏之后，这块稀缺的生态之地便成为狼、赤狐、藏狐、雪豹等食肉动物的乐园。

流出长江上的第一个峡谷后，楚玛尔河从北侧汇入，通天河进入下段，随后开始了长达数千千米奔赴海洋的伟大征程。从这里开始，河的流向逐渐转向东南，水势也随支流的不断汇入而增大，河床海拔高度逐渐减小，两岸山岭也逐渐逼近河岸，河道更加顺直，河槽亦渐趋稳定，直至玉树巴塘河口，最终演变为峡谷中深沉的河流——金沙江。

雪山、冰川、湖沼、湿地、河流、峡谷……共同构成了长江源区的壮丽风景。与长江流域的其他区域相比，这里是人烟稀少的高寒荒原，然而这里更盛产气势磅礴的壮美。神圣的自然之力与野性的生命之力在这片广袤的荒原交织出无数精彩的故事，独特的自然地域格局演化出丰富多样的生态系统，使得长江源区成为藏羚羊、白唇鹿、藏野驴、野牦牛、斑头雁等诸多生灵的生命舞台。■

野性大地
莽原奔腾

这是一片冷酷的土地。高原的阳光穿透稀薄的空气，凛风在冰雪上呼啸，冻土、冰川和雪山构成了严酷的生存环境，然而，生命依然在这里蓬勃繁衍。

地衣爬上裸岩，开始在世界之巅创造土壤；垫状植物在山崖间延伸，铺垫出奇迹；雪莲花绽放在碎石滩边，虫草钻出高山草垫，预示夏天就要来临。鼠兔和旱獭探头探脑，藏羚羊和白唇鹿优雅奔腾，这片莽原还为豺与狼保留了难得的猎场。高原鳅和裂腹鱼在神湖圣泉里安然成长，斑头雁和黑颈鹤远道而来生养后代，秃鹫静静等待完成轮回的"句点"。

这是一片充满野性的大地，荒原之上并不荒凉，自然在这里舒展着它蓬勃的面貌。

■ 从海拔 4 768 米的昆仑山垭口远眺，眼前是广袤无边的草原，这片草原有一个广为人知的名称——可可西里。这里属于高寒草原植被地带——江河源高原高寒草原区，平均海拔在 4 500 米以上，这里气候寒冷、干旱，降水主要集中在 6—9 月，7 月植被才初显绿色。海拔较高处，高寒草原逐渐过渡到高山流石滩，植被稀疏。在流石滩地表甚至没有土壤，仅有片片砾石。这里生长着大量垫状植物，唐古拉点地梅便是其中的一员。■

唐古拉点地梅　高山上的生态工程师

物种名片

- ⊙ 中文名：唐古拉点地梅
- ⊙ 学名：*Androsace tanggulashanensis*
- ⊙ 目：杜鹃花目
- ⊙ 科：报春花科
- ⊙ 属：点地梅属
- ⊙ 保护等级：无
- ⊙ IUCN：无危（LC）

■ 唐古拉点地梅，是适应高海拔流石坡环境的佼佼者。唐古拉点地梅的植株就像是平摊在地表之上的一块垫子，垫子表面由无数致密的莲座状叶丛拼合在一起，之间还有绒毛填充，密不透风。若不在花季，单从外表很难看出这是一种植物，反而更像是海里的珊瑚或海绵。如果用手去拍一拍，垫子的触感并不柔软，而是如高原冻土一般坚实。

7 月到来，唐古拉点地梅叶丛由穹灰色转绿。紧接着，密密麻麻的小花从中爆出来，垫子变成了一块缀花地毯，相当壮观。唐古拉点地梅花瓣呈白色，初开花朵花瓣基部为黄色，花期末则变为红色。它的花期相对短暂，前后仅约半个月。与短暂花期相对的是植株缓慢的生长速率，一块垫子每年仅能扩大几毫米。

在长江源，如同唐古拉点地梅一样把自己蜷缩成垫状的植物还有很多，它们被统称为垫状植物。垫状植物长成这样的原因有很多，从外表上看，低矮的身形和致密的枝叶能够有效抗风御寒，也不易被野生动物啃食。

垫状植物内部致密堆积的枝叶和外表面一起，构成了高原独特的小环境。首先，垫状植物能够固着流石坡的地表；其次，它能够在白天吸收更多热能，而在夜晚其热能耗散速率远慢于周边环境。换言之，垫状植物相当于一个"暖宝宝"，其内部和周边的温度相对外界要稳定得多。垫状植物体内的水分含量、微生物系统也有别于外界。

由垫状植物的独特构造而创造出的小环境，为其自身和其他物种的生存提供了更有利的条件，所以在垫状植物周边经常能够看到其他茁壮生长的植物，有些植物更是直接扎根在垫状植物之中。

综上，垫状植物被称为高原的"生态工程师"，是高原环境中相当重要的角色。

现今，我国的国家公园制度对垫状植物和高原生态保护起到了有力的推动作用。不断完善的法律法规能够限制无序开发、规范游人行为，有效降低人类活动对高原生态环境的影响。■

余天一/摄

■ 说到高寒地带的植物，最出名的要数"天山雪莲"。在许多武侠故事里，天山雪莲是一种近乎传说的神药。在雪域高原海拔 4 000 米以上的高山流石坡上，也生成着一种"雪莲花"，但此雪莲花并非彼雪莲花，而是另外一种高原精灵——雪兔子。对雪兔子不太了解的朋友，初次听到这个名字，可能会误以为这是一种可爱的小动物。其实，雪兔子是雪线地带（或称冰缘带）的标志性植物。■

水母雪兔子　一生只开一次花

物种名片

⊙ 中文名：水母雪兔子
⊙ 学名：*Saussurea medusa*
⊙ 目：菊目
⊙ 科：菊科
⊙ 属：风毛菊属
⊙ 保护等级：国家二级重点保护野生植物
⊙ IUCN：数据缺乏（DD）

■ 常常能够在垫状植物附近看到的植物有雪兔子，有时它们甚至直接长在垫状植物上。雪兔子是菊科风毛菊属约 26 种植物的统称。在长江源区能够见到的有水母雪兔子、羌塘雪兔子、肉叶雪兔子等。

雪兔子大都长得圆溜溜、毛茸茸，这是它们为适应高山流石坡环境而演化出的特征。未开花时的雪兔子，植株低矮，仅有几厘米高，浑身上下布满绵毛 —— 这当然会严重影响光合作用。但是，这些特征可以很好地帮助雪兔子防御高原的寒冷、强风、强紫外线和随时降临的雨雪天气。这也使得它们生长缓慢，一株雪兔子需要积累数年的营养才能够开花结果。大部分雪兔子一生只能开一次花，在开花结果后，整个植株就将宣告死亡。

在雪兔子中，最具代表性的是水母雪兔子。春季雪融后，当年要开花的水母雪兔子将长出一系列毛茸茸的叶片，并规则排列成圆饼状。随后几个月，水母雪兔子就像发酵了的面团一样开始膨胀起来。7 月中下旬，水母雪兔子植株中央开始长出紫色苞叶，苞叶中央将开出数十朵蓝色小花。这时的水母雪兔子将长到 10 厘米甚至更高，整体看上去就像是一只浮游的紫色水母。毕竟是一生一次的开花，低调了数年的水母雪兔子选择了极尽张扬的花事。

近年来，很多人采挖水母雪兔子，并以雪莲的名义出售，这对它们的生存造成了极大威胁。某些网红、综艺节目、纪录片在节目中公然采挖水母雪兔子，一次又一次加深大家对"雪莲""神奇功效"的错误印象。这使得市面上水母雪兔子供不应求，大量当地居民加入采挖大军。

然而高山流石坡环境如此恶劣、贫瘠，本就只能孕育极少数的水母雪兔子植株，滥采滥挖的行为很可能直接让一个山头的水母雪兔子就此灭绝。其他种类的雪兔子也面临着同样的困境。面对自然环境，雪兔子们顽强而富有智慧，但面对人类，它们束手无策。在社会各界的呼吁下，2021 版《国家重点保护野生植物名录》中已经将 3 种雪兔子列为国家二级重点保护野生植物。但是，同样濒危、面临采挖威胁的其他雪兔子种类并没有位列名单中，这可能既不利于实际执法，也不利于雪兔子的保护。

作为普通人，虽然一般不能分辨保护植物与濒危植物，但在野外看到这些美丽的植物时，应当抱有对自然的敬畏，放下自己的占有欲，并手下留情。■

■ 嘉塘草原的正中间，有一条河流自西向东蜿蜒流淌，分支聚合，滋养了广阔又静谧的高原湿地和草甸。它，就是雅砻江。嘉塘草原如同镶嵌在高原腹地的碧绿翡翠，一年一度，开满繁花。

低垂的白云下，一个高傲的剪影站在垭口的大石头上。灰黄的毛发在风中微微颤动，脖子上沾染着新鲜的殷红血液，仿佛一枚胜利的勋章。那是一匹健硕的狼，一匹站在生态系统塔尖上的青藏高原的狼。在这片神奇又高远的土地上，我们有幸仍然能够看见狼群奔驰在草原上，上演着惊心动魄又令人叹为观止的猎杀。■

狼　青藏高原上的图腾

物种名片

⊙ 中文名：狼
⊙ 学名：*Canis lupus Linnaeus*
⊙ 目：食肉目
⊙ 科：犬科
⊙ 属：犬属
⊙ 保护等级：国家二级重点保护野生动物
⊙ IUCN：无危（LC）

■ 群居生活的"社会狼"

在世界上所有大型食肉动物中，像狼一样社会性群居生活的物种寥寥无几。这也是这个物种的迷人之处，为了有效合作，它们发展出了复杂的等级体系和交流方式。

在一个典型的狼群中，通常由一对头狼带领着自己的未成年幼崽、亚成体，以及其他等级较低的成年个体。低等级的个体往往会在首领面前压低身体，低下头颅，耳朵转向后面，尾巴低垂摇摆，用来向首领主动示弱，这也是整个狼群能够保持密切关系的基础。

每年隆冬季节，都是狼发情交配的时节。正常情况下，在一个狼群中仅有头狼可以繁殖，生命经过两个月的孕育，母狼在初春季节产下幼崽。在青藏高原，狼喜欢"霸占"旱獭挖好的洞穴，再自己扩建一下，将洞挖得又深又宽敞，当作育幼的巢穴，并且可能是出于安全考虑，每过一段时间它们就会举家搬迁到新的巢穴。狼群中的其他个体通常也会承担育幼的责任。成年狼会将小型猎物带回巢穴，或将大型猎物的肉吞入胃中再反刍给幼崽。小狼生性好奇爱玩，常常与大狼玩打闹的游戏，又或是将爸妈的尾巴当作猎物猛扑上去，大狼也很慈祥和蔼，从来不生气，实在有点烦了就走到离巢稍远的地方，趴下打个盹儿。小狼长到两岁时，就可以选择离开原生家庭去开辟自己的领地，和来自其他族群的异性个体组建自己的小家庭了。

悄然隐去的狼群

对于现今大部分人来说，狼都是熟悉又陌生的

存在。熟悉就熟悉在，不论是大灰狼与小红帽的故事，还是狼人传说，抑或是动画片中灰太狼的形象，又或是古诗文或现代小说中的描述，狼都是一种人尽皆知的动物。似乎一提到狼，人们就会在脑海中浮现无数种形象。但同时，它又是那么陌生，因为到现今，已经没有多少人亲眼见过野生的狼了。狼本是一种适应性极强的动物，曾经广布于中国大江南北，除了个别岛屿外，狼的足迹踏遍了森林、草原、高山、沙漠。但从 20 世纪下半叶开始，仅在短短的四五十年内，狼就悄悄地从中国中东部大部分地区销声匿迹了。

究其原因，一方面是因为狼的食肉动物天性，使得它在经济发展的过程中不可避免地受到打压，这种打压为它招致了长达几十年的猎杀，直到 20 世纪 90 年代仍有灭狼运动的文章刊出，"打狼英雄"更是受到大众的拥护、敬仰和媒

张燕宁 / 摄

体的大肆宣传；另一个幕后推手则是人类的发展不断蚕食着它们的栖息地，无数荒山野岭被砍伐开垦成农田、村庄和城市，使得狼和它们的猎物无处栖身，最终走向消亡。再加上自古以来，人们对狼的印象大多比较负面，令这种"不讨好"的物种处境雪上加霜。直至2021年初，狼才迟迟被列入国家二级保护野生动物名录，比同属于大型食肉动物的虎、豹、豺、熊晚了几十年。

现如今，在地广人稀的青藏高原和新疆戈壁，狼享受着这"最后一片乐土"。这里有现存中国最大的狼种群，也是最后的大种群。有研究显示，由于青藏高原特殊的地理和气候环境，这里的狼早在60万~70万年前就已与古北界的其他狼分开独立演化，拥有了独特的耐缺氧基因突变。这使得青藏高原上的狼可能是一个独特的亚种。但遗憾的是，我们对青藏高原的狼，乃至中国的狼的研究仍然寥寥无几。没有

科学的认识作为基础，保护便无从谈起，这也是现在科研人员努力的方向。

纠结的保护难题

在狼已经绝迹的地区，人们对狼的态度开始发生有趣的转变。虽然人们对狼仍然心存恐惧，但渐渐地，狼开始从"会吃人"的凶恶、恐怖形象，转变成了野性、团结和智慧的象征。越来越多的人将"狼性"视为一种优良的品质，加以宣传和推崇。有些地区，狼在人们心中更多的是一种符号，一种遥远的想象，而非真实的动物实体。

在仍有狼生存的地区，人们对狼的态度就复杂得多了。以青藏高原为例，在藏族的传说中，狼是山神的狗，也被尊为战神，传统上遇见狼（尤其是在右侧遇见狼）是一件非常吉祥的事情。但牧民对狼的态度却非常矛盾。人们一方

面承认狼在传统上是吉祥和战神的说法，另一方面却又对狼表现出了非常负面的态度。

因为在传统的牧区里，牧民们大多以放牧牛羊为生，可狼需要吃肉，牧民的牛羊数量巨大又易于捕捉，自然成了狼青睐的食物。狼捕食家畜造成的损失巨大，令本就不富裕的牧户难以承受。

为了减少损失，牧民们不断变着花样地开发新的防狼方法，比如在牛背上绑上不停播放人声的喇叭，或者在围栏里搭上逼真的"稻草人"，又或是在夜间利用灯光威吓狼不要进入牛圈。可狼是一种极其聪明的动物，总是能在一段时间后便适应了这些手段，卷土重来。

牧民不断与狼斗智斗勇，不断改进措施，播放人声的喇叭不管用了，就换成播放摩托车马达声的喇叭；夜间的白光灯不好使了，就改成红蓝闪动的警灯……目前来看，这些防范措施的有效期总是有限的，狼迟早会丧失对它的恐惧，像极了青藏高原上人与狼的共同演化——防范与破防的"军备竞赛"。

在这片土地上，人类与狼的博弈已经存续了上万年，将来，也还将继续下去。或许，我们可以借助更加高科技的手段来进行防范；又或许，我们可以在保障生计的前提下试着更宽容一点。相信未来有一天，人与狼能够和平地共存在同一片大地上。■

如果它消失了……

狼作为生态系统中的顶级捕食者，对维护生态系统功能的完整性起到至关重要的作用。狼这样的顶级捕食者一旦消失，其食物链下游的物种将失去必要的种群控制，疯狂繁衍起来，食草动物的过度啃食将对植被、水体乃至物质循环产生深刻影响。大自然的自我调节网络环环相扣，每一个物种都在网络中发挥着不可替代的作用。狼所在的"金字塔尖"的位置，是人类难以复刻和取代的。纵然人类已自诩站上了食物链的顶端，但要想在生态系统中发挥同狼一样的作用，维持其他野生动植物和自然系统的平衡，恐怕仍心有余而力不足。

大型食肉动物的消减是生物多样性丧失进程中，最容易引起人们注意的现象。如果有一天，狼走入历史，彻底成了"传说中"的动物，是否会有人为这个逐渐失去勇猛野性的世界而感到遗憾？希望在未来，狼仍然能为人类保留一些野性的幻想和对自然的敬畏。

■ 2021 年 3 月 21 日，护林员图丹东珠和格江在代曲村纳宗山下巡逻时，目击到一只全身披着土黄色长毛、拖着灰色长尾巴、像"狼"或者"狐狸"的动物在山坡上活动。格江介绍说，这只动物头宽、耳短而圆，面部鼓鼓的。格江随即按下相机快门。后经比对分析，确认该动物为豺，而这也是长江源头——通天河流域豺的首次正式记录。■

豺 通天河领域重现踪迹

物种名片

⊙ 中文名：豺
⊙ 学名：*Cuon alpinus*
⊙ 目：食肉目
⊙ 科：犬科
⊙ 属：豺属
⊙ 保护等级：国家一级重点保护野生动物
⊙ IUCN：濒危（EN）

■ 豺曾广泛分布于亚洲东部、南部及东南部。在中国，豺别名有豺狗、红狼、红毛狗、斑狗、巴狗、豺狼等。豺属于中型兽类，体长 85 ～ 130 厘米，尾长 45 ～ 50 厘米，肩高 45 ～ 55 厘米，雌雄个体外形一致，但雄性稍大，一般体重为 15 ～ 20 千克，而雌性为 10 ～ 13 千克。豺外形与狼和赤狐有诸多相似之处，看起来像是二者的结合体。豺耳端圆钝，全身被毛，因御寒需要，北方的种群体毛更厚也更长；尾毛较长，所以尾巴看起来蓬松似扫帚；几乎通体毛色红棕，稍杂有黑毛，仅尾巴显现出较为明显的黑色。犬科动物包括狼、非洲野犬、赤狐等，都是善于平原生活且擅长奔驰的兽类，它们体形矫健而细长，四肢细长，足掌较小，豺亦如此。与其他犬科动物相比，豺的最大不同在于其缺少一对下颌第三臼齿，但在实际观察中，豺的红棕毛色就很容易让它与绝大部分其他犬科动物相区别。赤狐与豺相像，但赤狐个体相对小一些，吻部更长，尾部常带有明显白色，且许多个体眼端有泪纹。

墨脱红外相机抓拍到的野生豺 / 图片来源：山水自然保护中心

豺的生存能力很强，栖息地复杂多样，寒带森林、热带雨林、丘陵山地、戈壁荒漠，中高海拔地区的高山草甸、林地，都能发现它们的踪影。不过，相对而言，有稀疏森林覆盖的丘陵山地是它们的主要栖息地。

豺是群居动物，通常几只一群，有时十几只一群，穴居。捕猎时，不同的群体亦会临时结成更大的集群，以提高捕食效率。豺虽然也吃一些植物果实，但比狼更偏肉食性，尤其喜爱捕食活体，猎捕对象通常为各种鹿、野羊、野猪等。豺通常在清晨捕食，奔袭速度较快，体力强劲。通常前几只体力下降后，后几只及时跟进补位以继续追杀，可以对猎物进行长途追逐数小时，速度可达每小时70千米。豺还善于攀跃、跳跃和游泳，有时会把猎物逼入水塘进行围击，并跳入水中杀死猎物。捕猎过程中，豺会发出

较为尖锐急促的叫声，用以加强彼此沟通、协同作战。与虎、豹、狮等咬住喉咙的方式不同，豺群通常一只咬住猎物口鼻，其余攻击猎物的身体后部。豺具有快速吞吃大块肉的能力，一只成年豺在数秒之内可以吞下1千克的肉，一头几十千克重的猎物在几分钟之内就会被豺群分解殆尽。此外，据说豺的捕食"手段"甚多，例如会佯攻，或许这就是人们普遍认为豺凶残、狡黠的原因。

一般来说，豺群由一对夫妻豺领头，但群体内的等级关系并不森严。多数时候也只有这一对夫妻豺可以繁殖后代，豺群其他成员共同参与抚养幼崽。豺的孕期大约为60天，在洞穴内产崽，一胎一般3~5只幼崽，有时可达12只。幼豺成年后，雄性个体继续留在豺群，而雌性个体则选择离开，这也造就了豺群罕见的"一

雌多雄"现象，因此可以说，豺的社会是"女王"领导下的"母系社会"。捕食时的豺看起来凶猛，但它们对"族人"温情脉脉。豺群内部，成员之间的关系其乐融融。许久未见的成员再见时，如同人类家中饲养的爱犬，会做出摇头摆尾、倒地翻滚、抬腿等动作，并互相发出"嘤嘤嘤"的急促叫声，表达问候和愉悦。豺群玩耍时，会倒立、伏地刨土，此外，豺还会做出跃起然后砸向同伴的奇特行为。处于孕期或哺乳期的母豺，以及幼豺，无法参与捕猎，都由豺群其他成员加以照料。豺群捕猎凯旋，会把未消化的肉从胃里反刍给母豺和幼豺吃。此外，豺群在捕获猎物后，总让跟随而来的幼豺先吃。豺加入一个新的群体时，通常融入过程较为友好，不会遭到欺负。

豺的化石最早发现于早期中更新世的德国，距今接近 200 万年。那个时期的豺，广泛分布于欧洲、亚洲及北美洲。不过，在更新世末期，主要由于自然原因，豺从欧洲和北美洲灭绝，只在亚洲顽强地生存下来。现今的豺，有研究认为可分为 10 ~ 11 个亚种，例如乌苏里亚种，即指名亚种；天山亚种；苏门答腊亚种。值得强调的是中国亚种，即中国豺或江西豺，分布于长江中下游流域及其以南地区，模式标本产地即是江西鄱阳湖。但令人痛心的是，这种当地群众尚耳熟能详的"红毛狗"，由于人类活动的破坏以及保护工作的不力，实际很可能已经灭绝。

根据世界自然保护联盟的评估，目前全世界野外的豺仅剩 4 500 ~ 10 500 只，其中，可繁殖个体数量仅为 949 ~ 2 215 只，且种群数量仍在下降。在中国，其实从李时珍的"豺，处处山中有之"一语就可看出，豺曾经是多么常见。不过，曾经遍布我国的豺，目前在东北、华北、华中、华东等地都已消失，仅仅在甘肃、新疆塔什库尔干和阿尔金山、藏南、川西等环青藏高原边缘地区以及西南一隅还有零星种群，栖息地面积丧失达 95% 以上。

在长江流域，豺仅在长江源以及川西的甘孜及邛崃山还能安然度日。究其原因，主要是人口的激增、人类活动的急剧扩张、社会经济的高速发展导致豺的栖息地大量丧失，不仅没有了藏身之所，食物也大幅减少。此外，由于豺是群居动物且与狗亲缘关系较近，流浪狗携带的犬瘟热和狂犬病等传染病或许也是其致危因素之一。但需要指出的是，当时人们野生动物保护理念的滞后也是无可辩驳的重要原因。

值得庆幸的是，豺在我国并未彻底灭绝，而目前，豺已经从国家二级保护野生动物提升为一级。随着国家对生态保护的重视以及自然保护地建设的进一步完善，我们有理由相信，中国的豺不会步白鱀豚的后尘而只冰冷地存在于"豺狼虎豹"等词汇及古书中……或许有一天，随着人们环保意识的进一步提升以及环境的进一步改善，豺还可以重返它们的故地。∎

祁连山红外相机抓拍到的野生豺 / 图片来源：山水自然保护中心

如果它消失了……

一个残酷的事实是，豺已经在中国大部分历史分布区消失了……那是因为当时人们的保护意识淡薄，加之人口压力较大。实际上，和其他野生动物一样，豺本身就有生存的权利，且对人类而言，豺具有较高的文化及科研等价值。此外，豺是长江流域陆生生态系统的旗舰物种之一，保护豺就相当于保护长江流域的陆生生态系统，保护生活在这片土地上的人类自己。

而随着豺等食肉动物的消失，其猎物在许多地方大量增加，甚至无法控制，可能酿成人兽冲突，例如野猪。而如果更多野生动物消失，就意味着陆生生态系统的持续恶化，终将威胁人类的生存。

目前，随着三江源国家公园、大熊猫国家公园等保护地的建立，豺及其仅存的栖息地都得到了更好的保护。

■ 藏羚又名藏羚羊，它们曾是青藏高原上最庞大的兽群。20 世纪 90 年代初期，超过百万只藏羚羊漫步在高原之上，从以青藏高原腹地羌塘为中心，向外辐射近千千米，都能看到藏羚羊的身影。■

藏羚　"高原精灵"种群数量明显恢复

物种名片

⊙ 中文名：藏羚
⊙ 学名：*Pantholops hodgsonii*
⊙ 目：鲸偶蹄目
⊙ 科：牛科
⊙ 属：藏羚属
⊙ 保护等级：国家一级重点保护野生动物
⊙ IUCN：近危（NT）

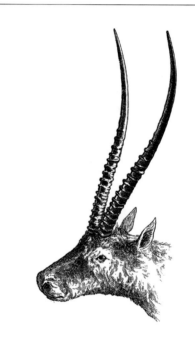

■ 中华有羚　以藏为名

每年春夏之交，雌性藏羚羊便会集结，开启前往繁殖地的迁徙之旅，稀薄的氧气无法阻挡它们远征的脚步。藏羚羊原本就是这样年复一年地在亘古荒原上繁衍生息，直到第一阵枪声响起。

匹夫无罪，怀璧其罪。藏羚羊有一身厚实的皮毛，高原上凛冽的寒风吹不进分毫，却无法阻挡呼啸而来的子弹。藏羚羊结群活动的习性，大大提升了盗猎者的屠杀效率，放眼望去尸骸遍野，血液无力地滴淌下来，在地面冻结成一道暗红色的冰河，甚至可以看到一丛丛散落的雄性藏羚羊头颅，长达 60 厘米的羊角在地面上硬生生推出的"灌丛"。

与此同时，这些羊皮会通过非法的地下贸易运送至印度，在那里，熟练的纺织工会取下羊绒，藏羚羊的绒毛极为纤细，直径只有 10 微米，是人类头发的五分之一。羊绒会被加工成为一种名为"沙图什"的手工织物披肩，在当地语中为"羊绒之王"的意思。它轻薄且柔软，可以整条丝滑地穿过贵妇手指的戒指。一条条由藏羚羊绒毛纺织而成的沙图什走私进入欧洲的上流社会，在高档拍卖行及时尚沙龙，一条沙图什价格昂贵。贪婪的需求促生了更大的市场，更大的市场又需要更多的原料供给，于是一场针对藏羚羊的屠杀便拉开了序幕。

乔治·夏勒，一位杰出的野生动物研究学者，他曾多次造访青藏高原调查野生动物。在短短的 10 年间，藏羚羊的数量从百万只下降为不足 10 万只，他被眼前十去其九的恐怖景象所震惊。深入调查之后，他亲眼目睹了从藏羚羊被屠杀到羊绒被走私交易的画面，摸清了华丽高贵的沙图什背后的血腥真相，发出了保护藏羚羊的呼喊，向世界讲述了这个不忍耳闻的故事。

可可西里的美丽传说

早在全世界了解藏羚羊之前，拯救藏羚羊的行动便已开始。这是一场与死神的较量，杰桑·索南达杰为此献出了自己的生命。1994 年元旦才刚刚过去十多天，40 岁的索南达杰带领 4 名队员在可可西里抓获了 20 名盗猎分子，在 7 辆汽车上找到 1 800 多张藏羚羊皮。在押送歹徒行至太阳湖附近时，盗猎分子趁机偷袭队员，夺回枪支企图逃跑，索南达杰持枪与 18 名歹徒对峙，身中数弹，英勇牺牲在可可西里 −40℃ 的风雪之中。他成为所有热爱生命的人心中的英雄。后来藏羚羊保护区相继成立，国家组建了专门的保护管理机构和执法队伍，严格禁止盗猎。

在公众教育与社会传播方面，有曾入选过小学课本的《藏羚羊的跪拜》；2004 年以索南达杰为原型的电影《可可西里》获奖无数；2008 年北京奥运会，吉祥物 "福娃迎迎" 的原型为藏羚羊，对应五环中的黄色一环，代表健康。在这一系列的宣传下，珍稀动物藏羚羊的形象深入人心。在藏区，动物学家对藏羚羊等重要物种种群活动进行监测；在藏羚羊分布区开展广泛的科普宣传教育，聘请当地农牧民参与保护管理。终于，藏羚羊的处境迎来转机。

据报道，截至 2020 年末，我国藏羚羊种群数量从 20 世纪 90 年代中期的 5 万只左右已恢复到 20 万只以上。在世界自然物种保护联盟的红色名录中，藏羚羊的受威胁等级也进行了两次下调，从原来的濒危级到易危级再到近危级，这是对我国藏羚羊保护工作的一大肯定。

邂逅藏地羚羊

时间回到现在，当人们乘车沿着青藏公路一路从拉萨到西宁，行至纳木错的时候，路两侧远远能看到有三三两两的羚羊。那是青藏地区另外一种羚羊——藏原羚。和藏羚羊相比，它们体形较小，肩高 60 厘米左右，体长小于 1 米，全身浅黄色，最明显的特征是屁股上有呈心形的白毛。来往的车辆惊到了路边的藏原羚，它们屁股上的白色长毛瞬间炸起蓬开，几个闪亮的白色心形屁股迅速跑开，消失在天际线。

继续前行，便能看到真正的藏羚羊，它们淡定地在路旁吃草。仔细观察它们，它们和藏原羚相比，体形要大得多，肩高 90 厘米左右，体长超过 1 米。藏羚羊雌雄差异很大，成年雄性面部黑色十分显眼，一双剑角斜指天空，颈部至臀部呈白色，腰背部有浅浅的驼色，四肢前侧为黑色。而雌性不长角，身体从上到下由棕色至白色，逐渐变浅。藏羚羊雄性与雌性会分别组建羊群，雄性群体只有在繁殖季才会混入雌性群体，相互角逐俘获雌性的芳心。

在公路两侧观察野生动物，这种体验在中国只有在青藏高原才能获得。一路走来，从城市到荒野，野生动物也由少变多，一条条车来车往的公路、一片片围封的草场，把野生动物隔离在外面。每年夏季，分布于青藏高原腹地的藏羚羊种群开始向北部地区迁徙，一路长途跋涉来到可可西里产下羔羊，8月天气转凉，母羚羊便会带领已经能奔善跑的小羊返回越冬地。青藏公路与青藏铁路是东部种群迁徙过程中的两道"关隘"。每年迁徙季，可可西里保护区管理局以及四川省绿色江河环境保护促进会等民间机构都在为藏羚羊的远征而努力。他们努力协调车流，为藏羚羊的通过留出时间。藏羚羊也逐步调整生活习性，聪明的它们学会了寻找并穿越铁路高架桥之下留给它们的迁徙通道，还学会了在夜间快速穿过公路。

众多藏羚羊聚集成一个个兽群。它们如同一道道赤黄色的洪流，流淌在青藏雪原，生生不息。■

如果它消失了⋯⋯

在藏羚羊已经灭绝的世界，当孩子们指着福娃迎迎问"这是什么"的时候，我们该如何回答？

它叫藏羚羊，是青藏地区高海拔特殊地理环境孕育出的高原之子，是青藏地区最为活跃的动物。它们组成中国境内最壮观的迁徙。它们对于高原物种演化、动物形态学、动物行为学的研究有着非同寻常的意义。

它们那么壮观，那么美丽，然而我们却没能把它们留住，让它们在地球上永远地消失了⋯⋯

我不敢想象孩子们失望的眼神，但还好，这一切只是假设。

从不足 5 万到如今的 20 余万，藏羚羊已经劫后重生，青藏高原绝不能失去它们神俊的身影。

■ 如果说高原腹地的广袤草原是属于羚羊的天地，那么青藏地区边缘隆起的连绵山地与广袤丛林便是鹿的世界。

北起祁连山脉东部，南至横断山脉北端，在海拔 3 500 米的高山之上，纵然已经立夏，低温与缺氧的环境仍旧令大多数生物却步。针叶林坚守着高山，暗绿色的森林把环境渲染得分外肃穆，一个个黝黄的身影在影影绰绰的树丛之中穿行。在针叶林之上是稀疏的灌木丛，杜鹃花丛再也隐藏不住庞大的身影。这是一群正在往高山草甸进行垂直迁徙的白唇鹿。■

白唇鹿　冰山上的来客

物种名片

- ⊙ 中文名：白唇鹿
- ⊙ 学名：*Przewalskium albirostris*
- ⊙ 目：鲸偶蹄目
- ⊙ 科：鹿科
- ⊙ 属：白唇鹿属
- ⊙ 保护等级：国家一级重点保护野生动物
- ⊙ IUCN：易危（VU）

■ 冰山上的来客

林深时见鹿。它们一身黄褐色毛发略显凌乱，头顶毛发比身上略长，仿佛顶着一脑袋两个月没修剪的乱发，鼻子周围到整个下巴都是醒目却又带点滑稽的白色，白唇鹿被当地藏民称作"卡夏"，意思是"像雪一样的嘴巴"。雄性头顶有一双大角，像干枯的崖柏枝丫。和其他低海拔森林或湿地的鹿科亲戚不同，白唇鹿的双角极为舒展地向身体两侧生长，双角最大距离可超过 1 米，颇有万年前大角鹿的风范。不光角度张扬，白唇鹿鹿角后半部分扁平，鹿角顶端像顶着一把把未开封的刀刃，因此，白唇鹿又得名"扁角鹿"。

白唇鹿是现生鹿科动物中海拔分布最高的。为了适应高海拔的严寒，它们掌握了一套适应低温的"核心科技"。通常温带或寒带的动物通过双层毛发来抵御严寒，外层针毛光滑坚韧，内侧绒毛柔软浓密，而白唇鹿毛发十分独特，它们缺少绒毛层，一身长毛全部由针毛组成，而针毛结构十分特殊，毛发中间的髓质发达，形成中空的结构，保暖性能极佳。白唇鹿的鼻腔也比其他鹿类发达，可以更加高效地在稀薄的空气中获取氧气。它们的体形粗壮结实，尽可能地减少热量流失，血管中红细胞的血红蛋白携氧能力翻倍。虽然具备极佳的抗寒硬件设施，但它们面对冬季的青藏高原也不会选择"硬刚"。白唇鹿有着垂直迁徙的习性，夏季为了追逐鲜嫩的草芽与树叶，它们可以攀升至海拔5 000米以上的高山草甸，而到了冬季，便会下沉至海拔3 500米左右的针叶林中避寒，依靠树皮和地衣度日。

鹿死谁手？

成年雄性白唇鹿肩高接近1.5米，体重可超过250千克，就连有着"雪山之王"称号的雪豹，都不敢轻易招惹它，只有结群的狼与豺，才能对幼年的白唇鹿造成威胁。白唇鹿这种在高原上几乎无敌的存在，理应子嗣昌盛，活得逍遥自在，可是就在几十年前，它们遇到了严重的威胁——人类。白唇鹿角有5个枝杈且鹿角巨大，鹿茸产量较梅花鹿有成倍的提升，再加之夏季白唇鹿集大群活跃在空旷的草甸上，更是给大规模猎杀提供了便利。枪口之下，它们的数量开始锐减。甚至在祁连山的部分地区，已经数十年没有发现白唇鹿的踪迹。与此同时，我国进入人口快速发展时期，人类的活动范围逐步扩展，白唇鹿面临我国野生动物保护的老大难问题——栖息地破碎化。

白唇鹿同时也是幸运的，它是我国特有物种，在 1988 年 11 月 8 日颁布的《中华人民共和国野生动物保护法》中，白唇鹿被列为"国家一级保护动物"，被世界自然保护联盟评为易危。

神鹿归来

随着保护意识的增强以及对盗猎行为的重拳出击，野生白唇鹿的数量有所恢复，在长江源头的沱沱河畔，在秋季甚至能看到超过 200 只的白唇鹿集群，雄鹿之间相互争斗求偶的盛况。随着自然爱好者的增加、观察拍摄装备的普及以及更多自然观察活动的开展，人们也在越来越多的地方记录到白唇鹿的踪迹，不过问题依旧存在。直至目前，仍有千余只圈养白唇鹿分散在各个养鹿场，这对于整个白唇鹿种群来说是重要的有生力量。如何让这些基本退出鹿茸生产的白唇鹿重返野外，这需要多方面的配合与努力。除了圈养鹿的历史遗留问题，近些年的研究发现，随着全球气候的异常，分布在同一地区但是生活在较低海拔的鹿科动物马鹿与水鹿，它们的活动范围在海拔高度上逐渐增加，与白唇鹿重叠区域范围扩大，白唇鹿生存空间面临被同类型食草动物侵占的问题，甚至还有记录到白唇鹿与马鹿的杂交后代，这对于野生动物的基因库是一种污染。

高原之上，万类霜天竞自由。希望今年的沱沱河畔能迎来更多的白唇鹿，大河与生灵的画卷能有一个更美的开篇。■

如果它消失了……

如果那站在高原之巅的"天鹿"消失了，我们将失去有史以来分布海拔最高的鹿类，也将失去更进一步去了解它的机会。青藏高原的隆起与白唇鹿的演化密切相关，这 300 万年的深深羁绊将会随着白唇鹿的逝去而永久尘封，那将会成为这颗蓝色行星的遗憾。

白唇鹿身上仍有太多秘密等待我们去探索：独有的扁圆状鹿角在高原之上有何优势？相比针毛，绒毛更具有保暖上的优势，为何在白唇鹿身上却意外消失？全球变暖之后，面对步步紧逼的马鹿，白唇鹿能否稳坐"最高海拔"的王座……

还好，我们仍有机会。公众保护意识逐步提升，栖息地保护也在有条不紊地推进……如今白唇鹿的数量在稳步提升，青藏高原如同一艘载满生命的"诺亚方舟"，驶向更加光明的未来。

■ 坚硬的白色岩石，刀刻般冰冷地立在如同洪荒时代的风沙里。像姑娘的辫子一样散开的流水从河滩上蜿蜒而去，一直流向天与地融合的远方，最终汇入长江。这些河流有牙曲、君曲、莫曲和当曲，这也是如今治多县索加乡四个村的名字。

悬崖上方一块突出的岩石上，一个优雅的身影正静静蹲伏，注视着悬崖下方正在草坡上觅食的岩羊群。它与斑驳的裸岩融为一体，身上的底色是雪山的颜色。威武雄壮而又神秘莫测的雪豹，是这片生态系统的王者，是无数人心中的向往和期待。■

雪豹　雪山之王重回山林

物种名片

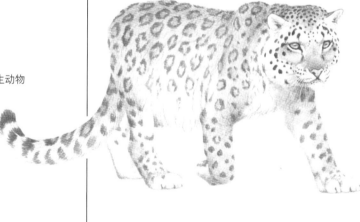

- ⊙ 中文名：雪豹
- ⊙ 学名：*Panthera uncia*
- ⊙ 目：食肉目
- ⊙ 科：猫科
- ⊙ 属：豹属
- ⊙ 保护等级：国家一级重点保护野生动物
- ⊙ IUCN：易危（VU）

■ 山的主人

一只雪豹慢悠悠走到眼前一块大石头跟前，微眯着眼，抬起上半身，用脸颊和身侧蹭了蹭石壁，又转身背对，扬起并抖动长长的毛茸茸大尾巴，喷射出属于自己的气味印记，随后消失在昏暗的夜色里。

雪豹作为青藏高原上最为虔诚的"转山者"，它们的足迹遍布诸如喀喇昆仑、祁连、巴颜喀拉、念青唐古拉乃至珠穆朗玛等名山大川，是这些耸立的山峰上最跃动的身影。

为了维护自己拼搏下来的家域，它们总是一圈一圈地在领地里巡视，并用自己的气味告诫外来者不得随意侵入。不同的雪豹个体之间家域的范围有大有小，大到可以覆盖数百平方千米的土地，而小的则可能局限于一隅。好的领地往往意味着更加优质的资源，因此雪豹之间也理所当然地常常发生碰撞，随之而来的便是领地范围的变化与更迭。当然，一些游离于边缘的雪豹也不会放过任何占据新地盘的机会，也许在一些天时地利的情况下，它们就能摇身一变成为一块优质地盘的家主。

除开这些领地变迁的情况，还有一些地带相对特殊，容忍着多只雪豹的存在。矗立在山谷与河流的交汇处的大石头，常成为过往雪豹们发布和交流"信息"的"公告牌"。不论是拥有广阔家域的"山大王"，还是只能流离于边角的流浪汉，在路过"公告牌"时都会选择留下自己的印记——这大概是看起来有点"社恐"的大型猫科动物不多的社交行为。

在索加乡的曲日荣尕沟，就有这样一处"公告牌"，几乎所有过往物种——从大型的雪豹、狼、棕熊等，到小型的赤狐、藏狐等，都会在此停留并进行频繁的嗅闻和标记。也因此，这样的地点作为物种内和物种间的信息集散地，是许多物种的关键栖息地，从生态保护的角度上讲具有重要的意义。

青藏高原的原住民

人与雪豹，都是高原上的原住民。与在高原上生活了几百万年的雪豹相比，人又更像是后来者；而人类开始系统科学地认识和了解高原上的雪豹，要到 21 世纪了。

2009 年，国际野生动物专家乔治·夏勒博士与北京大学的吕植教授和她的博士生李娟，开始在青藏高原上追寻雪豹，最初的研究地点恰好就在长江上游的索加。

山神作为青藏高原的原始崇拜，在藏传佛教引入之后，逐渐被纳入藏传佛教的体系，扮演了护法神等诸多角色。在过去的很长一段时间里，雪豹都曾和山神构建了或多或少的联系。比如传说中，如果哪户牧民得罪了山神，雪豹就会过来吃这户人家的牛羊；吃过一次后，雪豹可能会养成习惯，以后就会经常在这户人家附近活动。这种情况下，人们谈论雪豹时不能直呼其名，而要使用雪豹的代称"愁给"，用"愁给"作为"萨"的代称。

虽然藏传佛教很少提及雪豹，但更多的研究依然表明了藏传佛教神山圣湖体系对于雪豹的保护作用。李娟博士研究了雪豹分布栖息地和寺庙分布的关系，发现全球 80% 的雪豹分布区位于藏传佛教的影响范围内。在三江源区域，研

彭建生 / 摄

究将有记录的 336 座寺庙与雪豹的潜在栖息地相叠加，发现 46% 的寺庙位于雪豹栖息地内部，90% 的寺庙在雪豹栖息地的 5 千米范围内。

大多的神山都和寺庙相互依存，而神山又大多形态特殊、高耸入云、巍峨险峻，让人容易产生格外的敬畏，这样的地方，显然也是善于攀爬的雪豹适宜的栖息地。传统上，围绕神山周围会形成一个特殊的禁地，禁止打猎、喧嚣、砍树、开矿等行为。这样的禁忌，无形之中给雪豹及其栖息地加上了一层保护。也正是得益于这样的保护，雪豹这样的大型食肉动物依然能够存活到今天，并保留有健康的种群。

当然，同在一片土地上生活，人与猛兽免不了产生摩擦。高原上的冬天漫长而艰苦，随着山上食物的减少，雪豹有时也会下山到牧民家旁边偷吃牛羊。以牛羊保险为主体的生态补偿正逐渐覆盖越来越多的乡村，以经济补偿的方式提升当地牧民对野生动物肇事的容忍度，从而减少报复性的猎杀，促进人与雪豹这些高原上的原住民和谐共处。从根本上说，青藏高原上的草场是人类畜牧业发展的根基，同时也供养了雪豹的主要猎物岩羊等食草动物。对这片土地的精心呵护，是高原上的原住民们和谐共生的基石。

雪豹的未来

最常被引用的全球雪豹种群数量为 3 000 ~ 7 500 只，据估计全球约 60% 的雪豹生活在中国，而青藏高原则是雪豹最大、最重要的栖息地之一。近 20 年来，我们欣喜地看到，越来越多的科学技术被运用在雪豹研究上，成

为增进对"高原隐士"了解的最大助力。

红外触发式照相机，简称"红外相机"，能在无人在场的情况下拍摄记录面前经过的动物的活动影像，它们已成为野生动物监测和研究的主流工具之一，在高海拔、严寒的极端环境下持续为人们带来最新的影像资料，被称为"秘境之眼"当之无愧；遗传学技术的发展和应用，能让科学家在一份雪豹的便便中，了解到雪豹的晚餐是什么，雪豹是"先生"还是"女士"，乃至给雪豹建立花名册，精确识别到个体，因此雪豹遗传学研究者们也把自己称为"大猫的铲屎官"；GPS 项圈技术，能追踪雪豹个体的日常生活，帮助人们更深入地了解其作息和习性，活动和家域，这类基础信息对雪豹的研究至关重要……

青藏高原是全球气候变化的脆弱区域之一。而在气候变暖、树线上移的情形下，雪豹会面临何样的未来？在当地相关政府部门以及"益心华泰·一个长江"等公益项目的大力支持下，众多科学家通过更多的技术方法，可以利用大量的一手数据和国际通用的气候变化模型，模拟预测未来几十年雪豹适宜栖息地的变化，从而识别出哪些区域较为脆弱，哪些区域可能是雪豹迁移的关键廊道，从而在整体景观和政策上提出可行的保护建议。

我们也期待着这些研究和保护的成果，可以更好地促进人与雪豹的和谐共生。■

■ 斑头雁是我国青藏高原重要的夏候鸟，主要在青海、西藏的沼泽及高原湖泊地区繁殖，是青海湖夏候鸟的优势种之一。■

斑头雁　被誉为世界上飞得最高的鸟

物种名片

- ⊙ 中文名：斑头雁
- ⊙ 学名：*Anser indicus*
- ⊙ 目：雁形目
- ⊙ 科：鸭科
- ⊙ 属：雁属
- ⊙ 保护等级：无
- ⊙ IUCN：无危（LC）

■ 斑头雁隶属雁形目鸭科，又名白头雁、黑纹头雁，全球种群数量为 52 000 ~ 60 000 只。斑头雁体形较大，体长 60 ~ 85 厘米，通体大都是灰褐色，后颈暗褐色，显著特征是头顶白色而头后有两道水平黑色带斑，形如斑马，故名斑头雁。雄鸟和雌鸟无法单纯地从体表特征分辨出来，雌性体形会比雄性稍小一点。斑头雁喜欢集群活动，在繁殖期和越冬期多集群行动，主要以水生植物的根茎、种子和水中软体动物等小型动物为食。

斑头雁的迁徙

斑头雁是非常适应高原生活的鸟类，在迁徙过程中会飞越珠穆朗玛峰。

全球有九大候鸟迁徙路径，候鸟们沿着不同的路径往返于繁殖地和越冬地之间。坐落于中亚候鸟迁徙路线上的青海湖地区山地广阔，从湖体到周边流域海拔差异较大，其地形地貌、植被种类和分布、土壤类型等呈显著垂直分布，形成多样的自然环境特征，是维系青藏高原区域生态安全的关键水域，为各种哺乳类、鱼类和水鸟等动物提供丰富的食物资源，是迁徙水鸟首选的停歇地和生物通道，给包括斑头雁在内的成千上万的鸟类提供高质量的繁殖和越冬的栖息地。

斑头雁沿中亚－印度线路迁徙，面临着喜马拉

雅山脉、帕米尔高原的重重阻隔，每年的 9 月至 10 月，青藏高原上的斑头雁要南迁到低纬度、低海拔的印度、尼泊尔越冬，到次年的 3—5 月，它们开始从中国南部越冬地迁往北部和西北部繁殖地，飞跃喜马拉雅山脉，抵达青海、西藏的沼泽和湖泊进行交配、繁殖，到达繁殖地的时间最早在 3 月末至 4 月初，最迟在 4 月中下旬。迁徙时多呈小群，通常 20～30 只排成"人"字形或"V"字形迁飞，边飞边高声鸣叫。斑头雁的整个迁徙路线跨越 8 000 千米，飞行速度可达 80 千米/时，令人难以置信的是，如果它们的飞行刚好处于顺风条件，可达到 160 千米的时速，凭借风力的帮助，它们能一次完成超过 1 600 千米的单向飞行。斑头雁所在的飞行高度和运动强度，即使是强壮的哺乳动物也会很快死亡，相比大多数鸟类，斑头雁的高空飞翔能力得益于两个原因：一是其呼吸能力异常强大，即使是在保持非常快的飞行

节奏时，它们也不会出现头晕目眩的情况，这是因为它们拥有强大的氧气获取能力。斑头雁的红细胞中，血红蛋白分子结构里包含一种特殊的氨基酸，因而对氧原子有特别的亲和力，可以从近在咫尺的毛细血管里非常快速地抓取到氧原子，为翅膀提供一次强有力的挥动。二是斑头雁的翅膀，其挥动的频率同体格大小相近的鸟儿几乎一样：每分钟225次，不同的是，斑头雁的翅膀更长，它们单翅伸展的宽度可达1.5米。在稀薄空气中，斑头雁挥动翅膀会产生比同等高飞的鸟类更强的推举力。尽管如此，在如此恶劣的迁徙之途，仍然不时会有由于气候因素等偏离正常迁徙路线的迷鸟，这些偶然迷路的鸟儿，大部分无法再次回归。

斑头雁的威胁

在海拔9 000米的云端，空气含氧量不到海平面的30%，在其他生物踪影全无的天空，仍然有迁徙的斑头雁飞过。作为世界迁徙鸟类中飞行高度最高、最具代表性的物种之一，斑头雁的迁徙路线经过了大多数迁徙水鸟难以跨越的喜马拉雅山脉，这种神奇而美丽的高原鸟类，用飞越喜马拉雅的壮举，向我们展示了一个关于迁徙的奇迹，一个关于回归的承诺。虽然在生物多样性保护的形势下，全球野生雁类数量呈现上升趋势，但斑头雁种群仍然非常容易受到栖息地丧失带来的威胁。

以青海湖为例，青海湖是众多候鸟的优质繁殖地和停歇地，也是越冬水鸟的栖息地。青海湖对湿地生态系统中珍稀物种的保护发挥着重要作用。作为斑头雁的主要繁殖地之一，青海湖斑头雁种群数量在9 000只以上，占全球种群数量的16%。而气候变化在过去30多年间导致了青海湖的水位和水质都发生了显著变化，并且这一趋势还在持续。这些变化都有可能影响斑头雁食物质量和可获取度，从而对斑头雁种群繁殖带来深远影响。■

张燕宁 / 摄

张燕宁 / 摄

如果它消失了……

斑头雁被誉为世界上飞得最高的鸟类，它仅用 8 小时就能飞越海拔近 9 000 米的喜马拉雅山脉。随着栖息地破坏、狩猎和捡蛋等人类活动的影响加剧，斑头雁的生存已危在旦夕。

物种灭绝最不利的影响之一是食物链和食物网的破坏。食物链是生物彼此吞食的线性表现，食物网将许多食物链结合在一起，代表了生物体可以捕食也可以被猎杀，如果一个物种走向灭绝，整个生态系统就会因平衡被打破而遭受破坏。我们暂时不知道斑头雁的消失可能会对食物链和食物网产生什么影响，我们知道的是，由于鸟类对环境变化有着高度敏感性而被作为"指示物种"来测评当地的生态环境。相关研究表明，水鸟的种群数量变化直接与水鸟对栖息地的利用情况和栖息地的质量有关系，斑头雁作为众多湿地候鸟中的优势物种，对它的研究可以为湿地的保护和恢复提供科学依据。

培养人们的生态保护意识，才是保护野生动物的根本途径，斑头雁的未来，掌握在人类手中。

■ 高山兀鹫广布于欧亚大陆和印度次大陆，在中国广布于天山、帕米尔高原、祁连山、青藏高原、川西高原和云南北部。然而对于人类而言，高山兀鹫似乎是神圣而又陌生的存在，因为它们是地球上飞得最高的鸟类之一，飞翔高度最高可达 9 000 米，常常出没于人迹罕至的极绝极险之地。青藏公路蜿蜒在无边无际的雪原之上，雪山绵延，寒光灼灼，偶尔可见几只高山兀鹫在草甸上悠闲地晒着太阳；一望无际的若尔盖大草原或许能目睹形单影只的高山兀鹫掠过上空；三江源尕尔寺最高处峭壁林立，云海茫茫，苍穹云霄间几只高山兀鹫展翅翱翔；香格里拉纳帕海远处的雪山上空有时也能看到悠然盘旋的兀鹫。■

高山兀鹫　神圣而陌生的存在

物种名片

- ⊙ 中文名：高山兀鹫
- ⊙ 学名：*Gyps himalayensis*
- ⊙ 目：鹰形目
- ⊙ 科：鹰科
- ⊙ 属：兀鹫属
- ⊙ 保护等级：国家二级重点保护野生动物
- ⊙ IUCN：近危（NT）

■ 高山兀鹫是鹰形目鹰科的大型浅土黄色猛禽，体长 110 厘米，体重 8 ~ 12 千克，翼展度可达 2.8 米，具有强壮的钩状嘴，头颈裸露，利于撕裂腐肉和掏食动物内脏。高山兀鹫为一夫一妻制鸟类，每年 1—2 月开始繁殖，集群营巢于陡峭悬崖中上部的凹陷平台，可沿用旧巢。年产卵 1 枚，白色，卵重 210 ~ 280 克。双亲轮流孵化育雏，从营巢到幼鸟出飞时间跨度长达 9 个月，育雏期达到了惊人的 5 ~ 7 个月。高山兀鹫是典型的食腐鸟类，生活于海拔 2 500 ~ 5 000 米的高山裸岩带、草甸、荒漠等荒无人烟之地。这里岩羊、马鹿、白唇鹿、藏羚羊、旱獭、鼠兔以及家畜等食草动物丰富，任何死亡个体和被食肉动物捕食遗留的残骸都会成为它们的饕餮盛宴。为了及时发现死亡动物之所在，它们进化形成了敏锐的视觉、嗅觉以及无可比拟的高空盘旋能力。依靠其强大的免疫系统和胃酸，高山兀鹫能够消化腐烂的尸体及其骨骼，堪称生态系统食物链终端特化的分解者。

高山兀鹫的故事远不止上述自然进化、适应和生存的过程。公元 4 世纪佛教传入西藏，与之关联的民族文化风俗逐渐形成。在藏族同胞的心目中，高山兀鹫就是佛祖派来超度亡灵的使者。

然而，高山兀鹫的生存却面临着较为严峻的挑战。过度放牧导致草场退化，食草动物数量受到影响；草原灭鼠导致肉食性的猛禽二次中毒；甚至有些地区利用兀鹫的骨骼制作乐器鹰笛；还有牧场的现代管理提高了家畜的存活率，减少了高山兀鹫赖以生存的动物尸体的数量。尽管如此，我们依然坚信，只要我们践行生态保护理念，发展与保护并举，包括高山兀鹫在内的野生动物都会与人类和谐共存。■

如果它消失了······

中国有8种鹫类，分别为胡兀鹫、白背兀鹫、高山兀鹫、欧亚兀鹫、秃鹫、黑兀鹫、细嘴兀鹫和白兀鹫。这8种鹫类主要分布于我国西北、青藏高原及西南边境地区，其中秃鹫、胡兀鹫和高山兀鹫分布面积最广。虽然受限于鹫类生活的区域以及受古老而神秘的"天葬"文化的影响，鹫类在人们心中一直是神圣而又陌生的存在，国内关于鹫类的研究大部分处于空白状态，基础资料匮乏，种群现状不明。但是，我们清晰地知道，任何物种都不是孤立存在的，每一处生境的破坏都会直接或间接地影响生态系统中其他物种的正常繁衍，增加生态系统的脆弱性。主要以腐肉和尸体为食的鹫类动物作为大自然的清道夫，在消灭腐烂尸体、减少疾病传播、保证水源清洁、维护生态系统平衡方面起着不可忽视的作用。

■ 数千万年前青藏高原隆升产生的气候巨变和地理隔离进化形成了众多极富特色的高原特有物种，黑颈鹤就是唯一以青藏高原为中心分布的鹤类。■

黑颈鹤　对爱情忠贞不渝的圣境仙子

物种名片

⊙ 中文名：黑颈鹤
⊙ 学名：*Grus nigricollis*
⊙ 目：鹤形目
⊙ 科：鹤科
⊙ 属：鹤属
⊙ 保护等级：国家一级重点保护野生动物
⊙ IUCN：近危（NT）

■　春去秋来，四季如歌，黑颈鹤史诗般的生命周期就在这浩瀚的世界屋脊上循环往复，生生不息。冰雪消融，草原返青，格桑花开，青藏高原进入了一年一度的生长季节。藏北高原、三江源头、祁连山下、尕海之滨、花湖湖畔，黑颈鹤成双入对地去完成生命周期中最重要的使命——繁衍后代。霜染荒原，大雁南飞，严冬将至，黑颈鹤及其后代在每年 9 月不得不迁往温暖潮湿的下一个生命驿站——越冬地。繁殖于若尔盖草原的黑颈鹤沿邛崃山脉迁至贵州草海；繁殖于青海玉树州的黑颈鹤经通天河、金沙江流域飞往滇西北的纳帕海湿地；繁殖于藏西北、阿尔金山的黑颈鹤则翻越唐古拉山脉到达雅鲁藏布江中游河谷。只有在越冬地，我们才能目睹黑颈鹤不同家族的个体一起觅食的壮观场景，聆听晨曦朝露里鹤群的引吭高歌，领略黑颈鹤迎着东方的旭日分批飞往觅食地的恢宏画面。河谷里、草地上翩翩起舞的黑颈鹤仿佛生命乐章里跳动的音符给高原的寒冬平添了几分灵动、生机和暖意。

黑颈鹤属大型偏灰色鹤类，体长 150 厘米，体重 7 ~ 8 千克，头顶及眼鲜红色，头、颈、初级飞羽和尾羽黑色。黑颈鹤不仅是世界上唯一繁殖于高原的鹤类，而且是被人类最晚认识的鹤类，由俄国探险家、博物学家普尔热瓦尔斯基（1876 年）根据青海湖采集的标本命名，是国家一级重点保护物种、中国物种红色名录易危（VU）物种、国际自然保护联盟全球性近危（NT）物种、《濒危野生动植物种国际贸易公约》（CITES）附录 I 物种。黑颈鹤为常年配对的一夫一妻制长寿命鸟类，性成熟年龄 4 岁左右，繁殖期 3—7 月，年繁殖一次，营地面巢于四面环水的草甸、沼泽，窝卵数 2 枚，卵椭圆形，淡绿且密布褐色斑块。双亲轮流孵化，雏鸟早成。黑颈鹤为杂食性，以植物的根、茎、叶、种子为食，夏季也吃昆虫、鱼、蛙、蜥蜴等，冬季捡食农田散落的小麦、青稞等。越冬地的调查结果显示，黑颈鹤目前的种群数量大约 10 000 只，其中金沙江上游水系的贵州草海、云南大山包、纳帕海和会泽念湖等地的黑颈鹤数量为 3 000 ~ 4 000 只，西藏雅鲁藏布江中游河谷的一江两河区大约 6 000 只，还有少部分个体翻越喜马拉雅山至印度、尼泊尔越冬。

鹤类起源于大约 5 700 万年前的始新世，经过演化、灭绝和适应，全球现存鹤类 15 种，我国鹤类资源丰富，拥有包括黑颈鹤在内的 9 种鹤类。人类祖先自诞生之日起就一直伴生着优雅、温顺、美丽的鹤类，所以它们的烙印在人类的文化体系中无处不存。中华文明 5 000 年，鹤类所蕴含的象征意义在哲学、宗教、文学、绘画、舞蹈、音乐等众多方面得以升华和传承。特别是新时代生态文明建设背景下，鹤类及其栖息地的保护开启了中国鹤文化发扬光大的新篇章。

世界上现存的 15 种鹤类分布于非洲、亚洲、美洲、欧洲和大洋洲，不同国家和地区的鹤类在不同文化背景下产生了多元化的神奇故事。我国的 9 种鹤类与我国多种民族文化交汇融合，源远流长。黑颈鹤是以青藏高原为中心分布的唯一鹤类，而青藏高原是以藏族人民为主的少数民族地区，因此由黑颈鹤衍生出的文化内涵渲染着浓厚的藏族文化色彩。藏族人民信奉佛教，对黑颈鹤十分喜爱，称之为"仙鹤""神鸟""吉祥鸟"。藏族长篇史诗《格萨尔王传》是一部流传极广的民间巨作。尼玛泽仁绘制的《珠姆遣鹤送信》（唐卡）画，深受藏族人民喜爱。传说格萨尔王降伏各地妖魔，为黎民百姓除害。王妃珠姆被仇敌俘虏后的求救信就是由黑颈鹤传递的。另一种传说格萨尔王的马倌或园丁死后，人们在花园里发现了恋恋不舍的黑颈鹤，因此其被认为是马倌的化身。黑颈鹤的藏名叫"格萨尔达日孜"，原意为牧马人，有高尚、纯洁和权威的含义。■

如果它消失了……

黑颈鹤隶属鹤形目鹤科鹤属，是世界上 15 种鹤类中唯一以青藏高原为中心分布的物种，也是最晚被发现的鹤类，由于它的数量少、分布区狭窄、性成熟迟、生育能力低等，是国际上最受关注的保护物种之一。

从生态区位上讲，黑颈鹤越冬栖息地全部在长江上游金沙江流域，此流域是金沙江支流的发源地或重要水源补给地，对维护长江生态安全具有重要的作用。同时，黑颈鹤栖息地的高原沼泽或沼泽化草甸的生物多样性丰富，具有重要的科学研究和国家生物战略资源保存价值。

黑颈鹤越冬栖息地承担着流域生态安全、保存生物多样性的重任，也是当地居民赖以生存的地方。由于当地居民生存和发展需求，对生态系统的压力日渐增加，造成黑颈鹤栖息地湿地生态系统退化，生态失衡，生态功能下降。这不但影响了黑颈鹤的生态安全，还将危及流域生态安全。事实证明，对野生动物的保护仅着重于保护动物个体本身是远远不够的，还要高度重视对濒危野生动物栖息环境的保护。若野生动物的栖息环境遭到破坏，后果将更为严重。

■ 欧亚水獭是独居夜行动物，生活隐秘，栖息在各种类型的水生环境中，湖泊、河流、水库、溪流、湿地沼泽都是它的栖身场所。在青海省，玉树藏族自治州境内的通天河、澜沧江流域多次记录到欧亚水獭活动影像，此外在果洛藏族自治州多地也有相关分布记录。■

欧亚水獭　淡水生态系统的顶级捕食者

物种名片

⊙ 中文名：欧亚水獭
⊙ 学名：*Lutra lutra*
⊙ 目：食肉目
⊙ 科：鼬科
⊙ 属：水獭属
⊙ 保护等级：国家二级重点保护野生动物
⊙ IUCN：近危（NT）

■ 长江源头的欧亚水獭

在玉树州府结古镇，有一个健康的欧亚水獭种群与人类比邻而居。

这是个坐落在通天河边的海拔 3 700 米的高原城市，走在城市中心沿河的步道，举目可见高达 21 米的格萨尔王雕像策马扬鞭的英姿，低头可观鳞次栉比的康巴建筑倒映水中的艳影，还有可能偶遇三两只欧亚水獭在波光中觅食，或在步道下打闹。

欧亚水獭是个适应了水生生活的动物类群，它们的身形细长，毛皮光滑防水；趾间有蹼，提供强劲动力；嘴端有须，提升感官灵敏；耳鼻具瓣膜，闭合阻止水流进入腔道……这些特征使得欧亚水獭在淡水生态系统中往往成为顶级的捕食者。欧亚水獭在称霸一方水域的同时，也守护着这片水域的环境健康。

中国有 3 种水獭：分布范围最广、栖息海拔最高的欧亚水獭，体形最小、集群生活并主食蟹类的亚洲小爪水獭，以及亚洲体形最大、集群围猎大鱼的江獭。其中，欧亚水獭便是本文的主角，下文"水獭"若无专门指称，均指欧亚水獭。

鱼类是水獭的主要食物，随着不同季节鱼类的丰度变化，水獭也会表现出季节性的迁徙。水獭的活动多在夜间，但若日间有充足的易获取的食物，也常在日间出现，可见水獭是个十足的吃货。除了鱼类，水獭也捕食虾蟹和水生昆虫，以及蛙、蛇等两栖和爬行类动物、鸟类和小型哺乳类动物等。

水獭一般是独居生活、行踪隐秘，而粪便就是水獭存在和活动最好的证明，它们用粪便来告诉同类：这个地方是我的地盘。

一条天然的河道中，通常有多个水獭的巢穴和停歇点，水獭在这些位点之间移动、休息、刨坑或短暂地排便标记。河岸边的土洞、树洞、石缝等空间都可能成为水獭的巢穴，水獭会用它们的小短腿对洞穴进行简单的加工，再衔来干草、树枝把卧室装点得精致。

水獭的消失

20 世纪下半叶，人们对水獭光滑润泽毛皮的追捧、骨肉脏器入药的热衷，再加上去除渔业害兽的不当措施，水獭的数量断崖式减少。1959 年，北京动物园崔占平写了一篇关于水獭饲养和繁殖的文章，当时水獭毛皮产量仍较大，但已呈现逐年减少的趋势，文章呼吁尝试开展水獭人工饲养，采取主动措施保护野外种群，以防这种"珍贵的毛皮兽"数量逐年减少以至灭绝。今之视昔，不胜唏嘘。

除了个体的死亡与损失，水獭的栖息地也开始退化和丧失，比如过度捕捞导致食物资源减少，水体污染以及工程建设导致的栖息地改变。1989 年《中国野生动物保护法》实施，水獭

位列国家二级保护动物，但法规的出台也没能扭转水獭种群数量下降的趋势。

古人观二十四节气之物候，关于雨水《逸周书·时训解》有如此描述："雨水之日，獭祭鱼，又五日，鸿雁来，又五日，草木萌动。"可见在雨水节气到来之际，水獭"祭鱼"的行为和候鸟北归、草木萌发一样普遍。而到如今，盛况不再，曾遍布中国近乎所有省份的水獭，已经难觅踪迹，更别提作为物候的指标了。

进入 21 世纪，随着生态文明的持续推进，环境保护工作的大力开展，公众自然意识的不断提高，藏匿了近半个世纪的水獭开始重新回到大众的视野。在地方政府和保护主管部门、科研院校和华泰公益基金会等社会组织的努力下，目前全国已经有十余个水獭分布点开展了有针对性的水獭调查、研究及保护工作。当然，中国水獭的调查和保护还存在巨大的空缺，水獭的归来也必将直面支离破碎的栖息地，新时代人与水獭相处的故事才刚刚开始。

结古的水獭

三江源的水獭也曾遭屠戮，一度销声匿迹。不过有赖于该区域良好的水环境基础，水獭在野外依旧有充足的食物和生存空间。三江源及其周边地区可能是当前水獭在中国最好的栖息地，位于三江源腹地的结古镇就见证了水獭种群归来的历程。

水獭首先在结古镇郊外的河道安了家，河岸边凌乱的肆意挥洒的刨痕，石头上显眼的满含鱼骨的粪便，无不展示着河流中的顶级食肉动物回来了。水獭在陆地生态系统也有许多"追随者"，比如白唇鹿、家牦牛和赤狐常会专程来舔舐水獭粪便，赤狐、豹猫、香鼬等动物也常在水獭洞穴旁晃荡，以期偷食水獭存下的"鱼生"。

当水獭回来时，它们不得不和现代化的设施、人类的生活产生交集——固化的河岸、整饬的河道、流浪动物等。这是一个相互适应的过程，水獭要学会利用栈道、桥梁等人工设施在河道中通行，要学会在钢筋水泥的丛林里找到一处可藏身的住处，要学会忍受适度的人类干扰和水质污染；而人类若想与之共生，也要改变一些行为维持河道的洁净，也要做出一些努力给予水獭更丰富的活动空间。

如开篇之景，水獭这个挑剔的物种最终选择了信任，选择了在这个有 20 多万人生活的长江源头城市安家，至少说明这个城市的河道里有丰富的鱼、有洁净的水、有可供休息和隐蔽的空间，还有一群友善的人……，期待未来，这样"人獭共生"的案例能从长江头走向长江尾。■

在长江源头和高原鳅类相伴的另一种鱼类是裂腹鱼，隶属于鲤形目，鲤科，裂腹鱼亚科。这些鱼身体所被鳞片趋于退化，但肛门两侧为扩大的臀鳞所夹，在狭窄的腹鳍后方形成一条裂隙，故被称为裂腹鱼。它们体形通常修长，身体侧扁，拥有较强的游泳能力以对抗急流。同时腹腔内黑色的腹膜能抵御高原地区强烈紫外线对内脏造成的损伤。我国是当之无愧的裂腹鱼大国，拥有的裂腹鱼种类占全球裂腹鱼有效种数的 80% 以上。■

小头裸裂尻鱼　唐古拉山间的裂腹鱼

物种名片

⊙ 中文名：小头裸裂尻鱼
⊙ 学名：*Schizopygopsis microcephalus*
⊙ 目：鲤形目
⊙ 科：鲤科
⊙ 亚科：裂腹鱼亚科
⊙ 属：裸裂尻鱼属
⊙ 保护等级：无
⊙ IUCN：无

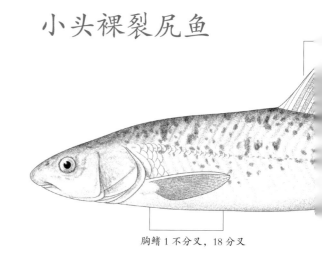

小头裸裂尻鱼

胸鳍 1 不分叉，18 分叉

腹鳍 1 不分叉，8 分

■ 在夏季的午后，闲逛沱沱河边，浅水处或能见到聚集在一起用下颌前缘锐利的角质刮取藻类进食的小头裸裂尻鱼，它们隶属于裂腹鱼亚科，裸裂尻鱼属，又名小头高原鱼、小嘴湟鱼。其头锥形，吻钝圆，鱼体几乎裸露无鳞，背部为青灰色或灰褐色，腹侧银白色，头背体侧具多数小斑，各鳍端部橘黄色。

它们在海拔 4 400 ~ 5 200 米的河流和湖泊中广泛分布，在水域中扮演着极其重要的角色。但也正因为其分布地域广，存在于不同的水系之中，居群间有不同程度的变异。比如在纳木错湖中的小头裸裂尻鱼的咽齿结构和下颌角质等方面表现出复杂的变异多样性，比如口位置相对于沱沱河小头裸裂尻鱼更加靠前，头背部黑褐色，体背侧和头部具圆或点状黑斑，间有云斑，背鳍、尾鳍分布有数行小黑点等，因此被认为是另一个亚种。

小头裸裂尻鱼是唐古拉山脉上罕有的大块头，常见个体的体长能达到 50 厘米左右，当之无愧地处于水生生物食物链顶端位置。但因为气候寒冷，食物贫乏，食物链顶端的它们平时过得也并不滋润，主要以着生硅藻和植物碎片为食，兼食水生昆虫，成熟个体会偶尔以螺、钩虾等水生动物以及条鳅为食。也正因如此，它们总体生长周期长，成长缓慢，繁殖能力低下。

或许是出于对生命的敬畏，当地人不愿猎杀历经几个春秋仍不足尺的水中生灵，或许是繁殖期间小头裸裂尻鱼的卵有毒，食之会致呕吐、腹泻，它们并没有为高原的人们带来什么经济价值，但对它们的研究，对于探究被称为"世界屋脊"的青藏高原上的长江在内的许多大江大河，包括黄河、澜沧江、怒江、雅鲁藏布江、恒河、印度河等的鱼类起源和演化而言弥足珍贵。但是，由于高原气候严酷、空气稀薄、交通不便等，一直到 20 世纪 50 年代末，我们对这里的鱼类依旧所知甚少。

1961 年，武云飞教授和妻子吴翠珍走进世界屋脊，一待便是 30 年，多次深入鱼类学的无人区，足迹遍布每一条河流和主要湖泊。采集、解剖、绘图、探讨分类和演化问题……夫妻二人三十载共测量鱼类标本 5 380 尾。历经大量的野外工作和文献研究，凝聚了国内外鱼类学研究前辈的无数心血，武云飞、吴翠珍在《青藏高原鱼类》中指出，早在白垩纪晚期，随着大规模的海退，华西地区大规模露出水面成为陆地，而在当时天山、昆仑山、祁连山等山体相对较低，特提斯海流域古河系发育并与东部和东南部太平洋流域古水系沟通，广布东亚和东南亚大陆的原始鲃类和鳅类便也迁徙而至。经历了两次喜马拉雅运动，青藏高原急剧抬升，有的山脉被夷为平地，有的褶皱山地骤然升起，因大幅抬升而变冷，各个水系被割裂隔离开来，鱼类也因此得以进一步演化。■

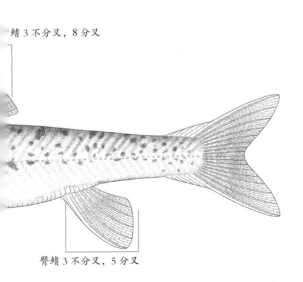

鳍 3 不分叉，8 分叉

臀鳍 3 不分叉，5 分叉

唐古拉山在海拔高达 5 000 米以上的长江发源地，一年中大半时间里河水冻结，仅在四成时间里能看到流水潺潺，静静映衬身后的雪山，全不似中下游的波澜壮阔。

这里河水主要依靠冰雪融水补给，解冻期的平均水温也不超过 10℃。海拔高、水温低、辐射强，若说鸟兽还有毛皮保暖，尚可迁徙觅食、御寒，水里的生物们则要直面刺骨的江水。这里甚至不能孕育过多的浮游动物等动物性饵料，似乎长江源便是水生生命的禁区。但在水流之下，这里并不冷清，地球现生鱼类中分布海拔最高的鱼类种类便栖息于此。

细尾高原鳅　雪域高原的冷水精灵

物种名片

- ⊙ 中文名：细尾高原鳅
- ⊙ 学名：*Triplophysa stenura*
- ⊙ 目：鲤形目
- ⊙ 科：条鳅科
- ⊙ 属：高原鳅属
- ⊙ 保护等级：无
- ⊙ IUCN：无

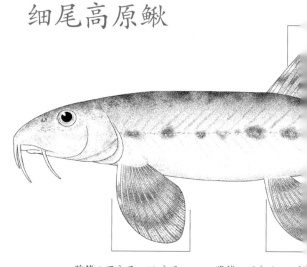

细尾高原鳅

胸鳍 1 不分叉，13 分叉　　腹鳍 1 不分叉，5 分

细尾高原鳅，隶属于鲤形目，条鳅科，高原鳅属，又名细尾条鳅，是高原鱼类中的佼佼者，在青藏高原各水系上游的干支流均有分布，分布海拔高达 5 200 米，远远超出美国科学家曾经提出的 4 800 米鱼类分布临界线。

它们头略显扁平，吻较尖，上下唇较厚，唇周长有 3 对须，鱼体延长，前躯呈圆筒形，背鳍后身体变得细狭。皮肤光滑无鳞，通体基色为浅黄或浅棕色，在背部背鳍前、后各有 1～5 块深褐色横斑。和不少条鳅亚科鱼类类似，细尾高原鳅下颌成铲状，边缘锋利，常露出于下唇之外，以便于刮取附着在砾石或者泥面的着生藻类，它们主要以硅藻为食，也兼食寡毛类和摇蚊幼虫。

每到夏季，河水开冻，水面上还残留着不少冰块，但河水已经开始涓涓流淌。夏日阳光照射着，水下光影斑驳，由于食物的匮乏，河底看不见大型动物活动的痕迹，因此砾石之间探出头的细尾高原鳅便格外引人注目。它们像是冰河下的精灵，时而紧紧依附在砾石之中，用吻在石头表面刮食藻类，随即又蹿跳到另一处砾石的缝隙间。此时也是它们的繁殖期，雄鱼胸鳍上的一部分表皮细胞逐渐膨大、聚集成垫，最表面的细胞变得角质化，形成一个个白色小颗粒，也叫作珠星，这一阶段可以持续 5 个月之久，曾经有鱼类学家在 10 月发现有抱卵的细尾高原鳅个体。■

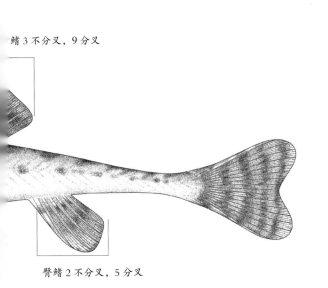

鳍 3 不分叉，9 分叉

臀鳍 2 不分叉，5 分叉

如果它消失了……

数千万年来，沧海桑田、风云变幻，所谓山无棱、天地合、江水为竭不过是历史长河中的匆匆一瞥。剧变之中，无数物种或出现或消失，如河水中偶尔泛起的浪花，或起或落。细尾高原鳅和小头裸裂尻鱼们适应、演化，最终留在了长江源，成为历史的幸存者和见证者。人类也有幸通过它们，去探究生命的演化和天地变迁，去了解自己赖以生存的家园。

现如今，随着全球气候变化，长江的水文条件又一次开始悄悄转变，冰期变短、水温升高。这些高原的水中精灵将面对全新的生存挑战，但随着"碳中和"的进程和对长江生态环境的保护，我们相信它们不会就此消失，而是依旧常驻长江源。

天地牧场
万物共生

在遥远的江源大地上，人的生存状态离我们熟知的现代生活显得有些遥远，离自然与传统却近了一些。人被还原成一个个主体，与自身所处的环境真切地交互：安享它的温柔，承受它的怒火；为山川河流命名，替草木虫鱼记录。人也被凝聚成集体，以族群的形式生活在一起，学会在冲突中互利，探寻日升月落、万物消长的规律，与自然融为生命共同体。

■ 溯源是逆流而上的过程。从蜀地的岷山一路向西向北，沿着金沙江，来到通天河，寻觅更远、更深、更完整的大江之源，追索数千年的时光，回归蓬勃繁盛的生命神话。■

长江源里的历史

"西海西有七百余里，为众水会归之所"。三江源的历史轮廓，是从河源昆仑的不死神话开始勾勒的。昆仑，穹隆也，天道运行，缩影在地，不死之水出焉，西王母之所居。水流源源不断，饮之不死，西王母亦精通长生之道，掌管不死之药。中华文明对于河出昆仑的认定与归属，所求的那是循环往复、延绵不绝的生机。

相比对河源的追溯之深，中原王朝对江源的探寻有些迟滞。从《尚书·禹贡》的"岷山导江，东别为沱"，《山海经·中山经》的"岷山，江水出焉，东北流注于海"，到《荀子》《汉书》，乃至北魏《水经注》的"岷山在蜀郡氏道县，大江所出"，很长一段时间里，长江都被认为源出岷山。

唐时，唐蕃古道横绝通天河，虽然增加了人们对金沙江上游的了解，但并没有导正对江源的认识；明代徐霞客经实地考察，提出金沙江为长江之源；而到了清代，朝廷著《水道提纲》，方对江源水系做出较为详尽的描绘；直到中华人民共和国成立后几十年，长江三源也就是正源沱沱河、北源楚玛尔河、南源当曲，才被真正确定下来。

当地牧民对江源的理解却没有这么曲折。很多牧民相信当曲是长江的源头，尽管在科学家的眼里，当曲是三源之中流域面积最大、支流众多——因而不好辨认的一支，但也正因如此，当曲水量丰沛，对于牧民来说，四季奔涌不歇的才是河流，才能被称作源头。这种纯粹的理解，与河源昆仑的不老不死殊途同归，人类仰赖和期盼的，是大江大河永不止息的生命力。

除了看得见的江源，还有看不见的"江源"：长江从何而来，因何而起？

藏族传说《长江黄河的来历》说道：为了保护藏民们的猎物，两只神牦牛从天而降，与成群的老虎决斗，一只牦牛的鲜血变成了黄河，另一只牦牛的鲜血变成了长江。江河是由牦牛的鲜血化成，而牦牛是为了保护人类的生计而来。这种和牦牛的密切联系，在三江源的民间传说中俯拾皆是。

《斯巴宰牛歌》唱的是世界起源："斯巴宰杀小牛时，砍下牛头放高处，所以山峰高耸耸，斯巴宰杀小牛时，割下牛尾栽山阴，所以森林浓郁郁；斯巴宰杀小牛时，剥下牛皮铺平处，所以大地平坦坦。"

《牧鞭的来历》叙述人们在追赶一群逃往须弥山上的神牦牛时，受到启发而发明牧鞭的过程，反映了早期藏族社会的畜牧生产方式；土族传说《黄牛大力士下凡》描绘了玉皇大帝派遣黄牛大力士下凡，给人们传达一日洗三次脸吃一餐饭的圣旨，为民造福的故事……

高原苦寒，在无法解释变化莫测的自然现象却又必须观察、适应和依靠自然的年代，动物养育了人类，因此动物是有灵性的。同样，一山一水、一草一木也是有灵性的，人作为自然界的寻常一员生存于众生之中，与万物和谐相处，尊重包括自己在内的一切生命。由此，衍生出万物一体、万物有灵、万物为神的原始信仰。

■ 从足够高的地方俯瞰，通天河与两岸星星点点、连绵不绝的岩画组成一幅摊开的竹简。通天河向下奔流，是串起从高山到峡谷无数兴衰存亡的绳，而岩画如剪影、如烙印，定格一刻的美丽，记录一族的智慧，顺着通天河的方向自远古而来，依稀可辨。■

通天河岩画

诗歌之外，另有一幅举世无双的艺术杰作。近年来，玉树境内沿通天河及其支流的上、中、下游，分早、中、晚三个时期，发现了51个岩画群，近6 000个单体图像，绵延数百千米，上溯至青铜时代，串起一部悠久磅礴的"大河之书"。岩画作为全世界最珍贵的文化遗产之一，是从远古开始，人类磨刻、镌凿、绘制在岩石、山壁、洞壁上的图形，是文字出现之前的史书，是人类文明留下的最初篇章。

据传，通天河岩画是因牧羊人在石头上反复刻画着惊鸿一瞥的山中仙女而产生的，因此藏语中"日姆"一词，一指"山的女儿"，另一意思便是"岩画"。通天河两岸的岩画描绘着牦牛、鹿、犬和各种狩猎场景，这是先民熟识的"山的女儿"。

青藏高原的牦牛岩画从艺术风格上分类，大致有"生动质朴""稳健平和""凄惨紧张"三种造型，而在通天河畔，只有前两种，不见第三种。第一种牦牛岩画以通体凿刻为主，具有"剪影式"视觉效果，造型简约，体形健硕，动态十足，充满了蓬勃的生命力；第二种牦牛岩画则以敲凿或划凿、划磨的方式刻出牦牛，这种涡纹表现法，生动逼真，富于美感。

相比于其他地区常见的"祭祀牺牲、神秘凄惨、狩猎追杀、受伤流血、气氛紧张"的牦牛形象，通天河畔"山的女儿"或许更偏于野性与厚重，毕竟人们到今天都还说，牦牛是有神性的动物。

昂然岩画中的牦牛形象一型

江荣岩画中的牦牛形象二型

图像数量仅次于牦牛的另外两种动物是鹿和犬。有趣的是，同为拥有多种风格及历史演变的动物图像，鹿体现的是文化的交融和本土化的过程，而犬却蕴含着从神圣走向世俗的脉络。通天河岩画描绘的鹿极富艺术性，流畅的线条勾勒出鹿的轮廓，躯干上饰以涡旋纹、折线纹、S纹，鹿角尤为巨大张扬，几乎占据画面的一半，或呈"V"形、"U"形，或呈螺旋形，明显受到外来风格的影响，而后随着通天河顺流而下，纹饰逐渐简化消失，完成本土化。不同地域出现相似风格的鹿图像可能有两个原因，一是这些地方都生活着外形相似的鹿，二是一地的人们在交流中看见了另一地对鹿的描绘，心中喜欢，于是将其带回家乡，刻画了相似的图像。无论是哪种原因，都传达出先民们迫切想要将鹿的形象描摹得更加真实、更加美丽的愿望，不仅自己反复地刻画，而且要观察、学习其他部族是怎样展现这种灵动优美的动物，怎样描摹它们传说中用来通神和飞向天空的象征——鹿角，然后镌刻在岩石上，遗赠后人。

木苏岩画中的鹿的形象

比色岩画中的犬的形象

犬岩画的演变则几乎是人与动物漫长故事的缩影，和鹿不同的是，犬被神化，因为它和人在一起；再被世俗化，也因为它和人在一起。高原的神话传说中，是犬给人类带来了粮种。一位聪明善良的王子在山神的帮助下，化身为犬，潜入蛇王的宫殿盗取青稞种子，虽然遭到蛇王诅咒再难恢复人形，但王子最终用尾巴粘着青稞将种子带回人间。犬是拥有神秘能力的动物，它们嗅觉灵敏，能够循着野兽留下的气味追踪猎物，它们忠实可靠，能够守卫人的生命和财富。先民并不清楚犬的神秘能力从何而来，只知道值得也必须信赖犬，而对于他们来说，生存和生活所要依靠的便是神明。通天河沿岸的岩画中，早期的犬图像常常单独出现，而到中后期，犬则以和其他动物及猎人组合的方式出现，更多地扮演着参与狩猎、放牧、守护等重要角色，表现犬在社会生活中的场景，逐渐从神圣走向世俗。正如藏族故事中流传的："狗觉得人的本领大，又很看重它，心里很高兴，就在人的家里住下，再也不走了。人每天管它几顿吃的，它给人好好地看家。从此以后，狗就变成家畜了。"

这部"大河之书"落笔于 3 000 多年前，从古到今都被视为神迹的自然显像，也始终与山神信仰密切相连。或许每一代居住于通天河畔的人都情不自禁地想要去描绘和记录所见所感的山川日月，恐惧着、依赖着的飞禽走兽，以及人类文明自身的传播与流徙，而当他们发现这样的记录早已被刻画在岩石山壁上时，当他们意识到人和自然的历史竟是如此漫长，以至不可考，而无数岁月叠加的艺术留存至今，并被当时的人们传承，延续至后代、至未来……人们当然会认为岩画是神迹：从自然中来，通过符号去观察、刻画同一时空的其他生灵，去积累、传承，每个时空的山水法则和文明故事，人类拥有其他任何生灵都没有的天赋，是描绘、书写和记录，这是自然赋予人类的使命，是悠久岁月里的神迹。

因此，人也是"山的女儿"，岩画讲述的也是人的故事。

（本文图片供稿：甲央尼玛）

■《新唐书·地理志》详细记载了当时由唐入蕃的路线，先过黄河再渡长江："又经暖泉、烈谟海，四百四十里渡黄河，又四百七十里至众龙驿。又渡西月河，二百一十里至多弥国西界。又经犛牛河度藤桥，百里至列驿。"犛牛河就是通天河。这条路线的大致走向曾为日本学者所论定，近年来随着许多吐蕃时期的摩崖石刻遗迹被陆续发现，我国也有学者对其进行重新考证。不过有一点是共识，那就是唐蕃古道行至玉树，在这个关键地点渡过了长江。■

唐蕃古道

许多岩画遗址都位于古代的交通要道，通天河流域岩画分布最为密集、数量最多之处是曲麻莱县，也就是历史上唐蕃古道的渡河要道——七渡口所在地。

七渡口位于通天河上游的辫状水系，动物们在这里涉水过河，人类既有天赋的智慧，当然知道跟随动物的足迹，寻找与自然天堑"讲和"的方式。每条汊河的河道都不宽，水量不大，水流平缓，负重牦牛、马匹可以轻松涉水，渡过一条水流，上到一个沙洲，歇息一下再过下一道水流，许多沙洲变成了通天河上的"安全岛"。关于渡过通天河，历史留下了两个意蕴深远的传说故事。一为唐僧师徒通天河遇鼋，湿经书。二为传说当年文成公主入藏，有感于神灵庇佑，得以顺利渡过通天河，因此亲自率领工匠在玉树白纳沟中石壁上雕刻数十尊佛像。后来金城公主婚配入藏时，又派人为佛像修筑庙宇，赐名"文成公主庙"，保存至今。

古老的传说饶有趣味，亦富有一种长久的浪漫，因为它们讲述的是人类文明交汇贯通、兼收并蓄的历程。文成公主将中原的生产方式和文化生活传播到藏区，为唐蕃友好、藏地发展立下不朽功绩。正是因为有了这些沿河而上的人，中华文明才显得更加璀璨多彩。

■ 牧民的生活是流动的。无论是明亮的白昼，还是漫天星辰的夜晚；无论是河水暴涨的雨季，还是冰雪覆盖的严冬，牧民总能辨认出方向，记住每一座山峰的轮廓，识别每一片被反复冲刷更改的河床，为像可可西里这样的"无人区"命名。他们居无定所，却真真切切认识走过的、停驻过的土地与河流。■

游牧的未来

随着农业文明向工业文明的嬗替，人类社会进入到草场退化、水源干涸的现代，以保护生态环境为第一战略的政府组织起历史上第一次有人区的禁牧。2005 年，经国务院批准，《青海三江源自然保护区生态保护和建设总体规划》开始实施，三江源工程正式启动，禁牧封育，以草定畜，易地搬迁。至 2016 年三江源生态保护和建设一期工程验收大会时，共统筹投入资金 85.39 亿元，完成退牧还草 56 473.33 平方千米、生态移民 10 733 户 55 773 人。

如此宏大的迁徙和生存模式的彻底革新，带给牧民的是颠覆性的改变。或许对于早已习惯长期定居的人来说，稳定意味着安全，意味着生活是可期盼的、可延续的，但是对于牧民来说，不稳定才是常态，灵活地移动、调整、适应，才是他们熟悉的生活方式，而在这种不断变化的过程中，放牧是他们唯一确定的事。"如果有牛羊，就意味着可以解决一切问题，牛羊是所有的生活来源，羊皮可以制成衣服穿，羊粪可做燃料。在牧区，卖掉酥油和其他东西可以购买食用油和面米，有时在互相买卖的过程中可以以物易物，一匹马可以用来换取牛羊和酥油"。牧民与他们的生产资料——牲畜之间的相互依存关系是稳定的，这种稳定性与游牧生活的动态性相辅相成，使得牧民成为命运的主宰。

这种信心是通过集体建立的。恶劣且变幻莫测的自然条件下，人们通过互相帮助、互利协作的方式来应对不确定。近年来，基于对"围栏的设置分割了牧场，'跨栏'吃草的牛羊带来了不必要的纠纷，分化了原本紧密相连的乡村共同体"的反思，玉树结古镇甘达村开始尝试拆掉围栏，实行联户放牧。牛羊放在一起，草场合在一起，有要上学的孩子，家人陪着去镇上上学，有生了病的老人，去到州府看病，牛羊就由其他人照料着，如此循环往复。"如果你想在别人的身上割一块肉，首先要舍得在自己的身上割一块肉"，在这种传统智慧重新焕发生机的同时，社区的凝聚力开始恢复。几千年来，游牧都是在一个广阔空间里进行的，牛羊需要共同的干净水源和优质牧草，而对水源和草场的维护需要整个族群的共同努力，当集体利益和个人利益一致的时候，人们学会了如何真正地生活在一起。

为了让水源重新活起来，甘达村恢复了水源祭祀的传统。最重要的一处水源被赐名为"尕沃玛曲米"，在进行水源祭祀仪式之前，村民们齐心协力地建造了一座坚固庞大的水源祭祀塔，把活佛给"尕沃玛曲米"起名的时间和"尕沃玛曲米"刻在了石碑上，再择良辰吉日祭祀水神，活佛诵经，百姓祈福，寄托着希冀的宝瓶最终被埋在水源地。水源祭祀仪式恢复之后，水量神奇地大了起来，人们开始相信河流又重新拥有了生命力，人与水之间终于又可以彼此沟通。于是，人们对自然的信仰愈加虔诚，因为自然是如此宽厚诚实，人类投之以尊重爱护，自然就会报之以滋润养育。

实际上，对于三江源的土地和生灵来说，牧民从来就不只是使用者或旁观者，而是整个草原生态中的重要主体，参与乃至构建着自然。三江源拥有大大小小的神山圣水，它们在学术上被称为自然圣境，指的是对原住民或本土社区具有特殊精神意义的土地或水体等自然区域。"自然圣境的文化体系是基于对基本山水格局的认识而形成的，又通过行为传统去塑造并轻微改变了空间格局，因为这种行为传统的长期塑造，使得文化体系得以传承"。自然圣境的秘密是相互塑造。正如从前通天河畔的岗察寺，坐落在长江流域的第一片树林之中，气势恢宏，香火鼎盛。理论上，乔木在海拔 4 000 米以下才能正常生长，而长江源头的第一片树林却在这片海拔 4 100 米的山峰上孕育、生长。最初建造岗察寺的人，不能说不是为造化神奇所感，选择在此体悟宇宙生命之秘。于后世而言，有了寺庙，这里的山也就成了神山，树林和林中的野生动物都得到岗察寺的庇护，上万棵柏树得以存活千年。

牧民的主体性还体现在对自然区域的命名上。可可西里以"中国最美的荒野""无人区"闻名于世，殊不知"可可西里"这个地名本身就宣示了这片区域并非"无人"。可可西里得名于可可西里山，这座山被当地藏民称为"俄仁日纠"，藏语中"青色的山脉"的意思，而"青色的山脉"在蒙语中即是"可可西里山"，蒙古族的翻译把藏语的"俄仁日纠"意译为蒙古语的"可可西里山"，后来被测绘工作者标在了地图上，流传至今。事实上很多有趣的地名，有效地填补了一直被认为是无人涉足的可可西里原本丰富而悠久的人文信息。例如，阿卿达项仁毛山，"阿卿"指祖山之祖，"达项"指洁白的绸布展开于天地之间，"仁毛"有长之意，因此山位于昆仑山脉，状如长长的洁白绸布展开于天地之间，故名；阿代塘措，"阿代"指格萨尔女将阿代拉毛，"塘措"有洼地水池之意，传说是格萨尔史诗中的女将阿代拉毛狩猎活动的地方……大地上真正的居民会以山形地貌、神话传说为所见所知的一切命名。

恢复集体的凝聚力，恢复水源和草场的生命力，恢复古老的艺术、仪式与沟通表达的能力，与其说是"保护环境、传承文化"，不如说是找寻和重拾永恒而又变化着的自然与作为生活在其中的主体的联系。世代居住在长江源头的人们对此积累了无穷的智慧，正在踏上一条宽广明澈的平衡之道。在那里，人与自然相平衡，族群与个体相平衡，发展与保护相平衡，精神的安宁与生存的进取相平衡。

多样与强韧
金沙横断

汇聚了众多高原涓流而迁

段，随着海拔的大幅降值

向前，在横断山脉一座屌

沙江的壮阔河道，与高大

"七脉六江"的磅礴之势

也正因为地势高差的陡然

峡谷、草原都在这里齐聚

沙江段成为完整垂直自然

了无限的精彩与多样。

所奔涌的长江来到金沙江

变成了以"切入"方式

吗大山体间生生割出了金

脉一同造就了山川并行、

匕化，雪山、冰川、江河、

阻隔、落差和力量让金

带谱的自然博物馆，造就

航拍横断

如果说，山是大地的骨骼，奔涌的江河就是跳动的血脉。

■ 在横断山区，大地之力推出刺入苍穹的高山，流水之力则沿构造断裂线进一步绘就大江大河，青藏高原的河水，包括一小段黄河在内的大小上千条河流，几乎都经过横断山区才最终流入大海，这些大江大河，几乎排出了青藏高原一半以上的水量。

而自西向东，早已闻名遐迩的怒江、澜沧江、金沙江、雅砻江、大渡河、岷江六江，与高大山脉一同构成"七脉六江"的磅礴之势，同时也塑造出世界罕见的峡谷密集区，最终形成山高谷深、起伏极大的高山山原地貌，多样化的故事也从这里徐徐展开。■

怒江的蜿蜒风景和冬天的雪景

航拍杭瑞高速和澜沧江

浑浊澎湃的金沙江

四川乐山峨边大渡河金口大峡谷风光

航拍雅砻江

岷江 都江堰

完整的垂直自然带谱，成就多样性博物馆。

在成都遥望连绵雪山

■ 由于走向特殊、地理位置特殊，横断山脉在地理、地质、生物、水文等诸多科学领域都有着重要意义。

从宏观尺度上看，横断山脉是中国唯一兼有太平洋和印度洋水系的地区，而长江金沙江段流经的横断山区的大部分区域，都位于亚热带和高原温带，主要受季风和西风环流两大气候系统控制。

来自孟加拉湾、印度洋的西南季风和西太平洋的东南季风带来充沛的降水，被喜马拉雅山脉和冈底斯山脉两条东西向的高大山脉所阻挡，只能沿着南北走向且海拔自西北向东南递减的横断山脉进入中国，幽深的河谷成了湿润气流北上的重要通道，给青藏高原东南地区带来丰沛雨水，雪山、冰川得以积累，湖沼、湿地得到滋养，大江大河更是有了充足的动力一路南下。

除了天然的地理、生态、生物的多样性，加上山高路远、交通闭塞，大部分地方很少受到外来影响，横断山区成为我国原始生态环境保存最为完好的地区，保存了许多未被破坏的自然景观和少数民族独特文化。

在 700 千米的范围内，7 条山脉自西向东展布，贡嘎、梅里、玉龙雪山、四姑娘山、雀儿山……一系列海拔 6 000 米以上的高大雪山群均挺立于此。

俯瞰横断山脉冰川区

如果说长江源区宛如冰雪巨龙一般，连绵千里的雪山冰川更多令人联想到神圣和起源，那么，横断山区的雪山和冰川则会让人感受到别样的亲和力与活力。

这里是中国现代冰川分布的最南和最东部，也是重要的海洋性冰川分布区。沿峡谷北上的暖湿气流不仅为冰川雪线以上的积累区带来了丰富降水，也使得这一地区的森林沿河谷而上，造就了冰雪、湖泊、森林、雪山交融的迷人景观。

在金沙江东侧，是横断七脉里最中央也是最宽的一脉——沙鲁里山脉，雀儿山、格聂山、玉龙雪山、哈巴雪山均居于此。

其中主峰海拔 6 168 米的雀儿山，正位于中国海洋性冰川分布区的北界边缘，它是横断山冰川区最北部的一座雪山，也是不少登山者在攀登 7 000 米级雪山前的首选山峰。

雀儿山发育着近百条现代冰川，作为海洋性冰川，它区别于大陆性冰川最大的特点是稳定性较差，活动性强，此外冰川积累量较大、温度相对较高、厚度较大、流速也更快。更强烈的侵蚀和冻融作用也使得类型复杂的明暗冰裂缝广布于冰川之上，对于登山者来说这将是登山过程中的巨大挑战。

大量的冰川融水也造就了美丽的新路海冰川终碛堰塞湖，传说它是格萨尔王爱妃所倾心的神湖，波光粼粼的湖水周围环绕着云杉、冷杉、柏树、杜鹃……不远处则是皑皑雪峰与冰川。

雀儿山冰川裂缝区

新路海风光

贡嘎冰山与云海

四川神山贡嘎山日照金顶

今天，川藏公路北线（G317）从碧色的新路海旁掠过后，便沿山势一路曲折蜿蜒而上，又从雀儿山 4 800 米的垭口穿越而过，让无数人拥有了初次近距离认识和欣赏冰川的机会。

而在贡嘎山域，高耸的大雪山山脉截留了来自西南和东南两方面的大量水汽，形成典型的海洋性冰川，这也让贡嘎山域除了拥有巍峨的蜀山之王贡嘎山外，还以冰川闻名于世。这里有现代冰川 159 条，面积达 390 多平方千米，是世界上海洋性冰川最早发育地区之一，以山谷冰川为主，悬冰川和冰斗冰川也有分布。

其中最著名的是亚洲海拔最低的冰川——海螺沟冰川，海拔仅 2 850 米，在其雪粒盆边缘，则是我国已知最大的冰瀑布，晶莹剔透，雄奇无比。冰杯、冰井、冰柱、冰洞、冰桥……共同建构了一个魔幻的冰之世界。

海螺沟冰川

正由于这些海洋性冰川的存在，横断山区很多陡峭的山峰都形成为棱角分明的金字塔状。而在这"冰封绝景"之畔，大流量的热矿泉和绿海般的原始森林招展着蓬勃的热情，与最大能深入林海超过6千米的冰舌，共同形成了冰川、森林、温泉共生的奇妙景观。

在贡嘎山顶峰到大渡河河床30千米的直线距离内，海拔从高到低，相对海拔高差达6 000多米，自下而上的亚热带、暖温带、寒温带、亚寒带、寒带、寒冷带、冰雪带共七个气候区，让这片山域不仅拥有完整的垂直自然带谱，也几乎拥有了从亚热带到高山寒带能生存的所有植物物种，复杂多变的植被也给这一山域带来了"一山有四季，十里不同天"的奇妙景观。

贡嘎山下的林海雪原

雪山、森林之外，草原、湿地也是横断山脉自然带谱的重要组成部分。

位于横断山区北部的若尔盖湿地，是若尔盖草原的核心腹地，也是世界上海拔最高、面积最大的高原泥炭沼泽，这里的景观与高山深谷相距甚远，却又有着千丝万缕的联系。

在历史文化学者的眼中，包括若尔盖在内的大横断北部草原地带，就像是一个天然的"喇叭口"，开放地迎接来自北方的不同族群。漫长岁月中，它在高山峡谷间发散、迁徙、演化，最终造就了精彩多元的多民族文化地带。

泉华滩贡嘎雪山

邛崃山的秋天

从以雪山冰缘地带为中心的寒带到河谷之中的亚热带、热带区域，海拔垂直梯度变化极大，也造就出不同尺度、不同类型的生境，灌丛、森林、高山冻原……生境的多样性意味着物种的多样与高度分化的生态位，滇金丝猴、小熊猫、珙桐……这里是许多珍稀濒危动植物的避难所。

仅贡嘎山区域，已探明的植物就有 4 880 余种，属国家保护的珍稀物种达 400 余种，堪称世界野生动植物的大观园。大雪山东部河谷地区，还遗留了不少被称为"活化石"的古老动植物。

邛崃山脉处在中亚热带季风气候向大陆性高原气候过渡区，也是川西高原向东急速过渡到成都平原的交接带，地势同样高低悬殊，自然带垂直分异明显，生物多样性复杂。

山下山花遍野、溪流清澈，山腰冰川环绕，山顶地势险峻，白雪皑皑，从山谷的棕榈树、青翠的竹林，到原始森林的参天古木、万花烂漫的大片野生杜鹃，直至高海拔色彩缤纷的草本野花和地衣类植被，景观变幻无穷。邛崃山还是四川大熊猫、金丝猴、扭角羚等多种珍稀动植物重要分布区，国宝大熊猫的庇护所——卧龙自然保护区就位于此。■

若尔盖花湖湿地风光

横断山脉多样性
宝库中的宝库。

■ 沿着金沙江继续向南进入云南，在横断山脉的西南面便是举世瞩目、世界独有的世界自然遗产——三江并流，即金沙江、澜沧江、怒江这三条发源于青藏高原的大江在云南省境内自北向南并行奔流 170 多千米的区域。

这三条大河从青藏高原各自发源后，分别切入伯舒拉岭、他念他翁山、芒康山，并在向东南滚滚流淌的过程中逐步靠近，在横断山脉西部边缘的昌都附近开始齐头并进，形成了三江并流的壮美奇观。最终在藏东南与滇西北的交界处收束到最窄后，又逐渐分散，奔向各自的目的地。其间，澜沧江与金沙江最短直线距离为66 千米，澜沧江与怒江的最短直线距离不到 19 千米。

而实际上，真正的三江并流区域还不止于此。

澜沧江镜面

金沙江

从地理和江河走势上看，还应该把发源于伯舒拉岭南部山峰、与"三江"几乎平行南下的独龙江也算进来，成"四江并流"。但由于独龙江在我国长仅 250 千米，转向西进入缅甸后改称恩梅开江，最终汇入中国古称"大金沙江""丽水"的伊洛瓦底江，在缅甸入海，所以国内惯用"三江并流"来形容这片区域。

由于三江并流区域的地质形成集雪山峡谷、高山湖泊、冰川草甸、丹霞地貌等自然景观于一体，让它成为新特提斯洋消亡、青藏高原和云贵高原隆升的见证，是世界上蕴藏丰富的地质地貌博物馆。

也因为这样的地质环境，横断山脉是我国重要的有色金属矿产地，特别是三江并流区域，蕴藏多达百种的有色金属矿。

从海拔 760 米的怒江干热河谷到海拔 6 740 米的卡瓦格博峰，生态景观呈垂直地带性分布，汇集了高山峡谷、雪峰冰川、高原湿地、森林草甸、淡水湖泊等不同类型的地貌，可以说是北半球除沙漠、海洋景观外，其他各类自然景观的缩影。

作为中国生物多样性保护 17 个"关键地区"的第一位，三江并流地区也是世界级物种基因库，是中国三大生态物种中心之一。

怒江大峡谷

这里有高等植物 210 余科，1 200 余属，6 000 种以上；有 44 个中国特有属，2 700 个中国特有种，其中有 600 种为三江并流区域特有种；有国家珍稀濒危保护植物秃杉、桫椤、红豆杉等 33 种，省级珍稀濒危保护植物 37 种；栖息着滇金丝猴、羚牛、雪豹、孟加拉虎、黑颈鹤等 77 种国家级保护野生动物。

这里集中了北半球南亚热带、中亚热带、北亚热带、暖温带、温带、寒温带、寒带的多种气候和生物群落，是地球最直观的体温表和中国珍稀濒危动植物的避难所。■

怒江雾里村

大转弯和大峡谷
摄人心魄的壮美。

■ 横断山脉是我国地势相对高差最为明显的地方，岭谷落差基本都在 2 000 米以上，最大高差甚至超过 6 000 米，形成了三江并流区域最为鲜明的特点——气势磅礴、绵延不绝的峡谷，峡谷两岸陡峻，江面狭窄，水流湍急，大多属于典型的"V"字形深切峡谷。

金沙江大拐弯｜图片来源：杨溶兵

同时，由于被喜马拉雅山脉阻挡的印度洋暖流从这里进入，形成了丰富的水能资源，横断山脉地区也是我国主要的水能资源分布区。丰富的水流加上巨大高差，让金沙江汹涌奔腾，凶险异常，如以枯水位计算，金沙江干流落差达 3 000 余米，包括支流在内，水能蕴藏量近 1 亿千瓦。

但也正是在这片区域，金沙江流经云南省丽江市玉龙县石鼓镇时，突然来了个 100 多度的急转弯，转向东北，形成罕见的"V"字形大弯，"江流到此成逆转，弄入中原壮人观"，人们称这天下奇观为"长江第一湾"。

虎跳峡

至于长江为什么在这里会形成如此大的拐弯，多年来一直沿用"袭夺说"，认为古金沙江曾经南流，取道剑川谷地和红河谷地注入南海，更新世中期（100万～200万年）时下游袭夺上游形成"袭夺弯"，导致金沙江在石鼓处转向东流。

但是，其后大量研究表明，长江年代要远超一两百万年，而且现今的剑川谷地没有远源的河流沉积，也就是说，剑川谷地并非古河流遗留的河谷，这就否定了"袭夺说"。而长江的大拐弯很可能是始新世晚期的地壳运动、火山喷发、山崩地裂、时空折叠导致滇西北（青藏高原东南缘）构造地貌格局发生重大调整，剑川盆地随之隆升（也就是云南高原开始隆升），"古金沙江"不再南流，而是沿断裂带改道东流，最终形成了"长江第一湾"。

转弯后的金沙江，并没有因拐弯失去动能，反而因为充沛的降水和玉龙、哈巴两座雪山的阻挡，变得愈加咆哮。

为了继续向前奔涌，金沙江倔强地从两山的夹缝中"挤"了过去，在峡谷中最窄的地方，形成举世罕见的以"险"闻名天下的中国最深峡谷之一，也是万里长江第一大峡谷的虎跳峡。

因为是从夹缝中"挤"过，全长17千米的峡谷中坡陡峭，两岸悬崖壁立，峰谷间垂直高差达到3790米，是金沙江落差最集中的河段，江流最窄处仅约30米，相传猛虎下山，在江中的礁石上蹬一脚，便可腾空越过，故而得名虎跳峡。

峡内礁石林立，有险滩21处，高达十多米的跌坎7处，瀑布10条，让虎跳峡以"险"成为讨论世界大峡谷必谈及的存在，也正是在这个"险"中，蕴藏了一种摄人心魄的壮美。■

奔腾的虎跳峡

泸沽湖，一个跨越云南、四
静卧在群山怀抱中，宛如一
如此宁静，又格外璀璨。

美丽的泸沽湖

|两省的高原湖泊，
坠落人间的星辰，

■ 由于横断山脉山区的闭塞，这里成为诸多因躲避战乱选择隐居氏族的栖遁处，因此横断山区也是我国少数民族人文景观最为丰富，原始生态保存最完整的区域之一。

在独龙江畔，中缅边境、滇藏交界处的云南独龙江大峡谷内，生活着人口不足 6 000 人的"太古之民"——独龙族。由于长期封闭，这里曾被誉为"云南最后的秘境"。

而在汇入长江的第一条一级支流雅砻江的支流理塘河水系中，发展出了中国第三大深水湖泊泸沽湖。

泸沽湖是横断山块断带和康滇台北斜交界地带，因第四纪中期新构造运动和外力溶蚀作用而形成的典型的高原断层溶蚀陷落湖泊，由一个西北东南向的断层和两个东西向的断层共同构成，湖盆区坐落于永宁盆地，古名勒得海、鲁枯湖，纳西族摩梭语"泸"为山沟，"沽"为里，意即山沟里的湖。

由于其湖盆是断陷及冰川作用形成，加上构造运动影响，所以泸沽湖湖盆四周群山环抱，格姆女神山高踞湖畔，后龙山揳入湖心，构成形如马蹄的泸沽湖，湖岸多半岛、岬湾。

泸沽湖为四川、云南两省共有，湖泊略呈北西—东南走向，南北长 9.5 千米，东西宽 5.2 千米，湖岸线长约 44 千米，湖泊面积 50.1 平方千米，最大水深 105.3 米，水深超过 50 米的湖区约占全湖面积的一半，湖东为四川省盐源县泸沽湖镇（原左所区），湖西为云南省宁蒗县永宁镇。

里格半岛

这也让泸沽湖拥有了更为丰富的人文环境。在泸沽湖畔居住着众多民族，以蒙古、彝、汉、纳西、藏、普米、白、壮8种民族为主，约1.3万人。

2 690米的海拔让泸沽湖呈现出典型的高原季风气候，年平均气温17℃左右，冬天最低 -10℃左右，夏天则在15 ~ 25℃，加上高大群山、清澈湖水的高原湖泊自然风光，独特的民族人文风情，让泸沽湖成为高原上的旅游胜地。∎

蓝天白云倒映在湛蓝的湖面上，五颜六色的猪槽船散布在湖岸

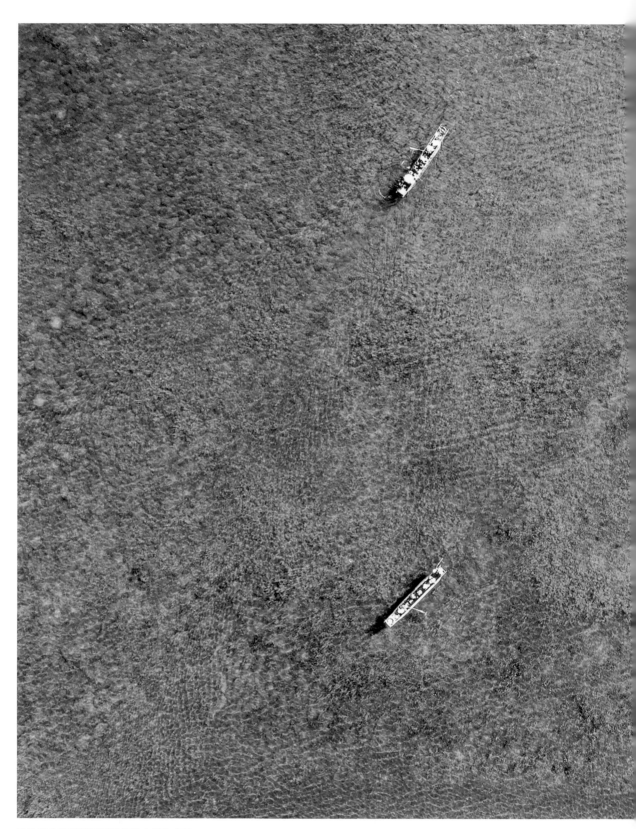

泸沽湖上猪槽船和透明的湖水相映成趣

垂直变幻
密林奇珍

横断山脉南北纵贯，金沙江陡峭南下，一路白浪激越将近 3 000 千米，峡谷高差可达 3 000 多米。河谷谷底干燥炎热，山腰云雾缭绕，山顶冰雪覆盖，复杂的气候、多变的地形，带来千姿百态的生命奇观。

从沙地中的仙人掌，到雪线下的绿绒蒿；从泸沽湖上的"水性杨花"，到云杉间的杜鹃花。垂直分布的植物群落，为眼花缭乱的动物世界打造出绝佳的舞台。水老虎称霸虎跳峡，滇金丝猴穿梭密林中，绿尾虹雉跳跃在高山草甸上。这里是生物多样性的代言地，变幻多端，迷人丰沛。

■ 中国幅员辽阔，南北、东西跨度大，共跨越了 50 个纬度及 5 个气候带。对外来入侵物种来说，这种"要啥有啥"的自然特征简直就是"天堂"。不管是有意还是无意，很多外来"入侵"的物种在我国都能找到合适的栖息地。梨果仙人掌也不例外，这种起源于墨西哥的植物在 17 世纪作为围篱引种到中国，现分布于华南和西南地区。在金沙江干热的河谷地带，梨果仙人掌顽强地生存下来。■

梨果仙人掌　横断山干热河谷的外来物种

物种名片

⊙ 中文名：梨果仙人掌
⊙ 学名：*Opuntia ficus-indica*
⊙ 目：石竹目
⊙ 科：仙人掌科
⊙ 属：仙人掌属
⊙ 保护等级：无
⊙ IUCN：无

■ 梨果仙人掌为肉质灌木至小乔木，基部是一根根肉质化的圆柱状老桩，一片片新绿的"巴掌"不断地分枝开展，便成了体量越发庞大的多肉灌丛。这些"巴掌"实际上是梨果仙人掌的变态茎，真正的叶子着生在"巴掌"之上，叶钻形，长度仅 2 ~ 4 毫米且早落。曾经干旱少雨的生态环境让过多过大的叶子会蒸腾过量的水分，于是，梨果仙人掌便舍弃了叶子，而由膨大的变态茎来完成光合作用，这是植物为了适应干旱高温环境而进化的结果。

梨果仙人掌的每一片变态茎上都散生着多个圆形小窠，这些小窠是叶片脱落留下的痕迹，一般刚形成的小窠无刺，老时则单生或偶有两三根针状刺。这些刺是为了保护多汁的"身体"不被采食而生长的。到了 4 月，这些变态茎边缘会不断地冒出一朵朵金黄色的花朵，外层为具红色中肋的萼状花被片，众多雄蕊围绕着 1 枚柱头 6 ~ 10 裂的雌蕊，大量的花粉吸引着传粉者们的来访，给予馈赠的同时也完成繁殖的使命。

梨果仙人掌花冠掉落，子房不断发育成梨形的浆果，基部不断收缩成柄，成熟时呈紫红色，可以食用，但由于果实的小窠里常有倒刺刚毛而影响口感。■

■ 金沙江干热河谷生境十分特殊，由于受到焚风效应的影响，这里的气候以干燥和高温为主，生态脆弱，是地球上最荒凉的地区之一。云南梧桐具有很强的萌蘖能力，幼苗具有膨大的储水茎，可耐干旱和贫瘠，在抵御干热河谷恶劣的条件上有天然的优势。■

云南梧桐　拯救"极小种群"
彰显中国生态智慧

物种名片

- ⊙ 中文名：云南梧桐
- ⊙ 学名：*Firmiana major*
- ⊙ 目：锦葵目
- ⊙ 科：锦葵科
- ⊙ 属：梧桐属
- ⊙ 保护等级：国家二级重点保护野生植物
- ⊙ IUCN：濒危（EN）

■ 1998 年，世界自然保护联盟（IUCN）公布的世界受威胁树木名录中，认为云南梧桐已经"野外灭绝"。2017 年，中国科学院昆明植物研究所孙卫邦研究团队在金沙江流域重新发现了被认为野外可能已灭绝近 20 年的国家重点保护野生植物云南梧桐。

云南梧桐是落叶乔木，高可达 15 米。叶子多为掌状三裂叶，叶子基部为心形，叶片很宽大，密集地生在枝条上部，显得拥挤却生机盎然。到了 5—7 月，云南梧桐的圆锥花序便从枝顶或叶腋舒展开来，繁盛之际，远远望去，仿佛笼罩了一层紫红色云雾。云南梧桐为雌雄异花同株植物，雄花的雌雄蕊柄长管状，花药集生在雌雄蕊柄顶端成头状；雌花的子房具长柄，子房 5 室，外被茸毛，胚珠多数，有不发育的雄蕊。到了果期，一个个具五爪的果实悬挂在枝头，每个爪都是由每室子房（离生心皮）发育而来，果实成熟后，心皮开裂露出黄褐色带有皱纹的圆球状种子，这种果实在植物学里叫作蓇葖果。■

■ 在地球上，几乎没有一条大江大河不是众多支流汇集而成，正可谓"不积跬步，无以至千里；不积小流，无以成江海"，长江上游的金沙江也不例外。在金沙江3 000多千米长的奔流之中，有着众多大大小小的支流汇入其中。在大横断山区，金沙江众多蜿蜒曲折的支系在地壳的起起落落间遗留下众多的高山湖泊，是长江水系及水生态系统的重要组成部分，对该区域的气候、物种分布起到重要的调节作用，直接影响到下游草甸、湿地、河流及森林等不同生态功能区的生态功能。■

水性杨花　与世相逢在花期的浪漫

物种名片

⊙ 中文名：波叶海菜花
⊙ 学名：*Ottelia acuminata*
⊙ 目：泽泻目
⊙ 科：水鳖科
⊙ 属：水车前属
⊙ 保护等级：国家二级重点保护野生植物
⊙ IUCN：无

■ 在落差近5 000米的金沙江之中，高山湖泊是它奔流而下中难得的大面积静水区域，多集中于海拔3 200～4 700米。有研究表明，高山湖泊中具有较多的特有物种和稀有物种，该类型生境能够提高区域物种丰度，对生物多样性格局的形成意义重大。泸沽湖作为金沙江支系高山湖泊中较为人所知的高山湖泊，湖内小岛众多，水生植物茂盛，有32～36种水生植物生长其中，形成不同的水生植物群落，是本身种类稀少的高原水生植物的聚居之所。这其中的特有植物波叶海菜花群落，花开时节最为浪漫，引得众多游客前来观赏。

沉水植物——与世相逢在花期的浪漫

有一类植物长期沉没在水面之下，只有在花期之时，才会将花葶伸出水面，它们被称为沉水植物，波叶海菜花便是其中一员。它扎根于厚厚的水底泥沙里，叶片全部着生于植株基部，基本就没了茎秆，狭长的叶片，边缘如波浪般在水中翻卷，叶柄会因水的深浅而伸缩长短，使得叶片刚刚好位于水面之下，这样可以接收到部分折射到水面下的阳光，进行光合作用。

每年5—10月，在波叶海菜花的狭长叶片丛中会伸出数根不同的"枝条"，顶端具有1枚形似庙里供奉佛像的烛台的花苞，称为佛焰苞。随着"枝条"不断地伸长，佛焰苞也渐渐地漂浮在水面之上。佛焰苞打开后，花朵便从中冒了出来，3枚绿色萼片展开，3枚瓦楞状的白色花瓣在水面之上招摇，基部呈黄色。仔细观察会发现，有的花里面是9～12枚扁平的花丝，而有的花里面则是3枚橙黄色的花柱，柱头2裂至基部，裂片线形，看起来像是3枚花柱似的。波叶海菜花是一种雌雄异株的植物，所以才会有这种现象，一般雄佛焰苞里有四五十朵雄花，花梗较长，花较小；而雌佛焰苞里则仅有2～3朵雌花，花梗较短，花偏大。

波叶海菜花只有在花期才会探出水面与世人相见，一个佛焰苞里多数雄花一朵接着一朵不断开放，大量的白色花瓣如点点繁星，在波光潋滟的水面上荡漾，引得众多游客纷至沓来，共享这大自然的浪漫美景。

水性杨花——景区旅游宣传而来的植物俗名

自1753年瑞典植物学家林奈发明了植物双名法之后，一种植物的拉丁学名便成为该种植物的正式名称。这使得植物分类学等相关研究在国际间交流避免了不少因为国家文化差异而带来的植物名称差异的影响。植物的中文名称目前还没有正式学名之说，也因此，一种植物会有多个中文名称，一些由地域的人文、地理及风俗等因素代代相传而来的植物别称，被称为植物俗名。

泸沽湖是金沙江左岸一大支流——雅砻江水系中的一个天然高山湖泊，四周崇山峻岭，山清水秀的自然风光与民族文化的人文景观在这里相互交织，近些年，泸沽湖已然成为西南地区一大热门景点。波叶海菜花的花期与泸沽湖的旅游旺季基本吻合。来自四面八方的游客，不仅欣赏着湖光山色，还可以在湖畔的小餐馆里品尝名为"水性杨花"的菜肴。这道特色招牌菜的主角便是泸沽湖里的波叶海菜花，波叶海菜花也因为这道菜名而被口口相传出一个植物俗名——"水性杨花"，几乎在每年的盛花期都会有各路媒体对其争相报道。波叶海菜花不仅是当地一道特色菜肴，也逐渐成为泸沽湖的一张名片。

一提到"水性杨花"，人们难免会联想到其引申含义"作风轻浮，感情不专一"，但波叶海菜花很难与感情不专一联系到一起。细想这个植物俗名的由来，更像其文字本身的含义"像水一样流动，像杨花一样飘舞"。每逢花期，大量波叶海菜花在水面漂荡，飘进了无数游客的心里。但大批量游客涌来之余，也为波叶海菜花的生存埋下重重危机。■

如果它消失了……

"水质监测员"的殉职，水生态系统的崩溃

波叶海菜花是水鳖科水车前属海菜花 7 个变种的其中一个。有研究表明，海菜花是一个正在强烈分化的物种，也就是说，作为其变种之一的波叶海菜花在未来很可能会演化成为一个独立的物种。波叶海菜花主要分布于我国四川省盐源县与云南省宁蒗县的界湖——泸沽湖水系中，为中国特有水生植物。在泸沽湖中，有着大面积的波叶海菜花植物群落，作为优势种的波叶海菜花已经在其所处的水生态系统中占据了不可或缺的生态位。同时，波叶海菜花对水质要求比较严格，据调查，波叶海菜花仅生长于 I 类水质的泸沽湖境内，稍有污染的水质都会影响波叶海菜花的生长甚至存活。波叶海菜花可谓是一个严苛的"水质监测员"，是水生态系统中重要的环境指示植物。

随着知名度的不断提升，"水性杨花"这道菜不再只有泸沽湖边可以吃到，如今的丽江、大理等城镇一些大大小小的餐馆菜单上也有了这道特色菜肴，随之而来的便是波叶海菜花的过度采捞，伴随着人为放生等原因而引入食草鱼类，以及过度排放造成水体富营养化等水体污染问题的出现，波叶海菜花在一些原生湖泊中已销声匿迹，分布范围逐渐减少。在重重外部威胁之下，波叶海菜花本身也成为一个脆弱的近危物种，因此，在最新的《中国重点保护野生植物名录》中，波叶海菜花这种水中的植物"大熊猫"被列为国家二级重点保护野生植物。

如果波叶海菜花消失了，一个正在分化路上的物种将被扼杀，高山湖泊的其中一位"水质监测员"将会殉职，以其为优势种的水生态系统将会走向崩溃，从而对高山湖泊下游的草甸、湿地、河流等都产生不同程度的影响。大自然有条隐形线，牵一发而动全身，保护自然的每一个物种，就是保护我们人类自己，好在波叶海菜花也因其极高的知名度得到了多方的保护。

■ 长江上游金沙江和它的众多支流——雅砻江、大渡河、岷江和澜沧江、怒江一起，在中国西南共同造就了一个地质奇观——横断山。在这里，大河从北往南流，高山也从北向南延伸，这样的构造为太平洋和印度洋吹来的季风提供了一条条完美通道，使温暖湿润的气流可以一直向北深入。这为本来十分寒冷干燥的青藏高原带来热量和水汽，为众多野生动植物提供了绝佳的庇护所和演化场，让大熊猫、康定木兰这样神奇的物种得以在此生存繁衍。这里是中国特有物种最多的地区，同时也是整个地球温带生物多样性最丰富的区域。■

康定木兰　遗世独立的惊世之美

物种名片

⊙ 中文名：光叶玉兰（康定木兰）
⊙ 学名：*Yulania dawsoniana*
⊙ 目：木兰目
⊙ 科：木兰科
⊙ 属：玉兰属
⊙ 保护等级：无
⊙ IUCN：濒危（EN）

■ 木兰王

每年 3 月，当康定木兰在木雅贡嘎的雪山下盛开的时候，人们无不为它遗世独立的美而惊叹。康定木兰是我们熟知的玉兰花的近亲，只生活在川西高原边缘的高山峡谷；它是高大的乔木，即便在壮阔雪山的映衬之下，也是如此醒目，粉红色的硕大花朵一旦开放，便缀满枝头，美得摄人心魄。

由于川西特殊的山地气候，海拔较低处的木兰花开放得也早些，大渡河谷底在 2 月就率先入春。春风一天天往海拔高处吹去，大约在 3 月上旬来到山间的磨西台地，随后沿台地继续上行，山坡上的木兰花也就星星点点地渐次开放。终于，到了3月下旬，随着全世界最大、最高的一株康定木兰在逐渐变窄的山谷尽头绽放出满树繁花，这场初春的木兰盛宴就此达到高潮。仿佛百鸟朝凤一般，整个山谷中的所有生灵，此时都成为这株"木兰王"的舞台布景。

康定木兰不仅带来美，还带来春天的讯息，刚刚从料峭寒冬中苏醒过来的村子也开始忙碌起来。看到木兰花开，村子里的老人就会说，时间到了，该种苞谷了。如果花开得好，他们会特别高兴，说明这是个好年景，会有好收成。传说木兰王已经1000多岁了，老人们都记得，在他们还小的时候，木兰王就已经这么高大威武了。像这么大的树，在整个磨西台地有4株。传说磨西台地是一条暴龙，经常翻腾捣乱，使老百姓无法安定生活，后来暴龙被神灵收服，为了不让它继续捣乱，神灵需要在龙身插上几根"定海神针"，于是从龙头到龙尾，种下4棵大树，而这株木兰王，就刚好在龙头的位置上，所以当地老百姓都对它敬畏有加。如果从地质和地貌结构来看，整个磨西台地都是贡嘎山巨大的冰川漂砾和泥沙长年累月堆积而成，冰川融水在两侧形成两条河流，河流又继续冲刷切割，最终在峡谷底部汇合，形成了一个几十千米长、数百米高的独特台地，从高处俯瞰，的确像一条蜿蜒的巨龙。这样一个地质结构不太稳定的地方，加上贡嘎山又位于地震活跃带，确实会经常出现各种自然灾害，这也就很能理解老百姓渴望安定的心情，以及由此而产生的神话故事。

经过测算，木兰王真实的年龄没有传说中那么大，只有400多岁，当然这也够老了，足够人们跟它产生深厚的感情。当地村民直到今天还有烧柴生火的习惯，对薪柴的需求很大，但他们从不砍伐木兰王的枝丫，甚至连掉在地上的枯枝都不捡，对木兰树的保护的确已经成为约定俗成的村规民约。

惊世之美——在大洋彼岸绽放

村民并不知道，他们熟悉的木兰树有一个科学名字，叫作"康定木兰"或者"光叶玉兰"，更不用说还有一个奇怪的外文名字，没关系，这不重要。不过，外文名字却和这个物种被外界认识的历史有关，那是一个百年前的传奇故事。

从19世纪到20世纪初期，西方的博物学家一直在探索全世界的珍奇物种，而他们早就发现，中国西部，特别是西南山区，拥有许多在世界上其他地方都没见过的奇特动植物。像大熊猫和小熊猫这样的物种相继被发现，在西方引起了巨大的轰动，这进一步激励了一批又一批博物学家前来探险。康定木兰的发现者，正是英国著名的"植物猎人"欧内斯特·亨利·威尔逊。他前后五次来中国探险，采集了数千种独特的植物，其中许多花卉在西方园林引种，深受公众喜爱，比如被称为"帝王百合"的岷江百合、"高傲玛格里特"的黄花杓兰以及香雪海报春花等。他也因此被称为"打开中国西部花园的人"。

1908年，他第三次来到中国，在贡嘎山东坡的康定、泸定一带，收获了大量美丽的植物标本和种子。这些植物标本和种子被送到他当时供职的哈佛大学阿诺德树木园，这其中就有康定木兰，以及同样十分美丽的西康玉兰。1913年，时任阿诺德树木园主任的阿尔弗雷德·雷德尔对这两种古老的木兰进行了科学描述和命名，发表在树木园第一任主任萨金特编写的《威尔逊植物志》中，*Magnolia dawsoniana* Rehder & Wilson 和 *Magnolia wilsonii* Rehder 就成为它们的正式学名，如果直接翻译，分别叫作"道森木兰"和"威尔逊木兰"，前者是为感谢培育了大量中国植物的树木园园艺主管杰克逊·道森，后者则是为纪念威尔逊的卓越贡献。等到它们开花的时候，西方公众更是欣喜异常。用威尔逊的话说："在整个北半球温带地区的任何地方，没有哪个园林不栽培数种源于中国的植物。如果没有早先从中国来的舶来品，我们的园林和相关的花卉资源将会是何等可怜！"

回归之路——多方参与的保护故事

2012 年，山水自然保护中心联合贡嘎山自然保护区和海螺沟景区两家当地部门，筛选了一些适宜康定木兰生存的原生栖息地，把前几年在苗圃中人工繁育的康定木兰树苗移植过去。

海螺沟的移植地是非常适宜的，因为这里的植被群落依然是原生状态；而雅加埂的移植地，则是过去采伐后留下的次生植被，这里已经没有高大乔木来形成阴凉潮湿的环境，而一些小乔木正在灌木杂草丛生的山坡上拼命生长，试

何兵 / 摄

图争夺一些生存空间，从而构建出森林的基本结构。按照森林演替的自然规律，要过几十年，这里才有望恢复成相对完整的森林。然而由于康定木兰在这一带已经极为稀少，几十年之后，它们能够自然恢复吗？也许可以，也许不行，没人知道。那么，何不利用苗圃里培育的树苗，现在就让它们参与到这片未来森林的构建过程中去呢？人为干预自然演替的过程，虽然仍有许多尚不明确的科学问题，以及不可预测的未知风险，但也并没有充分的理由去否定这种尝试。更何况，这还能为当地苗圃和老百姓增加一些收益，甚至带动当地的生态旅游，是一劳而多得之举。

就这样，在当年植树节期间，浩浩荡荡的康定木兰移植行动成功开展。景区管理部门、保护区、林业部门、社区，还有许多当地和外地志愿者，数百人参与了这次活动。亲手种上一棵树，这是一个让人激动并且很容易产生感情联结的行动，更不用说，大家都共同期待着 10 年后它能开出美丽的花朵。

在保护区和当地社区的长期维护之下，这些树的成活率非常高。仅仅 7 年后的 2019 年春天，我们就看到了第一朵木兰花开！尽管由于高海拔的寒冷气候，植物生长十分缓慢，有的康定木兰树甚至至今还没有超过灌木杂草的高度，但当花朵绽放的时候，它们就是整个山坡的主角，你很难不被这个场景所感动。而对植物本身来说，开花意味着结实，意味着它们可以自我繁衍，从而使这个种群不断发展壮大。"木兰森林"让人充满期待。

这样的保护行动，当然并不足以实现对一个物种的拯救，康定木兰的保护还需要更多努力。项目结束后，我们看到，当地社区的老白姓还在继续参与康定木兰树苗的人工繁育，园林市场对此也有一定的需求，这也许可以让老百姓有机会持续受益。

康定木兰的保护起始于当地社区的感人故事，最后又回归到当地社区。对自然保护来说，这样的传统风俗可以提供巨大的保护力量。或者也可以说，自然保护在本质上就是保护人与自然之间的联系和情感。因为最终，我们每个人如何看待自然，才是自然保护能否成功的根本所在。■

如果它消失了……

一个物种的百年浮沉

来自中国西南的许多珍奇植物在世界范围内引起关注，但百年乱世让中国陷入贫穷和落后。在某一段时间内国家不得不消耗大量自然资源促进基础经济的发展。中国西南地区拥有全国面积第二、木材储量第一的原始森林资源，森林资源成为这里的主要经济支柱，贡嘎山也不例外。当年威尔逊采集康定木兰的雅加埂，由于临近河谷，交通相对便利，森林遭受了大规模的砍伐，康定木兰大概就在这个过程中慢慢减少，逐渐濒危。因为它最适宜的生长范围在海拔 1 400 ~ 2 500 米，这个区域恰好也是当地主要的木材树种云杉和冷杉的生长区域。

如果它彻底消失了，人们今天就无法欣赏到这无与伦比的美丽花卉，贡嘎山东坡的森林也将失去这一抹鲜艳的颜色和初春的第一场生命盛宴。想要了解它，只能去异国他乡的植物园里观赏，或者在古老的收藏品中翻阅毫无生机的标本册和干巴巴的文字记录。

幸好，还有一些原始森林，因为交通不便而未遭砍伐，成为康定木兰的避难所，比如著名的景点海螺沟、燕子沟。初春开花时，它们就像靓丽的林中仙子，在那残雪未消、潮湿暗淡的林间欢快地跃动。只不过，目前全世界所有野生康定木兰的数量仅有 1 000 多株，全部都在大渡河流域的高山林间，并因分布狭窄而濒危。

■ 金沙江从高山之巅蜿蜒而下，掉转至川滇交界之处，河谷深切，在较为封闭的河段，焚风作用显著，造就了气候干燥炎热的干热河谷。干热河谷两岸植被类型丰富，寒温带松林、温带栎林、稀树灌丛、稀树草坡等景观各异，植物种类丰富，成分复杂。在金沙江下游干热河谷的众多植物中，绝大多数都属于单种科、单种属植物，这也从一定程度上证明了金沙江下游干热河谷植被的古老性与孑遗性，这其中最为古老的植物之一便是攀枝花苏铁。■

攀枝花苏铁　劫后余生的"铁树之林"

物种名片

⊙ 中文名：攀枝花苏铁
⊙ 学名：*Cycas panzhihuaensis*
⊙ 目：苏铁目
⊙ 科：苏铁科
⊙ 属：苏铁属
⊙ 保护等级：国家一级重点保护野生植物
⊙ IUCN：易危（VU）

■ 命名之路——被错过 30 年的攀枝花苏铁

一种新植物被发现命名的背后往往有着很多不为人知的故事，攀枝花苏铁的命名之路也不例外，在其于 1981 年被正式命名发表之前，其实已经有多位植物分类学家与攀枝花苏铁擦肩而过。自 16 世纪意大利植物学家 L. 基尼（L. Ghini）发明腊叶植物标本的近 500 年间，腊叶标本在植物的分类鉴定及命名发表过程中不可或缺。攀枝花苏铁最早有记录的标本为一份 1951 年采集于昆明植物园内所栽培的苏铁标本，最初被鉴定为暹罗苏铁，后又于 1961 年被郑万钧和傅立国两位前辈更定为篦齿苏铁；1956 年 8 月 9 日，云南大学森林系蒋相芝在昆明北仓坡八号采集到攀枝花苏铁标本，当时也被

余志祥 / 摄

误定为暹罗苏铁；邱炳云于 1957 年与 1958 年在昆明植物园内所采集的苏铁标本，在 1961 年 10 月也被吴征镒老前辈鉴定为篦齿苏铁；1971 年，四川省林业科学研究所曾平江、蒋林轩等与原渡口市林业指挥部营林处周林发现巴关河西坡有大面积天然苏铁林分布，杜天理和岑天佑等参加了植被调查，并采到野生标本，但这些标本被误定为暹罗苏铁；1973 年编写《中国植物志》苏铁科时，中科院植物所陈家瑞先生曾怀疑过一份采集于 20 世纪 30 年代的苏铁标本为新物种，后因凭证标本数量不足而放弃，攀枝花苏铁也因此没有被《中国植物志》记录在册；1976 年，周林请相关专家再次对金沙江下游干热河谷的野生苏铁进行鉴定，但被定为一般苏铁；1978 年，从昆明林学院毕业回攀枝花园林科研所工作的杨思源，通过对攀枝花市的野生苏铁林进行细致的野外观察和调查，认为其是一个新物种，并取名"金江苏铁"，并与周林联合撰写论文，附上标本邮寄到中科院植物所进行鉴定；经过 3 年的不断修改、提炼与打磨，攀枝花苏铁最终于 1981 年在《植物分类学报》上正式发表。

回顾攀枝花苏铁的发现命名之路，不禁感叹，一个新物种的发现命名，不仅需要深厚的积累与悟性，有时还需要执着的自我坚持与对权威的不迷信。

铁树之林——四川攀枝花苏铁自然保护区

铁树是苏铁属植物的一个别称，人们习惯用"铁树开花"来形容事情极难实现或非常罕见，因为古人认为"铁树"开花难得一见，但实际上，苏铁属植物在生长环境适宜的条件下，开花并不难。苏铁属植物喜热，我国大多数城镇都不是苏铁属植物的适生区域，因此我们很难在园林绿化里看到栽培的苏铁开花，但在原生境的苏铁却几乎可以年年开花，并不罕见，生长在金沙江下游干热河谷的攀枝花苏铁便是如此。

1971年，四川省林业科学研究所在巴关河西坡发现大面积天然苏铁林分布，而后在毗邻的格里坪后山、宁南、德昌和盐源以及云南华坪等县的局部地区相继发现野生苏铁林。此前，一直被误定为是暹罗苏铁，抑或是苏铁，直到1981年攀枝花苏铁被科学描述并发表之后，才得以正名，并得到多位相关专家及当地政府的考察与关注。攀枝花市政府秉着物种和环境保护的原则，于1983年建立了攀枝花苏铁自然保护区。第四届国际苏铁生物学会议于1996年在攀枝花市举办，攀枝花苏铁由此走上国际舞台，世界自然保护联盟专家认为："攀枝花大面积的苏铁对亚洲、对世界古植物的研究占有特别重要的地位。"科学家们也对攀枝花苏铁有很高的赞誉："面积之大、数量之多，为中国仅有，世界罕见。它是中国人的宝贵财富，也是全人类的宝贵财富。"同年，攀枝花苏铁自然保护区由市级自然保护区被直接提升为国家级自然保护区。国家级攀枝花苏铁自然保护区的建立，保留住了让世人一睹铁树之林的机会，保护区位于金沙江北岸的巴关河西坡及格里坪后山，东以巴关河及观音岩至胡家岩小路为界，与乌盐公路隔河相望；南与攀钢石灰矿和石华公路相邻，保护区面积为1 358.3公顷，区内约有24万株攀枝花苏铁。人们置身于保护区内，仿若回到古生代世界。

回归之路——中国苏铁属保育旗舰种

四川南部金沙江干热河谷地带的自然苏铁群落在1981年被正式发表更定为攀枝花苏铁之后，逐渐受到多位相关学者的关注，学者相继前往考察。1984年至1992年，学者在对攀枝花苏铁野生群落的考察过程中，发现存在村民盗挖售卖、开矿、废渣丢弃及毁林开荒等严重破坏攀枝花苏铁原生境及种群数量的现象。有学者调查表明，原本分布于金沙江干热河谷及其支流河谷中的13个攀枝花苏铁自然种群，除攀枝花苏铁自然保护区外，其余4个分布点已很难见到野生种群，这足以见得保护攀枝花苏铁迫

在眉睫。

1993年，攀枝花市政府委托陈家瑞先生争取到了在攀枝花市主办第四届国际苏铁生物学会议的宝贵机会。以此为契机，中国植物学会苏铁分会于1994年4月21日正式成立，同年4月21日至23日，中国首届苏铁研讨会在攀枝花市召开，海内外50多名专家、学者出席了此次会议，并到四川攀枝花苏铁自然保护区亲眼观赏了攀枝花苏铁林，确立了攀枝花苏铁林的研究价值和保护措施。1996年5月2日至5日，第四届国际苏铁生物学会议在攀枝花市如期召开，本次会议围绕苏铁保护，各国专家、学者广泛进行学术交流，同时，与会专家还参观考察了位于巴关河的攀枝花苏铁种群，听取了攀枝花市开展苏铁保护工作的介绍。1999年，攀枝花苏铁被《国家重点保护野生植物名录》收录为一级保护植物，在2021年最新的《国家重点保护野生植物名录》中仍为国家一级重点保护野生植物。

与此同时，攀枝花苏铁的繁育回归也如火如荼进行，经过人工驯化，1985年引种栽培的攀枝花苏铁陆续开花结种，并成为攀枝花苏铁母树林，攀枝花苏铁迁地保护取得了初步成功。对迁地栽培的攀枝花苏铁母树进行人工授粉结实试验成功后，科技工作者将研究成果应用于生产，每年采收种子70～150千克，不断繁育攀枝花苏铁幼苗，为攀枝花苏铁的人工还林提供了充足的苗源。1995年至1998年，保护区对这片开采区进行了苏铁回归工作。到了21世纪初，新的挑战又来了，四川攀枝花苏铁自然保护区在封山育林后，乔灌木长势快，植被覆盖度明显增大，正在改变着攀枝花苏铁喜好阳光的生态环境，薯蓣属藤本植物长势凶猛，不时绞杀着苏铁羽叶与大小孢子叶球；紫茎泽兰等外来入侵植物逐年扩大；病虫害也多了起来。另外，邻近的攀枝花钢铁厂每天仍持续倾倒大量1 000℃高温的废钢渣，这些都严重威胁着攀枝花苏铁种群的生存发展，攀枝花苏铁自然保护区内的"铁树之林"面临着新的危机。保护区与中科院植物所合作，探讨影响当前攀枝

花苏铁种群生长发育中存在的问题及解决办法。同时，借鉴中国台湾台东苏铁保留区的人性化管理经验，对当地百姓进行宣传教育，对介壳虫进行生物防治等。2010 年，保护区有了自动记录的气候站，2011 年又安装了对苏铁和当地生态环境监测的无线监测设备，逐步走向国际先进的自然保护区管理征途。

在国家践行"绿水青山就是金山银山"理念，不断推进"建设美丽中国，创建生态文明"的进程中，攀枝花市也进入转型发展阶段，对攀枝花苏铁的大力保育也成为攀枝花市生态文明建设的名片，攀枝花苏铁可谓劫后余生。如今保护区内的"铁树之林"不断壮大，在攀枝花苏铁为旗舰种的庇护下，曾经的矿坑及不毛之地都已是绿意盎然，重返青山。■

如果它消失了……

一段地史的磨灭

苏铁属植物是一类古老的裸子植物，其起源可追溯至距今近 3 亿年前的二叠纪，在中生代晚三叠纪至早白垩纪最为繁盛，晚白垩纪时逐渐衰退，现今仅有少数类群残存下来，成为处于濒危状态的子遗植物。在四川南部金沙江干热河谷地带发现多处攀枝花苏铁的自然种群，这不仅是中国面积最大、数量最多、分布最为集中的苏铁自然种群，还将苏铁属植物的整体分布范围向北推移至北纬27°11′，在同纬度的其他区域几乎没有苏铁属植物的自然分布，那么，在这段金沙江干热河谷地带何以存在如此庞大的攀枝花苏铁自然种群呢？

从古地理上看，攀枝花苏铁发源于康滇古陆，分布于中国亚热带西部半湿润常绿阔叶林区。康滇古陆是中国－喜马拉雅植物区系与中国－日本植物区系的交界处，中生代时期，康滇古陆已较为稳定，彼时的康滇古陆还是古地中海的边界，地中海气候独特，夏季干热少雨，冬季温暖湿润，适宜热带植物生长，同时，苏铁类植物在中生代晚三叠纪迎来大发展时期。稳定的大陆、适宜的气候都为苏铁类植物在此区域发展提供了良好条件，在此区域发掘的苏铁类植物化石也证明，在晚三叠纪考依卜期苏铁类植物在川西南金沙江大弯曲地区就已经存在了，这是我国最早的重要苏铁植物群，也是世界上最早的苏铁类植物群之一。攀枝花苏铁是苏铁属植物古类型的延续，这充分显现出攀枝花苏铁的古老与子遗性。在焚风作用而成的干热河谷，气候干燥炎热，与古环境雷同，使得攀枝花苏铁得以延续至今，将这宝贵的财富保留给了全人类。

古生代二叠纪是一个重要的成煤期，大量分布的攀枝花苏铁古代类型在金沙江干热河谷地带随着时间推演为此处留下了大量的煤炭资源，资源型城市——攀枝花市应运而建，大力发展钒钛钢铁产业。当时的攀枝花市基本以矿业为主，主要是石灰矿、煤矿、铁矿等，随之人口不断增加，开始毁林开荒，再加之园艺中的"苏铁热"浪潮席卷而来，当地村民大量盗挖出售攀枝花苏铁，攀枝花苏铁的未来面临着巨大的挑战。如果攀枝花苏铁就此而消失了，金沙江干热河谷的古生代时期可能就此在人类视野中磨灭，随之，以攀枝花苏铁为优势种的自然生态系统瘫痪。好在，在多位科学家的努力与政府的支持下，这样的悲剧没有发生。

■ 这里是海拔 3 200 ~ 4 600 米的高山针叶林，金沙江和澜沧江之间，云岭山脉之上。这里是高山精灵滇金丝猴唯一的家园。

地球上的灵长类动物中，除了人类，只有滇金丝猴能在海拔 4 000 米以上的区域生存繁衍。它们就算在高大的针叶林中来回跳跃，也丝毫不觉费力。■

滇金丝猴　中国生态修复的典型案例

物种名片

- ⊙ 中文名：滇金丝猴
- ⊙ 学名：*Rhinopithecus bieti*
- ⊙ 目：灵长目
- ⊙ 科：猴科
- ⊙ 属：仰鼻猴属
- ⊙ 保护等级：国家一级重点保护野生动物
- ⊙ IUCN：濒危（EN）

■ 金沙拍岸，澜沧浪涌，大团暖湿空气沿江水蜿蜒上升，穿越层层密林交织的云岭，在高山峡谷中汇成云雾。细密的云雾萦绕冷杉，在叶尖凝结成一粒粒小水珠。滴答，一粒水珠沿针尖滑落，滴在一瓣红润肥厚的嘴唇上。红唇微微触动，迟滞半秒，继续咀嚼起已吃了一半的松萝。半晌过后，红唇吃饱喝足后环顾四周，起身短暂张望。树枝轻晃，红唇跃向另一个挂满红唇的枝头，准备加入今日家庭理毛聚会。惬意地打个哈欠，红唇沉浸在这独属于滇金丝猴的快乐时光里。

只在此山中

相比其他生活在热带雨林中的灵长类动物，滇金丝猴的心肺功能要好许多。它们的鼻骨退化、鼻孔向上，一定程度上减少了呼吸稀薄空气的阻力。黑白相间的厚实毛发，也是滇金丝猴在高寒地区保暖的重要保障。

高海拔地区环境艰苦，食物也相对匮乏。对于滇金丝猴来说，地衣是食谱中最重要的主食。地衣是一类由不同藻类和真菌形成的共生体，在许多营养贫瘠、气候极端的环境下都能存活，因而也成为滇金丝猴果腹的不二之选。

地衣中富含纤维，蛋白质含量却很少。滇金丝猴只有不停地"干饭"，才能喂饱自己。吃饱之后，又需要花费大量时间"躺平"不动，等待纤维在胃里充分发酵消化。虽然看起来"好吃懒做"，但这就是滇金丝猴健康而日常的生活行为。

当然，如果有条件，滇金丝猴也会丰富食谱，比如春日嫩芽嫩叶、夏日叶片竹笋和秋日丰硕果实。

附生在冷杉等高大针叶树冠上的松萝，也是一类地衣。冷杉、松萝、滇金丝猴，相互依附，又相互制衡。

滇金丝猴以松萝为食，松萝附生冷杉而活。滇金丝猴吃掉冷杉上过多的松萝，帮助冷杉健康生长。冷杉高大的枝干和树冠，为滇金丝猴提供隐蔽场所和食物。

若无人打扰，这样和谐的关系将经久不衰。

寻隐者不遇

远离喧闹的人类聚集区，滇金丝猴只在高山针叶林中寻找自由。它们性情羞怯，却并非独来独往，而是和家庭成员生活在一起。一个滇金丝猴群内的个体数量可达上百只，它们之间亲密而又独立，拥有复杂而稳定的"重层社会"结构。

每个群体由若干核心小家庭和许多公猴形成的"单身联盟"组成。一个核心小家庭通常有1只公猴、2～3只母猴和几只3岁以下的小猴子。"单身联盟"这样的全雄单元里则只有公猴，它们有老有少，或是在曾经的配偶争夺战中败下阵来的失意公猴，或是跃跃欲试准备组建新家庭的初出茅庐的公猴，或是刚刚脱离核心家庭的天真懵懂的公猴。公猴们的经历虽然各不相同，但在地面迁移或者遇到危险时，总会在前方和后方担任警戒和保卫的任务，将整个大群体保护其中。

与公猴不同，母猴之间的纽带更为亲密。在养育小猴的过程中，母猴之间会相互帮忙，分担育幼的辛劳和风险，提高小猴的成活率。母猴的这种行为，有助于增进雌性间的关系，也对增加整个滇金丝猴种群的数量有着重要作用。

山重水复疑无路

时至今日，我们对于滇金丝猴的食性、行为、日常作息和社会结构等都有了非常多的了解。但将时光回溯至60年前，中国学者第一次证实滇金丝猴的存在，还是源于云南德钦县收集到的8张滇金丝猴皮。

彭建生 / 摄

滇金丝猴皮由于有较强的耐腐蚀性，过去会被当地人打来当作商品售卖。滇金丝猴本身也是当地的野味之一。在偷盗猎的影响下，滇金丝猴的种群数量受到了非常大的威胁。1987—1994 年的调查显示，野生滇金丝猴仅有约 13 群 1 500 只。

栖息地破碎化也是滇金丝猴面临的一个严重威胁。随着当地人口的增加，人类高山牧场对原始森林的一步步侵占，滇金丝猴原有的生存空间也逐渐受到挤压，不同猴群被迫隔离在几片"孤岛"。

当活动范围只能局限在一小片区域时，滇金丝猴能够获取的食物资源就会变得稀少，难以维持种群增长。而隔绝的环境会阻碍猴群间的基因交流，降低面对复杂环境变化时的抵抗性和稳定性。长此以往，滇金丝猴的数量将越来越少，直至消失。■

如果它消失了……

如果滇金丝猴消失了，很有可能意味着适宜滇金丝猴生存的环境也已不复存在。

滇金丝猴所生活的这片区域——滇西北横断山区，作为全球 36 个生物多样性热点地区之一，还有众多其他独特的野生动物，比如豹、豺、马麝、黑麝等国家一级保护动物。它们生活在不同海拔，以不同生物为食，适应于不同生境，充盈着每一片山林。可它们大多都不为大众所熟知，很难得到应有的关注和保护。如果连生物多样性丰富的森林生态系统都面临崩溃，那么人类生存的家园也将难以为继。好在人们很快便意识到了保护滇金丝猴的重要性。

1983 年，在滇金丝猴的主要分布地云南德钦县，第一个滇金丝猴保护区——白马雪山国家级自然保护区成立。这里也诞生了一群大名鼎鼎的不怕人的猴群——响古箐猴群。经过科研人员和当地护林员多年的努力，这群滇金丝猴逐渐放下戒备，习惯了人类的出现。这让人们得以有机会去观察和了解滇金丝猴的家庭结构、行为习惯、食物组成等方方面面的特征，为保护这一物种提供更多基础研究。

1989 年，滇金丝猴被列为国家一级保护动物。1996 年，滇金丝猴被列为国际自然保护联盟濒危物种红色名录濒危（EN）级别。1997 年，滇金丝猴被列入《濒危野生动植物种国际贸易公约》（CITES）附录一，禁止对其进行国际贸易。

2021 年，根据"滇金丝猴全境动态监测项目"调查结果，滇金丝猴种群数量已由 1994 年的约 13 群 1 500 只增加到 23 群 3 000 只以上。

不过，即便数量有所上升，滇金丝猴和这片区域生存的其他物种仍然面临许多生存压力，无论单一物种还是整体环境都应该受到更多关注。滇金丝猴模样可爱，性情温和，很容易引起人们的关心与喜爱，有很大潜力成为这一地区最具保护号召力的旗舰种。我们期望通过滇金丝猴吸引更多人来了解这片山林，从而保护这里的众多生灵。

正如著名灵长类研究专家珍·古道尔（Jane Goodall）所言："唯有理解，才能关心；唯有关心，才能帮助；唯有帮助，才能都被拯救。"

■ 绿尾虹雉的分布区域非常狭窄，主要分布于四川西北部的山地，在临近的甘肃南部、青海东南部和云南西北部也有少量分布。这也使得绿尾虹雉成为世界上全部 3 种虹雉（绿尾虹雉、棕尾虹雉、白尾梢虹雉）中唯一的中国特有种。■

绿尾虹雉　华丽的金属光泽让人惊喜目眩

物种名片

⊙ 中文名：绿尾虹雉
⊙ 学名：*Lophophorus lhuysii*
⊙ 目：鸡形目
⊙ 科：雉科
⊙ 属：虹雉属
⊙ 保护等级：国家一级重点保护野生动物
⊙ IUCN：易危（VU）

■ 中国是雉类王国，拥有世界上近三分之一的雉科鸟类，在世界屋脊——青藏高原的东缘，生活着一种非常珍稀的中国特有雉类——绿尾虹雉。

绿尾虹雉，大型雉类，体长可达 75 ~ 81 厘米，雄鸟整体呈深蓝绿色，眼前的裸出部为天蓝色，颈部和上背赤铜色，腹部黑色，腰白色，头上具长羽冠飘洒于头后，全身在阳光下闪耀华丽的金属光泽；雌鸟羽色相对黯淡，整体暗褐色为主，腰白色，眼周裸皮浅蓝色。

绿尾虹雉喜居于海拔 3 000 ~ 5 000 米的高山草甸、裸岩和灌丛生境之中，是名副其实的高海拔雉类。绿尾虹雉有垂直迁徙的习性，在冬季，高海拔地区的食物缺乏，绿尾虹雉会下到海拔 3 000 米左右甚至更低海拔的林缘地带活动和觅食。

绿尾虹雉是高度素食的鸟类，主要以高海拔植物的嫩叶、嫩芽、花蕾、球茎、果实、种子等为食，所采食植物种类包括但不限于草玉梅、驴蹄草、报春花、紫花碎米荠等，粗壮的喙使它们能够较为轻易地挖掘和啄食食物。随着季节的不同，绿尾虹雉所采食的植物种类也不同，在夏季食物比较丰富时，所采食的植物种类较少，而到了冬季食物较为匮乏时，则会选择更多种类的食物。

绿尾虹雉的繁殖期通常从3月底4月初开始，结束于6月初，在同区域的高山雉类中是较早的。雏鸟的破壳时间约比雉鹑早2周，比血雉早3周。婚配制度方面，绿尾虹雉实行单配制，即一雄一雌制，根据何芬奇、卢汰春等人的观察，繁殖个体在群体中的比例只有约30%，每年有相当多的个体不参与繁殖，可能的原因是绿尾虹雉需要多年达到性成熟或性成熟个体并不每年参与繁殖。绿尾虹雉的巢通常位于阳坡，海拔3 000~4 000米的岩石下、灌丛中或岩洞中，孵卵期内雌鸟长期待在巢中，曾被观察到120小时不出巢的记录，雏鸟集中在5月中下旬破壳。

绿尾虹雉目前被国际自然保护联盟物种红色名录评级为"易危"等级，与同样分布于川西的大熊猫同级，种群状况不容乐观，一项2008年的调查研究对其种群数量的评估结果为12 000只，之后已经多年没有进行过种群数量的调查评估，考虑到各种威胁因素，绿尾虹雉的种群数量很可能还处于下降的趋势。

绿尾虹雉分布范围狭窄，而在分布区域内的密度又比较低，这背后的原因是多方面的。从绿尾虹雉本身来说，对于生存环境要求较高、群体中只有较小比例的个体参与繁殖或许是导致其种群无法繁盛的重要原因；而人类活动的影响更加不容忽视：在绿尾虹雉的分布区域内，长期有以食用为目的的捕猎行为发生，而大规模地采集贝母、羌活等药材的活动也对绿尾虹雉赖以生存的高山草甸造成了破坏，压缩了绿尾虹雉的生存空间。

目前，绿尾虹雉已被列为国家一级重点保护野生动物和《华盛顿公约》附录一物种，但关于这一物种的生态学研究仍有很大空白，虽然很多分布区域已经因为大熊猫保护区的建立而受到保护，但在其分布区的西部，还缺少保护区对其进行有效保护，而盗猎和药材采集对其种群的威胁也亟须受到更多的关注。■

■ 出了源区，金沙江上游的江面海拔已降至3 000～3 500米，夹在两岸4 000～5 000米的山岭之间，显得格外细长。这里气候干冷，水温也依旧冰冷，伴随着海拔的下降，金沙江水流逐渐湍急。这里的环境对鱼类生存而言依旧恶劣，但它们也有自己的生存之道。■

青石爬鮡　石缝中的激流冷水鱼

物种名片

- ⊙ 中文名：青石爬鮡
- ⊙ 学名：*Euchiloglanis davidi*
- ⊙ 目：鲇形目
- ⊙ 科：鮡科
- ⊙ 属：石爬鮡属
- ⊙ 保护等级：无
- ⊙ IUCN：无

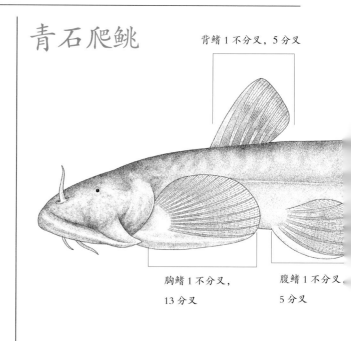

青石爬鮡

背鳍1不分叉，5分叉

胸鳍1不分叉，13分叉

腹鳍1不分叉，5分叉

■ 石爬鮡属

青石爬鮡，属鲇形目，鮡科，石爬鮡属，当地人称为石爬子、石扁头。在金沙江流域同样也被叫成石爬子的通常还有两种青石爬鮡的同属兄弟黄石爬鮡和长须石爬鮡。

青石爬鮡和其他石爬鮡属的鱼类类似，选择和激流做伴，生活在急流滩的底部。较为平坦的头部，尤其扁平的身体，以及头大尾小的身形，极大程度地帮它们减少了水流的正面冲击。

小且位于头顶的眼睛被一层皮膜覆盖住，好似从头盔里探出张望，这也有效避免被激流中夹带的泥沙等杂质划伤。索性顺应江水不与之抗争的它们游泳能力不强，各鳍都逐渐退化，并不发达，胸鳍大而阔，圆圆的像一对肉质的吸盘，帮它们贴附于石上。

申志新 / 摄

另外，石爬鮡口呈弧形，异常宽大，唇肉质肥厚，稍微呈吸盘状，上下颌都具有带状排列的细齿。需要移动的时候，它们会以扁平的腹部和口胸的腹面贴附在石头表面，一点点向前匍匐移动，活动范围很狭小。进食以捕食砾石间隙同样在躲避激流的水生昆虫、虾为主。

正因为石爬鮡游泳能力弱，栖息地又相对固定，所以容易被捕捞，而且其肉质鲜美，尤其受到沿江居民的青睐。在过度捕捞和水电站建设等多重影响下，石爬鮡种群数量已明显下降，变得稀少，其中青石爬鮡在 2000 年被列入第二批四川省重点保护水生野生动物名录。

即使如此，食用石爬鮡的现象依然存在，在长江禁渔前，金沙江沿岸地区石爬鮡价格曾被网络报道最高时可千元一斤，平时也能到 500 元以上。■

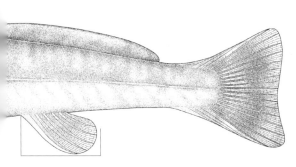

臀鳍 1 不分叉，5 分叉

如果它消失了……

低氧、低温、激流，在如此恶劣的环境下，仍有这些鱼类不断演化出一些能适应环境的特征，从而更好地生存。它们是生物演化的佼佼者，也是我们人类研究生物对局域环境的适应和物种形成的理想类群。

它们的消失，很可能伴随着它们所处独特环境的消失。这无疑意味着横断山脉将不复以往的多样和辉煌，长江也将失去她的多姿多彩。同时，我们对于这里生物演化进程的探究或许也将戛然而止。

■ 顺江向下，金沙江江面海拔从 3 000 米降到 1 800 米，山高谷深，河谷高差达 1 000 ～ 1 500 米。随后金沙江转而折向东北，河谷再次变狭窄，水流被河谷所挤压，不断加速，奔腾激荡，这里就是著名的虎跳峡。■

金沙鲈鲤　金沙江里的水老虎

物种名片

⊙ 中文名：金沙鲈鲤
⊙ 学名：*Percocypris pingi*
⊙ 目：鲤形目
⊙ 科：鲤科
⊙ 属：鲈鲤属
⊙ 保护等级：国家二级重点保护野生动物
⊙ IUCN：近危 (NT)

■ 过了虎跳峡，进入干热河谷地区，水流变得缓慢，水温也有所升高。加之金沙江上游冲击而下的泥沙中裹挟了大量营养物质，这里的水下又是一番天地，孕育了极具多样性的鱼类，它们和上游的高原鱼类已经属于不同的区系。当然，有着充足的食物，捕食者们也正虚位以待。开阔的水面下暗藏杀机，金沙鲈鲤在水体的中上层迅速地穿梭着，等待猎物的到来。

金沙鲈鲤

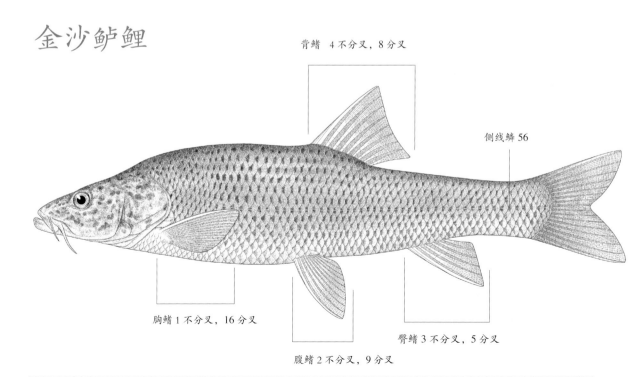

背鳍 4 不分叉，8 分叉

侧线鳞 56

胸鳍 1 不分叉，16 分叉

腹鳍 2 不分叉，9 分叉

臀鳍 3 不分叉，5 分叉

金沙鲈鲤隶属于鲤形目，鲤科，鲃亚科，鲈鲤属。因为体侧鳞片上黑色边缘所形成的独特直条花纹，又被当地人称作花鱼。它们的另一个外号叫"水老虎"，单从名字看便知它们属于凶猛的肉食性鱼类。金沙鲈鲤是 1990 年第一批被列为四川省重点保护水生野生动物名录的物种，另外在 2009 年《中国物种红色名录 第二卷 脊椎动物》中被列为易危，在世界自然保护联盟红色名录中，被列为近危。

金沙鲈鲤体形大，长而侧扁，头大而尖，体背面青灰色，侧面及腹面白色，据历史记录一般捕获的个体能够达到 1 ~ 3 千克，最大的个体可达 9 千克，是当之无愧的水中一霸。口亚上位，有助于它们从斜下方迅速地捕食上层猎物，从幼鱼期开始，金沙鲈鲤就开始捕食甲壳动物和昆虫幼虫，成鱼则以其他鱼类为食。

虽然凶猛，它们也还是沦为了人们的盘中餐。在 1994 年出版的《四川鱼类志》中，丁瑞华描述道"鲈鲤是当地的名贵鱼类，肉质细嫩，肉味鲜美，为人们所喜食"。随着过度捕捞等人类活动造成的影响，产区的种群数量日趋减少，常见个体体形变小。好在从 2003 年开始，就有团队开始尝试金沙鲈鲤的人工繁殖，在孜孜不倦的调研、实验下，2006 年终于成功实现了金沙鲈鲤的人工繁殖，又在接下来的几年间实现了规模化养殖，让人们不用通过捕捞也能吃上金沙鲈鲤。但这似乎也没有完全扭转金沙鲈鲤的命运，在《金沙江流域鱼类》中，张春光等提到在实地调研过程中，发现常见个体仅有 0.5 千克。■

如果它们消失了……

不会，我们相信它们不会消失。

金沙江流域因其独特的生态环境，一直是鱼类生物多样性研究和保护的热点区域。虽然由于过去水电开发、过度捕捞等，鱼类资源量有明显的下降，但在社会各界的呼吁下，国家采取了一系列保护措施，其中最重要的莫过于保护区的建立。2000 年 4 月，国务院办公厅批准建立"长江合江－雷波段珍稀鱼类国家级自然保护区"。后经过一系列调整，现名为"长江上游珍稀特有鱼类国家级自然保护区"，总面积 33 173.59 公顷，其中核心区由 4 个河段组成，河长 349.25 千米，面积 10 803.48 公顷。

据张春光等调研，保护区水域内几乎分布有所有长江上游珍稀特有种，金沙鲈鲤以外，还有达氏鲟、胭脂鱼、岩原鲤、长薄鳅等国家重点保护物种，另外还有主要经济鱼类 20 多种，是长江上游的重要种质资源库。

在农业农村部统一领导协调下，保护区的管理力度不断加大，保护活动也逐渐规范、增多，鱼类资源的衰退之势得到了一定的遏制。

另外，从 2021 年 1 月 1 日零时起，长江"十年禁渔"千呼万唤始出来。相信这不仅是"十年禁渔"的开局之年，也是长江上游鱼类保护的开局之年，保护区内保护、保护区外捕捞等困境将不复存在，金沙江也会再现其作为横断山区全球鱼类生物多样性热点的繁荣景象，消失也将无从谈起。

游猎农牧
民族走廊

横断山区地貌复杂，江河并流，植被丰富，景观多样。这里也是著名的"藏彝走廊"。"横断"东西的山脉与峡谷阻挡不了流动的生命。古氐羌人的族群在不同的时期沿着纵横的河谷迁徙，来到金沙江沿岸等地区生存繁衍。千百年来，他们在这里扎根，从坝区到山地，从游牧、狩猎采摘到定居农耕，与这里的山水草木交融在一起，孕育了多样化的语言、服装、建筑、信仰，积淀了彝族、纳西族、傈僳族等民族的文化基因，展现了生命的顽强。

■ 金沙江与澜沧江、怒江在滇西北并行奔流 170 多千米，这一"三江并流"的地理景观被列入世界自然遗产名录。自青藏高原奔流南下，金沙江至丽江石鼓镇转而北上，形成"长江第一湾"的雄伟景观。这一"大转折"的位点在地图上也可轻易地找到。老君山就矗立在长江第一湾的西侧，是生物－文化多样性的热点地区，分布着诸如滇金丝猴、红豆杉等珍稀濒危动植物。老君山曾经植被茂密，有大范围的原始森林。诸多溪流顺着老君山的河谷蜿蜒而下，汇成黎明河、冲江河等，先后注入金沙江。傈僳族即在老君山腹地的河谷中生活繁衍。■

自在山地，耕耘家园

古老勇敢的民族

追溯至 4 000 多年前，活跃于青藏高原东部青海省湟水河一带的人们便是现在的傈僳族，后逐步南下迁徙，公元 8 世纪以前便已经居住在四川雅砻江及川滇交界的金沙江两岸。

14 世纪之前的文献和地方志很少有关于傈僳族的记载。明朝《景泰云南图经志书》记载了当时的傈僳族："居山林，无室屋，不事产业，常带药箭弓弩，猎取禽兽。其妇人则掘取草木之根以给日食。"狩猎采集的生产生活方式在很多傈僳族村庄一直延续到中华人民共和国成立前。历史上，居住于丽江金沙江两岸的傈僳族多受地方土司的管制、压迫。十六七世纪，丽江土司与西藏封建统治集团之间爆发了长达 80 余年的战争，大量傈僳族人被征调参战，不堪疾苦的傈僳族人被迫向澜沧江、怒江两岸地区迁徙。

顽强扎根的黎光人

傈僳族在丽江金沙江沿岸地区的分布较为零散，常常与纳西族、白族、汉族、彝族等杂居在一起。黎光村位于老君山腹地，距离县城 100 多千米，海拔 2 100～3 500 米，面积 100 多平方千米，包括 13 个村民小组，有农户 300 多家，村民 1 300 人左右，傈僳族约占全村人口的 96%。在黎光村担任干部多年的蜂书记很自豪地说："像我们黎光村一样拥有这么高比例傈僳族的村庄，在周边地方是很少的。"

黎光村的傈僳族人在当地生存繁衍始于 100 多年前，其祖先分别来自维西、永胜等地。傈僳族此前没有自己的文字，人们多凭记忆口口相传。在传统生活中，女人多照顾家庭，种植苦荞，从事纺织、酿酒等活动，而男人则外出打猎，多使用弓弩。河上组李大哥的祖先就擅长制作弓弩，他传承了制作弓弩的技艺。李大哥非常熟悉先人们丰富多样的狩猎方式：下扣子、设陷阱、猎狗围捕猎物等，他讲得绘声绘色。随着政策、法律的推进，当地打猎的习惯几乎绝迹，同时制作弓弩需要的一些材料也越来越少。

傈僳族起初居住在山上简易搭建的竹棚里，便于搬离迁移。之前傈僳族先人多刀耕火种，20 年左右就会迁徙流动。中华人民共和国成立后，这里的傈僳族慢慢定居下来。当地傈僳族多有万物有灵的自然崇拜，相信山有山神、树有树神。在长期的生产生活中，傈僳族产生了不脱离劳动的巫师，即"尼扒"和"尼古扒"，从事占卜、祭祀等活动。

黎光村的傈僳族有蜂、熊、乔、李、丁、唐、叶等姓氏。这些姓氏多源自他们古老的氏族图腾名称（蜜蜂、熊、荞麦等动植物）。现在的傈僳族人多使用学名。这些学名是中华人民共和国成立后随着傈僳族儿童进入学校接受教育而逐步产生的。同时，傈僳族人日常生活中还沿用"起乳名"的风俗习惯。

傈僳族有着顽强的生命力与适应力。黎光村处于沟谷之中，山势陡峭，平整的土地偏少，属于典型的高寒山地区域。受环境限制，傈僳族的村寨多较为分散，少有大规模聚居。世代生活在群山及森林中的傈僳族适应当地的环境，运用当地的资源，形成了靠山吃山的生产生活方式。

根据当地老人的回忆，1960 年前后的恨都组一村民小组有农户 10 家左右，而目前则有农户 30 多家，由此可见黎光村在中华人民共和国成立后的人口增长状况。而人口的增长又依赖于资源的开发和农业生产的扩大，黎光村的很多田地都是在村庄附近或者山腰开垦而来，田地成为傈僳族人的重要资源。村民通过自己的体力劳动与辛勤付出，遇上好的气候年景，就能获得不错的收入，满足一家人的生计。开荒的坡地坡度较大，土壤浅薄，产量不高。村民的应对策略是广种薄收。不少农户有 20 亩以上的田地。

村民主要种植白芸豆、玉米、土豆、核桃、花椒、梅子等作物和果树，另有猪、牛、羊、蜜蜂养殖以及野生菌、虫草采集等副业，产业种类多。黎光村山高谷深，海拔落差大，气候多变，干旱、暴雨、冰雹时有发生。村党总支书记蜂金龙一直倡导村民的种养殖结构要多元，适当地发展多种产业，尤其是本地品种的作物、牲畜，不要追求过大规模，从而防御外部市场波动和自然灾害。恨都组村民小组赵组长年近 40 岁，常年在家务农，家中种植有花椒、白芸豆、青梅、药材等经济作物和林木。到了雨季，他也会在朋友圈发布受灾庄稼的图片。当被问询其生计问题时，他则乐呵呵地说，村子里不少农户的收入来源比较多元，气候变化虽然会影响村民的某项收入，但是尚不至于陷入绝境，也还不需要外出务工。这些年，地方政府大力地推动农民外出务工、脱贫致富。黎光村外出打工的多为年轻人，他们很想走出大山，见识世面。

森林是黎光村傈僳族生产生活中必不可少的一部分。这里的气候干湿季分明，每年 11 月至次年 5 月降水极少，气候干燥。而在雨季（5—10 月），印度洋的暖湿气流翻越群山带来雨水。大量降水被茂密的森林涵蓄在山体中，并在随后的时间里陆续流淌出来，成为村民饮用、灌溉的主要水源。每年冬季，森林底层的山

184

积土、腐殖土被村民收集起来，作为肥料以调节农田的土壤。针叶林的针叶（俗称"松毛"）可以用来铺垫猪圈，之后通过沤肥转化为农田的肥料。村民充分挖掘了当地丰富的草本植物资源，以寻找合适的草药来治愈疾病。村民大部分的房屋是石木结构，用当地的云南松等树木建成。日常取暖和炊事的主要热源来自阔叶木材，如黄背栎、高山栎等落叶树木，村民也会到山林中拾捡干枯的树枝带回家中。森林里还有许多经济植物和野生菌，如药用植物、野菜、食用菌等，不仅是村民副业收入的一部分，也是他们的重要食材。

"人地关系"变迁

黎光村的森林覆盖率达到 90%，其所在的老君山地区是丽江市重要的生态屏障。在现代化的影响下，黎光村的生态也发生了剧烈的变迁。蜂书记说："（原来）我们对自然是很崇拜的……但随着时代的发展，我们的有些观念风俗发生了变化……那时山林也是好的，河里的鱼也数不清……对自然界山林、河流、环境等的破坏，也就是近几十年内才出现的，比较严重。"

20 世纪 80 年代，木材市场开放，地方政府成立了林业采伐开发公司，并于 1996 年前后开始在黎光村修路并采伐国有林。村民也纷纷参与林业开发，在取得林业采伐指标后就砍伐自留山、责任承包山的林木卖给该公司。1998 年，"长江上游天然林保护工程"开始实施，大规模的林木砍伐停止。到 2010 年前后，由于该地区的林业管理松散，加之市场需求的刺激，民间偷砍盗伐木材的情形遂又出现，且日益严重。黎光村与周边的其他村种植烟草，而烟草的初级烤制需要大量的木材烘烤，周边村的村民多需要向黎光村村民购买薪柴，客观上也加剧了森林砍伐。

随着时间的推移，社区水源短缺、林业资源枯竭、滑坡与泥石流等环境问题显现，也日益被村民感知，好几个村民小组水源开始干枯，水流变少，人畜饮水只能到四五千米以外的地方去找。

185

近些年，黎光村村民在各个村民小组举行户长会议，讨论制定生态保护的村规民约，促使全体村民共同管理、监督生态保护，先后建立了 12 个社区保护地，占全村林地面积的 68%。经过讨论和交流，村民的思想意识也发生了改变，从之前的"要我保护"转变为"我要保护"。蜂书记说："之前是干部们在管森林，现在是村民自治，生态保护已经成为村民自己的事情，交给村民自己内部来处理。"

同时，黎光村村民通过外出交流、学习培训来发展适合当地的生态农业，以提高收入、改善生计。代不启组的一位蜂姓村民曾以砍树为业，在公益项目蜜蜂养殖学习活动中认识到养蜂的前景，逐渐放弃砍树，依托当地的生物资源，组建了养蜂场，以养蜂为业。

伴随着国家及地方政府建设"生态文明"的政策支持及工作推进，黎光村的社区保护地也发挥了独有的作用，有效保护了水源林等具有重要生态服务功能的森林和河流，森林里的猕猴、鸟类逐渐多起来。黎明河内当地濒临灭绝的硬刺裸鲤（当地称为"竹根鱼"）也得到了较好的保护、繁殖。2018 年 3 月，黎光村社区保护地经过评审后正式进入联合国环境署下辖的原住民与社区保护地系统（ICCA），社区保护与可持续发展的工作获得了国际认可。

■ 金沙江沿岸多高山耸立，从河谷到山顶的海拔落差大，气候差异明显。这里的气候受西南季风影响，干雨季分明。雨季来临，降水增加，沿岸山里的溪流挟带着泥沙而下，江水涨满水道，通体浑黄。进入干季，晴空万里，降水减弱，溪流恢复清澈，金沙江像一条蓝带或绿带在山间穿梭。■

城乡之间，继往开来

纳西与丽江

唐代称金沙江为"麽些江"。史书上"麽些"或"麼些"的同音异体字出现颇多。"麽些"是"天之子民"之意，在1954年后停用，改以麽些民族支系中人数最多的支系"纳西"来统称，即今天的纳西族。

金沙江与怒江、澜沧江、雅砻江、大渡河、岷江六条江河在横断山系的山脉间奔涌激流。这一区域被学者费孝通称为"藏彝走廊"，历史上是诸多民族南下迁徙的通道。纳西族先民被认为属于古氐羌人的一个支系，在藏彝走廊内逐步南迁。唐初，纳西族就已经迁徙至金沙江两岸生存繁衍，并逐渐由游牧变为定居农耕。元代设立土司土官制度，推动纳西族各支系的统一，使丽江成为纳西族的中心。明代，纳西族活动范围大大拓展，进入鼎盛时期。清代实行"改土归流"，外来人口日益融入纳西族，丽江地区的纳西族姓氏出现了多样化：由木、和、杨三姓，扩增为更多的姓氏。同时，纳西族的发展也受到外来文化、技术的影响。

山区与坝区

丽江范围内纳西族的居住区多散布在海拔 1 700～3 000 米范围内的山区与坝区。坝区的纳西族更多地形成了集中的村庄、市镇，与汉族、白族等人群杂居，石木结构的房屋栉比相邻，顺着河流、地势而建，街道弯弯曲曲。丽江的大研、束河古镇更为典型，体现了纳西族人杰出的生态智慧：源出黑龙潭的玉河分成三个支流进入大研古镇，之后又分成许多细流，流遍全镇；青龙河则从束河古镇中穿流而过。丽江坝区的水系多流入漾弓江，南流至鹤庆县，在中江街再汇入金沙江。20 世纪 90 年代的纪录片《云之南》精彩详细地记录了当时丽江古镇纳西族人的日常生活，也被用于 1997 年丽江古镇申报世界文化遗产。

位于长江第一湾的石鼓是有纳西族居住的坝区乡村，历史悠久。坝区的农田多土质肥沃，地势平坦，加之近来灌溉条件的改善，物产丰饶。处于交通要道或作为行政中心的村庄往往也是集市，周边的村民来此交易，购置农产品与手工艺品。石鼓地区种植鸡豆（又名"鹰嘴豆"），鸡豆凉粉是当地有名的小吃。坝区的生产生活相对稳定，在庭院内培植兰花、杜鹃、山茶，是很多纳西族人的生活习惯。坝区的纳西族交际范围广，更为开放。由于远离了山林，坝区农民的薪柴、水源很难自给，多来自山区农村。

山区的纳西族村庄则是另一番景致。这里的房屋以石木结构为主，或集中，或分散，同时保留有传统的"井干式"木楞房。这里人口稀少，二三十户已经是比较大的自然村，不比坝区农村动辄近百户的规模。山区农村主要种植青稞、小麦、玉米、洋芋、蚕豆、蔓菁等，同时在庭院附近留有菜园子种植蔬菜，自给自足，养殖主要为羊、牛、猪、土鸡。在清朝时引入的洋芋和玉米种植广泛，至今仍是高寒山区农民的重要食物。喝一杯热茶，烧几个洋芋，就可以简单地解决一顿伙食。山区人的劳动强度大，需要高能量、高蛋白的食物补给，因此家家户户都会备有猪肉。山区物资短缺，村民会在附近的集市交易购置。如今交通日益便利，城乡间交流更趋频繁，村民一日往返丽江城，也已不是难题。

188

山区农村面临着多方面的挑战。农地坡度较大，农业机械受到限制，需要投入更多的人力、畜力进行生产。高海拔的农村很依赖水源，在每年雨季来临前的3—5月，会面临人畜饮水的短缺困境，更不要说农业灌溉。宝山石头城的纳西族则依据地势条件在城内外建造了"明沟暗渠"，同时辅之以有效的管理制度，形成了具有地方特色的水利系统。开垦林地，曾是村民拓展田地的方式。

1998年以来，随着"长江上游天然林保护工程"的实施，越来越多的山区农地实现了退耕还林，如今种上了青梅、花椒等经济林木，在控制水土流失的同时，也帮助农户获得一定的经济收入。近年来，云南地方医药行业发展迅速，带动了药用植物的采集、种植，附子、滇重楼等药用植物进入了农民的庭院、农田，为农民带来了可观的收入。

人类与署

玉龙雪山西麓龙蟠乡的新尚村下组，距离金沙江边尚有数千米，以前的老人会根据江水的涨落来估计四时季节、雨水情况。随着时代的进步、气候与河道环境的变化，这种古老的方式已经不再适用。

新尚村目前还有一位年长的"东巴"。"东巴"是纳西族负责祭祀等事务的人员。村民家中的红白喜事多邀请"东巴"主持、参与。如今，仅很少的纳西族村庄还存有"东巴"。

用东巴文写成的卷帙浩繁的东巴经，记录了纳西族传统风俗的方方面面。抄写经书的东巴纸主要使用当地的澜沧荛花和丽江荛花制作而成。这两种植物具有微毒性，其造出的纸张可防腐，耐虫蛀，能长期保存。在东巴经中，"署"为司掌万物的精灵。人类与署不断地冲突、斗争，最终才订立伦理条约：人类在田地不足时，可适当开垦土地；在家畜不够食用时，可适当狩猎野生动物；在薪柴不够时，可适当砍伐林木等。

纳西族社区在中华人民共和国成立前还保留有"祭署"的仪式风俗。"署"的概念深入人心，民间也曾存在一些禁忌，比如不能破坏自然、捕杀野生动物、污染水源等。在时代变迁中，这些传统的资源管理风俗、组织大多不再存在，甚至已经在年青一辈的记忆里逐渐淡化。玉龙雪山下白沙乡的纳西族社区还有各式各样的社区组织、村规民约来管理村庄的森林资源。玉龙县河源村石红和老屋基的纳西族社区至今还保留有一片郁郁葱葱的"棺材林"，由全体村民共同守护，供村中老人在 60 岁后进山伐树准备棺木。远远望去，这片树林明显要比周边的树林茂密。曾经也有木材贩子觊觎这片树林，但被村民果断地阻止。传统，仍然体现在纳西族人的行动中，并将继续与他们一起迎来新的篇章。

■ 凉山，地处四川盆地和云南省中部高原之间，北起大渡河与雅安、甘孜州接壤，南至金沙江与云南省相望，东临云南昭通和四川宜宾、乐山，西连甘孜州。地貌类型齐全，地势复杂多样，海拔高低悬殊。从地域概念上来说，凉山分为大凉山和小凉山。以美姑县境内的黄茅埂山及安宁河为分界线，黄茅埂山以西为大凉山，以东为小凉山。■

大凉山山小，小凉山山大

自古以来，凉山就是个多民族聚居的地区，主体民族为彝族。在漫长的历史进程中，彝、汉、藏、回、蒙等 14 个世居民族，共同生活在安宁河流域、雅砻江边和金沙江畔。中华人民共和国成立后，设立凉山彝族自治州，全州面积 6.04 万平方千米，辖 15 县 2 市。境内总人口为 533.11 万人，其中彝族占 54.16%。不同方言区的彝族语言、服饰、风俗等都有明显差异，文化多样性显著。所以，五彩凉山，不单指风物，也包括人文。

凉山，还是古代南方丝绸之路的必经之地，是通往中国西南边陲的重要通道。远在 2 000 多年前的秦汉时期，中央王朝就在这里设置郡县进行管理。历史上许多著名人物如西汉司马迁、蜀汉诸葛亮、元世祖忽必烈、明代著名旅行家徐霞客都曾到过凉山。

凉山的水能资源特别丰富，理论蕴藏量达7 100多万千瓦，可开发量4 952万千瓦，占全省的三分之一，是国家"西电东送"的重要基地和骨干电源点。境内河流众多，均为长江水系。干流成系的有金沙江、雅砻江和大渡河三大水系：金沙江水系有尘河、鲹鱼河、黑水河、西溪河、溜筒河、水洛河；雅砻江水系有理塘河、卧落河、安宁河、孙水河；大渡河水系有尼日河。大于500平方千米、小于1 000平方千米的河流11条：金沙江水系的大桥河、则木河、三湾河、西苏角河、西宁河；雅砻江水系的鸭嘴河、海河、茨达河、锦川河；大渡河水系的越西河、甘洛河。大于100平方千米、小于500平方千米的河流有子耳河、田坝河、金阳河等123条。不足100平方千米的山溪小河数百条。境内还有邛海、马湖、泸沽湖等23个内陆淡水湖泊。在建州之前，凉山的水电开发几乎为零，不要说用于发电取能，就是基本的生产生活用电都难以满足，所以民谚有云："水在江中流，人在岸上愁。"1956年，成都勘测设计研究院对安宁河流域及大桥水库进行调查和勘测设计；1957年1月，开始对安宁河进行首次规划，编制《安宁河流域规划报告》。至今，凉山州已经实至名归地被称为"水电王国"。在过去的数年间，凉山水电开发在西南水电开发乃至全国水电开发中书写了浓墨重彩的一笔。金沙江上，装机容量1 386万千瓦的溪洛渡水电站已全部投产发电，装机容量1 600万千瓦的白鹤滩水电站和装机容量1 020万千瓦的乌东德水电站已经实现首台机组发电；雅砻江上，装机容量240万千瓦的官地水电站、装机容量360万千瓦的锦屏一级水电站、装机容量480万千瓦的锦屏二级水电站已全部投产发电，装机容量150万千瓦的杨房沟水电站已经实现首台机组发电，装机容量102万千瓦的卡拉水电站和装机容量240万千瓦的孟底沟水电站正在建设中；大渡河上，装机容量360万千瓦的瀑布沟水电站、装机容量66万千瓦的深溪沟水电站已全部建成发电。

凉山地处著名的攀西裂谷成矿带，矿产资源得天独厚，是我国乃至世界罕见的"聚宝盆"，被誉为"中国乌拉尔"。境内矿产资源十分富集，具有品位高、埋藏浅、采取条件好、综合利用价值高的特点。现已探明矿种84种，有相当储量的达60种，其中大型、特大型矿床30处，中型矿床63处。主要矿种中，钒钛磁铁矿保有储量13.73亿吨；富铁矿4 985.8万吨，居全省第二位；轻稀土氧化物总量103.06万吨，居全省第一位，全国第二位；铜、铅、锌、锡（金属量）485.07万吨，居全省第一位，在大西南乃至全国都占有重要的地位。另外，贵金属、盐、磷、白云石、硅石等金属、非金属矿种也有相当储量。

凉山的光伏资源非常丰富，日照充足，雨量充沛，生物资源和农业极具特色，被誉为各类动植物的基因库，素有"川南粮仓"的美誉。这里的烟叶可与世界最好的美国烟叶媲美，是国家优质烟叶、储备烟叶、出口烟叶的重要基地；甘蔗、蚕茧、苹果、石榴、脐橙等农特产品享誉省内外。森林覆盖率达 30.6%，活立木蓄积量达 2.3 亿立方米；草地 241 万公顷，占总面积的 40% 以上，牧草产量高、草质好，仅草本类优良饲草就达上百种；野生植物资源名目繁多，仅中草药就有 2 400 余种，被称为"川南中草药宝库"。

这样的地方现在不好找，所以这里的原住民一直不敢动它一根汗毛。山上有树，他们只捡拾柴火；林中有兽，他们只打伤人的；地里有矿，他们不去开挖；止血的药草漫山遍野，人和动物各取所需。凉山，在还没有通成昆铁路之前，一直都处于较为原始和封闭的状态。生活在这儿的彝族人，把大河当作第一道城墙，把悬崖当作第二道城墙，把森林当作第三道城墙，把彝人家支当作第四道城墙，安享世外桃源。

当然过去和现在已是天壤之别，但彝族人喜欢住在山上是由来已久的事实。其原因是山上空气清新，视野宽阔，阳光充足，雨量充沛。住在这样的地方，他们可以合理地安排自己的生活方式。习惯每天日出而作，日落而息，耕地放牧，种瓜得瓜种豆得豆。日常生活按部就班，节奏不缓不急。春天来了就开荒撒种，夏天来了就割草积肥，立秋以后就娶媳嫁女，冬天来了，过个彝历年，总结一年的成败得失，安排来年的大事小事。

彝族儿女在八百里凉山生生不息。几千年的时光，让他们得以了解天文和地理，日月和星辰。他们有自己古老的原生文字，代代相传的口头传统，有丰富多彩的民间文学。浩瀚的彝文经书和典籍，内容涉及范围非常广泛，天文、地理、政治、经济、军事、医药、算术、生物、农牧等无所不包，其中还蕴含着大量生产生活的技能和民间智慧。

至今，彝族还保留着一种鲜为人知的古老历法——彝族十月太阳历。它是根据月亮盈亏周期创造的日历记法，因为周期是根据地球绕太阳计算的，所以也称为"太阳历"。它不仅是一部伟大、精湛的天文历法，还是一幅天、地、人合一的画卷。十月太阳历以 12 属相回归纪日，3 个属相周期为一个时段（月），即 36 日为 1 个月，30 个属相周为一年。1 年为 10 个月，共计 360 日，10 个月终了，另加 5 日"过年日"，习称"过十月年"，全年为 365 天。每隔 3 年多加 1 天，即闰年（闰日），为 366 天。

凉山彝族最大的节庆是彝历年和火把节。

关于火把节的传说有多个版本，但基本上都是源于人们对火的崇拜，其目的是期望用火驱虫除害，保护庄稼生长。火把节的传统时间为每年农历六月二十四日。按彝族的传统风俗，火把节要过三天：第一天是祭火，男人们打牛分食，妇女在家忙着煮荞馍、磨糌粑面，准备以后两天的熟食。按照规矩，这一天每家都要杀一只鸡，以便察看鸡舌、鸡胆、鸡股，占卜来年的吉凶，并烧鸡祭祖，祈盼阖家平安、牲畜兴旺。第二天是传火，四面八方的人们穿着节日的盛装，从方圆几十里甚至上百里的山寨潮水般涌向青山环抱的火把场，参加火把节活动。这天的活动可谓精彩纷呈，传统项目有斗牛、赛马、斗羊、摔跤、斗鸡、爬竿、抢羊、射击、赛歌、赛衣、"老鹰捉小鸡"、跳"朵乐荷"舞、耍火把、打情火等。活动中最为重要的环节是选美，每年都要由德高望重的长者在火把节的各种选美赛事中选出一年一度的金鹰和索玛奖得主。获奖的家族都会以此为荣，自豪无比。第三天是"送火"仪式。

明代文人杨升庵对火把节狂欢之夜的盛况赞叹不已，曾留下"云披红日恰含山，烈炬参差竟往还。万朵莲花开海市，一天星斗下人间"的诗句，可见凉山彝族火把节一直都是非常隆重的。在凉山，火把节民俗保持得最完整、最具特色、最隆重的要数布拖县和普格县，它们都被誉为"火把之乡"。

从古到今，彝族对过年十分重视，彝族年源于丰收庆典，是大小凉山彝族传统的祭祀兼庆贺性节日。彝族年一般选定在农历十月，庄稼收割完后举行。彝族年为三天，彝族年的头夜叫"觉罗基"，即除夕。过年第一天叫"库施"。主要仪式有：搓年猪绳、除秽、煮过年粑、捉杀过年猪、占卜、献祭、吃年饭。第二天叫"朵博"，意为月首，以娱乐活动为主，比如偷青、拔萝卜、玩磨尔秋、喝串门酒、背年猪肉、唱年歌、摔跤、玩猪脚、小孩聚肉、弹月琴、赛马、斗牛、斗羊、斗鸡、赛猪膘肉等活动。第三天叫"阿普机"，即送祖。主人将做好的千层荞饼和祭献品置于神龛上祭献祖先，同时，在门上挂一装有炒面的口袋，意为让祖先路上食用。送祖过程中，主人家还要念诵祝词，大意为祈求祖先赐福于子孙，保佑来年丰收等。念毕，主妇将杀猪绳执于手做唤猪状，意为让祖先带走年猪。小孩们则早早起床，端着装有玉米、豆子、燕麦的簸箕走到院坝，向着东、南、西、北方向颠簸，并学马、猪、牛、羊等叫声，然后把玉米、豆子、燕麦撒进畜圈里，以求来年六畜兴旺。接下来才是拜年，拜年是彝族年的一道风景线，也是年节的延续。拜年的主要对象是岳父母、父母、舅族长辈、本家支直系长辈或是本村寨的孤寡老人等。

除了以上的大型节日外，彝族还有不少大大小小的节日和仪式。比如儿童聚会节"阿依蒙格"、剪羊毛节、尝新节、赛装节，还有预防疾病的吃麻籽节，打鸡打狗封山育林仪式、女童换裙成人仪式等，从中可以看出彝族的文化传统和风俗民情。

现今的凉山，已经不是传统意义上的老少边穷地区。路通则百通，举世瞩目的悬崖村也装上了钢梯，北上广深"三小时空中走廊"已被打通，成昆铁路扩能工程及宜宾至攀枝花、西昌至昭通、乐山至西昌等高速凉山段加速建设，"十四五"末将实现县县通高速，全面建成四川南向区域性综合交通枢纽。金沙江三大水电站库区 600 千米黄金水道启动建设。凉山正在实现区位边沿向发展前沿的历史性转变，得天独厚的优势资源将会得到更好的开发和利用。相信会有越来越多的人来凉山旅游观光、投资和发展。这里有著名的西昌卫星发射中心、泸沽湖、公母山、邛海湿地公园、会理古城、彝海、灵山寺、冶勒湖、皎平渡岩洞遗址、文昌故里、水观音、"达布络魔"等，还有冕宁火腿、盐源苹果、雷波脐橙、美姑岩鹰鸡、会理石榴、布拖乌洋芋、金阳青花椒、建昌板鸭、海棠腊肉、会东黑松露、米市阉鸡、德昌桑梓、茅坡樱红，更有彝家美食、摩梭风情、傈僳水寨……说不尽，道不完。

3

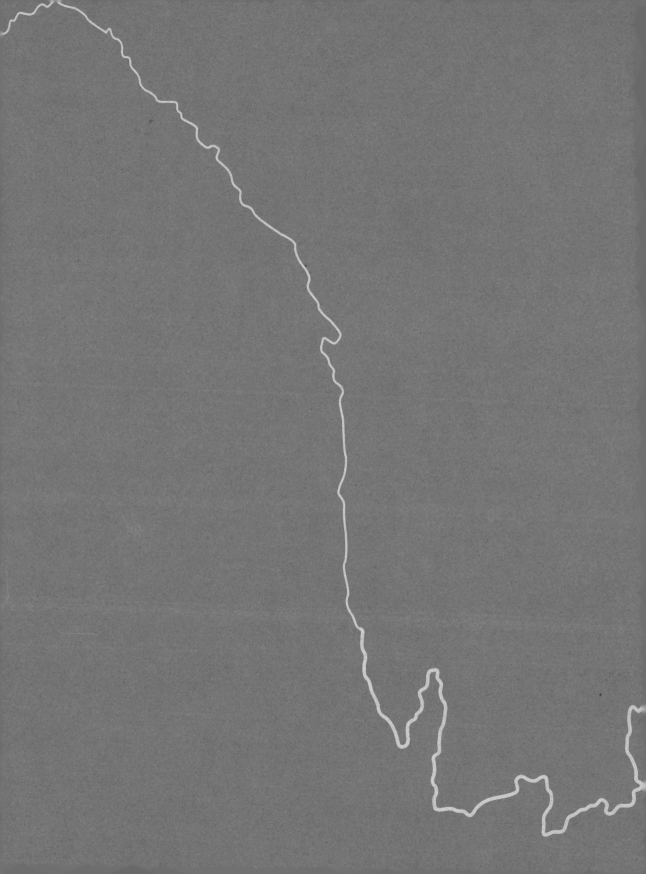

险峻与征服
巴山蜀水

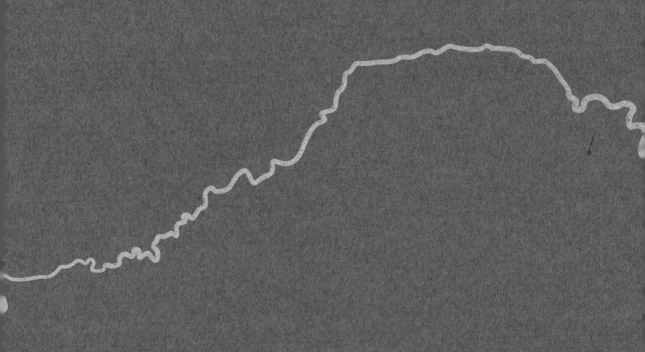

当长江来到一二级阶梯边
的垂直高差让这片区域拥
资源让这过渡带成了中国
当川江继续向下，长江精
尾音，随着地势逐渐变平
肥沃的土地，形成著名的
人类文明。水流愈加丰沛
地、盐油要道、川东平行
形成相互影响又各具特点
这从雪山到平原、丘陵，

的"梯坎"位置，显著

了丰富的动植物，户外

美的"户外天堂"。

、咆哮的赞歌也奏响了

里，长江冲刷、堆积出了

府之国，孕育了繁荣的

河道变得宽阔，紫色盆

谷和三峡天险交响变奏，

人文特色。川江便有了

澜而兼具温柔的奇妙。

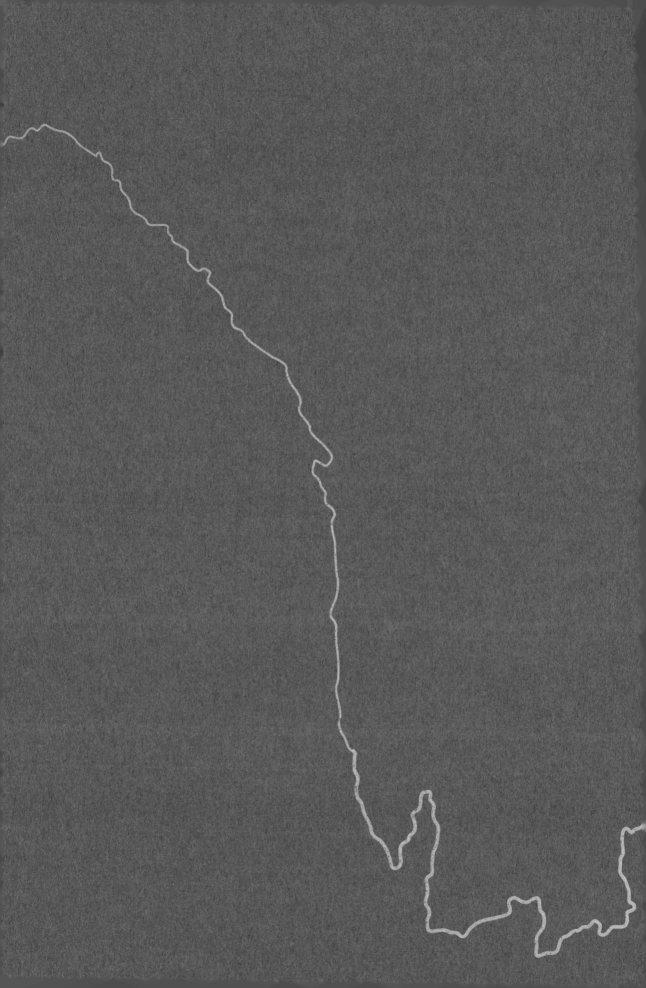

巴山蜀水
天府之国

在横断山脉的东缘，大雪山山脉和邛崃山脉是这里的主角。大雪山"承袭"了横断山脉南北走向、东陡西缓的特点，南北延伸400多千米，而大雪山地区地质构造活动频繁，褶皱和断裂也比横断山系其他山脉更多、更陡峭，这也让大雪山成为横断山系中高峰的集中区。

嘉陵江大回旋

蜀水

雪山、森林、湖泊间的"户外胜地"。

■ 在横断山脉的东缘，大雪山山脉和邛崃山脉是这里的主角。

大雪山"承袭"了横断山脉南北走向、东陡西缓的特点，南北延伸 400 多千米，而大雪山地区地质构造活动频繁，褶皱和断裂比横断山系其他山脉更多、更陡峭，这也让大雪山成为横断山系中高峰的集中区。

在这 400 多千米的山脉之上，分布了众多海拔 5 000 米以上的高峰，大雪山主峰贡嘎山，也是整个横断山脉的主峰，在它周围，林立着 145 座海拔五六千米的冰峰，仅海拔 6 000 米以上的高峰就有 40 余座。在与青藏高原远隔千里的地方，远离了其他世界级海拔 7 000 米以上的高峰，在雪山相接、群峰簇拥之下，直刺苍穹的贡嘎山，就是孤傲的"王"，千百年来俯瞰、哺育着它的"臣民"。

大雪山再向东去便是横断山系的最东缘山脉——邛崃山脉，海拔约 4 000 米，南北绵延约 250 千米，东陡西缓。邛崃山脉也是中国第一阶梯和第二阶梯的分界线之一（四川盆地与青藏高原的地理分界线）。

四川蜀山之王贡嘎山帽子云

贡嘎山自然风光

在青海省果洛藏族自治州达日县满掌乡境内的莫坝东山西麓，海拔 4 579 米的地方有一股涓涓细流，流淌出了一条名为玛尔曲的河流。

玛尔曲顺着横断山脉的走向，在大雪山和邛崃山两大山脉形成的峡谷地带间不断聚集力量，形成了"飞夺泸定桥"的大渡河。"蜀

山之王"贡嘎山，和邛崃山主峰"蜀山之后"四姑娘山幺妹峰，则隔着大渡河遥遥相望。在它们脚下的，不仅是高原常有的群山、冰川、高原湖泊，还有在更低海拔才有的森林、草甸、湿地……

由于大雪山和邛崃山脉在横断山系的最东缘，尾端又处于一二级阶梯的边缘"梯坎"位置，显著的垂直高差让这片区域拥有了完整的垂直自然带谱，丰富的动植物、户外资源，良好的生态环境让这里成为中国的"户外天堂"。

海拔 7 556 米的贡嘎山是四川境内的最高峰，也是国际知名最难以征服的高海拔山峰。

尽管从高度上贡嘎山并不十分显眼，但由于地处大雪山边缘，群山本身就是一二级台阶的分割线，拥有很多"站在高原肩膀上"的山峰，山脚海拔就有 4 000 米以上，但贡嘎山山脚海拔只有 1 000 米左右，这就让贡嘎山的实际攀登高度更高。

而大雪山处于温带高原气候之中，南来的潮湿气流沿山谷长驱北上，贡嘎山一带气候湿润而多变，强烈的构造运动和坚硬的花岗岩，让贡嘎山山体高耸如锥，加上长期冰蚀作用，狭窄的山脊犹如倾斜的刀刃，坡壁陡峭，岩石裸露，坡度多大于 70 度。这些都让贡嘎山的攀登异常困难。

至今，贡嘎山只有 10 次成功登顶纪录，死亡登顶比率高达 68%，远超珠穆朗玛峰的 14% 和乔戈里峰的 30%，仅次于梅里雪山和雅拉雪山。

贡嘎山，既是登山者向往的殿堂，也是很多登山者可望不可及的"白月光"。对他们来说，哪怕登上其他山峰远远地望一望这位"蜀山之王"，也已足够令人心醉。■

星空下的贡嘎山

岷江孕育
"天府之国"。

■ 在邛崃山的东端还有一座南北走向的褶皱山脉——岷山，在其南麓发源的岷江，顺着山势向南流去。由于邛崃山对来自东部的气流起到阻滞作用，东坡雨泽充沛，有"华西雨屏"之称，让峡谷中的岷江水源异常充沛，这也一度让很多学者认为这就是岷江的源头。在明代徐霞客实地考察之前，岷江甚至一直被误认为是长江正源。

2013 年中国科学院遥感与数字地球研究所，依据国内外地理学界普遍采用的"河源唯远"的原则，才正式确定大渡河为岷江正源。

俯瞰岷江乐山大佛之秋色

当湍急的岷江冲过第一级阶梯后海拔骤降，向成都平原倾泻而下，四川盆地又地处中国南方，年降水量 1 000 毫米左右，不仅雨量充沛且降水量集中，雨季集中了全年 80% 的降水量。

春夏之交，雪山融化，四川盆地迎来雨季，以岷江为主的河流水势如脱缰野马，夹杂着大量泥沙涌入第二阶梯，加上另一重要水系——发源于川西北的沱江水系一起，挟带泥沙，长期冲刷、堆积出了冲积平原——成都平原。

2 000 多年前，奔涌的岷江行至平原东部，遭到龙泉山脉阻隔，难以排泄，常导致成都平原一片泽国，形成巨大水患，给古蜀文明带来严重灾害。古蜀国数次易国都与岷江水患有着直接关系，神秘的三

星堆文明的消亡也与洪水密不可分。

直到秦昭王末年（约公元前256年—前251年），蜀郡太守李冰父子在前人鳖灵开凿的基础上，组织修建了大型水利工程都江堰，将来势汹汹的岷江分流。

鱼嘴将岷江分成了内江和外江，内江在都江堰又经过两次分流，分为江安河、走马河、柏条河、蒲阳河4条河，让岷江水在成都平原形成不对称的狭长羽状水系，化成密如蛛网的灌溉系统，从不同方向灌溉着成都平原。

都江堰使岷江水运交通功能与灌溉功能产生质的飞跃，引水灌田，分洪减灾，"分四六，平潦旱"，变害为利，加上成都平原地势平坦，密布的河网带来大量沉积物，含有营养元素众多的腐殖质。平原因此愈加肥沃，基本根治了水患后的成都平原，自此成为"水旱从人，不知饥馑"的富庶之地，沃野千里的"天府之国"。

滤镜下的都江堰

岷江、青衣江、大渡河三江汇合

虽然岷江被划分为多个支流，其中一小部分水资源汇入沱江，但大部分内江灌溉成都平原后，又因地势汇合在了府河，并最终和金马河（岷江外江）在彭山县江口镇再次汇合为岷江。

滋润了整个成都平原的岷江，穿行于高山峡谷，又漫流于广袤平原，一边咆哮激荡，一边随性发散，左手承托起大雪山，右手成就了"天府之国"。在乐山大佛脚下，与青衣江"握手"后的大渡河，最终汇合成岷江。

平均距离不超过 2.5 千米就会有一条河流，加上降水量充沛本就是成都平原的气候特征之一，成都平原的地下水资源平均每年可达到 42.98 亿立方米，河道、渠系和灌溉补给量共计可达 30.88 亿立方米，降水补给又能达到 12 亿立方米左右。

集合了大渡河、岷江上游众多水流的岷江也因此成为长江水量最大的一级支流，最终在宜宾与金沙江相遇，沿着四川盆地的"盆底"，继续向东倾泻而去。■

山势水势推挤、冲刷出"紫色盆地"。

■ 亿万年前如火如荼的印支运动与喜马拉雅造山运动，让横断山脉、大巴山脉、巫山、大娄山受各自板块的推力而持续隆升成山，分别从西、北、东、南四面向其他山脉挤压，几方合力之下，中部相对稳定的海洋湖泊也逐渐被挤压、抬升，由海盆转为湖盆。

许多湖水由海床上转移至地下，构成地下海洋和暗河，关闭的盆地地形及急剧缩小的水面，让气候逐渐变得干热，而剩余的水流、各大山脉融下的冰川水则随着西强东弱的喜马拉雅造山运动，以端盆倒水之势送入三峡。这个"倒干"水分的盆地就是四川盆地。

海洋的沉积物，大江大河带来的物质，一路被风化、腐蚀、剥蚀，在盆地堆积了数千米厚，构成了赤色和紫赤色的砂、泥、页岩，砂岩和页岩组成极易被风化发育成富含钙、磷、钾等营养元素的紫红色土壤。

四川盆地底部约 16 万平方千米的土地，大部分都被这样的紫色土覆盖，是全国紫色土分布最集中的地方，四川盆地也因此被冠上了"紫色盆地"的美称，是南方最肥沃的自然土壤。

内陆湖泊在单调条件下，剧烈蒸腾，浓度增大，盐分不断堆集，形成盐湖，被泥沙埋藏而保存于地层之中，构成岩层，这就是自贡一带出名的井盐，促成了未来的盐茶古道。

北部的大巴山脉，是四川盆地北部的天然屏障，阻滞、削弱了冬季北方冷空气的南侵，成为四川盆地、汉中盆地的界山，也是中国中亚热带气候和北亚热带气候的分界线。大巴山南面的四川盆地为中亚热带，北面的汉中盆地则属于北亚热带，加上横断山脉将东来的水汽留在了四川盆地，促成了四川冬暖春旱的气候。

在高大山脉的拱卫下，在众多河流像血管一样的营养输送中，"蜀道难"的巴蜀大地实现自给自足，成为天下闻名的"粮仓"，并发展起灿烂的三星堆文明、古蜀国文明、巴蜀文明，支撑了大秦帝国的崛起和现在的西部文化中心。

这样的地势也让各条山脉的水流都向四川盆地聚集。

群山环绕中的四川盆地

川西山间盆地与乡村农田

巫山小三峡

从甘、陕两省的旷阔高原与峻岭深峡之间横空出世的嘉陵江，在迭山与岷山间一路盘曲宛转，经过几级台地的落差，在合川接纳了源自岷山主峰雪宝顶的涪江和源于秦岭山脉大巴山的渠江，共同奔向重庆。

不同于岷江的奔腾，由嘉陵江、涪江、渠江三大河流所组成的嘉陵江流域，似一把打开的折扇，铺排在大地上，性格也如扇子一般柔婉。整个流域面积16万平方千米，几乎覆盖了四川盆地北部，居长江支流之首。

广布于嘉陵江流域的紫红色砂泥岩，质地松脆，植被覆盖率仅13.7%，水土流失严重，也让嘉陵江成为长江含沙量最大的支流。

而这众多河流，因丘陵地势时而湍急奔腾，时而婉转曲折，但从地势上而言，它们又像一把把锋利的刀剑，将四川盆地的盆底切割得支离破碎，形成了各种各样的丘陵地带，一列列从东北伸向西南的山岭，山岭间隔着一道道河谷，排列得格外整齐，嘉陵江上著名的"小三峡"也位于此。

南充段嘉陵江掠影

嘉陵江上游因行经高山地区，多暴雨，有"一雨成灾"之说，加上行至中游四川盆地丰富的降水、网状河道汇聚，嘉陵江的流量仅次于岷江。

下游水量倍增的嘉陵江，一改中上游的"儒雅"，在四川盆地盆底褶皱边缘，以不可阻挡的气势，切穿华蓥山南延三支脉——九峰山、缙云山、中梁山，形成峭拔幽深、形势险要、雄伟壮丽的观音峡、沥鼻峡和温塘峡的嘉陵江小三峡，最终在重庆朝天门被浩荡长江带着一起向东奔去。

这片被大渡河、岷江、嘉陵江环抱的大地有沃野千里的平原，有无数丘陵低山，也有广阔的田野，到处分布着紫红色土壤，它与苍翠的山林、远处的皑皑雪山相互衬托，显得格外绮丽。■

秀丽的乌江，阳光使得青山在江面投射出美丽的倒影

是乌江天险，也是盐油古道。

■ 奔腾于大娄、武陵山脉之间的乌江，发源于贵州西部威宁县乌蒙山东麓，两岸山体植被茂密，荫翳的山峦把江水也影映成一带墨绿，乌江就像一条乌青色的蛟龙，横贯贵州中部、东北部，跨入重庆东南部，至涪陵汇入长江，是长江上游南岸最大的支流。

由于云贵高原处于第二阶梯之上，冲入四川盆地的高差没有横断山脉如此巨大，但乌江发源于被称为"中国的喀斯特省""喀斯特博物馆"的贵州，流域呈现显著的喀斯特地貌。

亿万年前，古地中海从中国西南地区退去，古生物骨骼与碳酸盐类物质沉积，始成陆地；千万年前，地壳隆升，云贵高原露出地表；百万年前，青藏高原抬升到接近现在的高度，现代季风环流形成，被高原分为两支在西南会师，雨水持续不断冲刷着云贵大地，山岩溶蚀，地表重塑。

至柔的水，在时间的加持下，变成最坚硬的刀刃，在石灰岩层上纵横切割，形成雄奇多彩、陡峭多变的喀斯特地貌。

重庆涪陵城市建筑（长江乌江汇合处）

同时，在"地无三里平"的贵州，山地占地面积达 91.2%，是中国唯一一个没有平原的省份，就连地势相对平缓的省会贵阳，在高楼林立的"水泥森林"间，也常能看到一座座"摩天大山"。

这条逶迤于贵州高原的大河，正是在这样以高原、山原、中山及低山丘陵为主的地貌中穿行，没有任何喘息的机会。流域内山峦

起伏，石灰岩地层分布广泛，流急、滩多、谷狭，多溶洞、伏流，两岸奇山对峙，峡滩踵接，险滩栉比，江中礁石嶙峋，波涛汹涌，仅从思南至涪陵的 348 千米中，就有大小险滩 100 多处，"乌江天险"之称由此而来。

贵州境内不能自产食盐，古时只能从天府之国进口川盐，这也是为什么川渝、贵州多地，特别是峡江地区，把盐称为"盐巴"，正因为"盐"来自巴渝之地。

贵州喀斯特地貌风光

在川渝至贵州间，自古存在着一条食盐运输通道。川盐运抵涪陵（今属重庆）后，溯乌江，经过至少三次换船抵达贵州各地，但这或许还并非盐油古道的终点，古道还可能继续通过陆路，向贵州腹地及重庆、湖南边境延伸。

同时，乌江沿岸的高山谷地，有着丰富的粮食、木料、药材等资源，尤其盛产桐油，这些特产又顺着乌江流至重庆，入川。这条以乌江为主干道，以运送盐、油为主的古代通道，成为古代贵州与外省物资交换的运输要道，堪称黄金通道，连接了贵、川、渝、湘。

"装不完的郁山，塞不满的重庆"说的便是当时的情形，这种盛况持续了上千年。

"乌江滩连滩，十船九打烂"，为保证物资的运送，乌江沿岸古道整治与纤道开凿也从未停止。

乌江两岸数米高的悬崖陡壁中，至今仍可见高仅容人躬身而行，宽不过三两步的纤道，逼仄陡峭，令人胆战心惊，当年纤夫们就在这其中拉船行走，游走于生死线上。

而今，奔腾如龙的大河被一座座电站所腰斩，那些如泣如歌的历史风云，似乎已经渐行渐远。苍凉的船号子已成昨日绝响，只有嵌刻在峡谷峭壁上长长短短的纤道，提醒着我们这里曾经发生过什么。■

川东平行岭谷和
三峡天险。

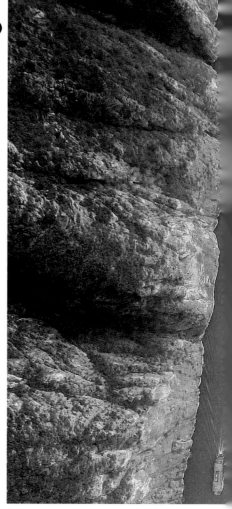

游轮行驶在三峡中

■ 汇入了岷江、沱江、嘉陵江、乌江的长江，水量得到巨大补充后，继续向东而去，来到川东平行岭谷的腹地。

川东平行岭谷与美洲的阿巴拉契亚山、安第斯－落基山，并称世界三大褶皱山系，层状岩石在地壳运动产生的力的作用下弯曲变形，形成褶皱。

而川东平行岭谷，又是其中最典型的一个。

褶皱地貌受力的作用，背斜成山，向斜成谷，山谷相间，彼此平行。其他褶皱山系虽然褶皱明显，但多断裂，而川东平行岭谷30多条山脉，皆作北东走向，地表褶皱绵延紧密，山脉间谷地发育的河流，和长江、四川盆地汇聚的河流一起，顺势东下，没有错乱，没有纵横，山河相间，整齐而规律，就像有人拿篦子理顺了的秀发。

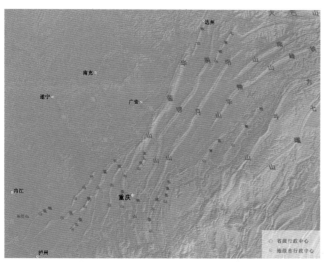

四川盆地东部褶皱地貌图

这样整齐且特征明晰的地貌让川东平行岭谷区成为天然的动植物大观园，山上森林茂密，植物种类繁多，有松科、杉科等120余种，竹资源丰富，还出产许多地道川产药材，包括国家重点保护动物獐子等多种野生动物在此栖息繁衍。

川东平行岭谷就像一个瓶口，将中间低四周高且西高东低的四川盆地的水流都汇聚于此，而它东去的尾端，与东西绵延500多千米的大巴山以及第二、三级阶梯分界线巫山相遇，像一个壶口，将长江从这唯一的出口，"倒"向三峡的狭长地带。

在四川盆地聚集了巨大水流的长江，又遇到第二、三级阶梯的巨大落差，巫山都已无法阻挡它前行的脚步，它就像嘶吼的雄狮，利爪直接切穿高耸的巫山，打破封闭的四川盆地，向第三级阶梯的两湖平原奔泻而去。

长江三峡自然风光

巫山的三个背斜，随着地壳的不断上升和长江千万年的不断侵蚀，最终被切穿，切出了瞿塘峡、巫峡和西陵峡，让东西两条古长江得以贯通，才形成了我们今天看到的连成一条巨龙的长江。

由于三峡是被长江切割而来，这三个大的峡谷两岸高山对峙，崖壁陡峭，山峰一般高出江面1 000～1 500米，最窄处不足百米。全长204千米的江中，滩峡相间，水流湍急，山高峰秀，壁陡峡窄，水曲回环。

三峡是天险，环抱长江的巫山更是人类繁衍的土壤，也是连通中原、川中的要地。

长江巫峡一带生息繁衍着"巫山人"，迄今为止，"巫山人"化石是中国境内发现最早的人类化石，也是亚洲发现最早的人类化石，比云南元谋人早30万年。也因此，这里在历史长河中繁衍出了巫文化、悬棺文化、盐文化、三国文化、峡江文化等，成为巴蜀文化重要的组成部分。

在成为交通要道之后，这里又成为兵家必争之地。从古至今不断有文人雅士因为雄伟壮丽的风景在这里留下绝妙诗词，后人把三峡称为"诗乡"。

长江三峡，这个大自然的鬼斧神工之作，不仅是地质、生物的宝库，更是文化的宝库。■

三峡大坝

奇妙灵动
千姿百态

雪山、森林、湖泊，大自然赋予这里得天独厚的自然景观。你不仅能尽赏秀美山川千姿百态，也能看到憨态可掬的大熊猫、林间飞跃的金丝猴。大自然的奇妙与灵动，亿万年物种繁衍、迁徙与进化的生生不息，以及自然与人类的摩擦与融合，在这一地带都展露无遗。

■ 珙桐是蓝果树科珙桐属中唯一的一个种，主要分布在四川盆地西北缘、云贵高原北缘与湖北、湖南西部所包围的川江流域内，生长于海拔 1 500 ~ 2 200 米润湿的常绿、落叶阔叶混交林中，根据叶背是否密被淡黄色或淡白色丝状粗毛而人为地划分出一个变种——光叶珙桐，但在野外，珙桐与光叶珙桐有大量混生的现象，因此该变种渐渐不被认可后取消。■

珙桐　中国的"植物古董"

物种名片

⊙ 中文名：珙桐
⊙ 学名：*Davidia involucrata*
⊙ 目：山茱萸目
⊙ 科：蓝果树科
⊙ 属：珙桐属
⊙ 保护等级：国家一级重点保护野生植物
⊙ IUCN：无

■ 不在花期时，珙桐融在一片常绿落叶阔叶混交林之中，毫不起眼。这种落叶乔木，高度一般在 10 ~ 25 米，树皮深灰色或深褐色，常裂成不规则的薄片而脱落。纸质的叶片，常常密集生长于当年生的新枝顶端，叶形甚为好看，整体近圆形，叶尖具微弯曲的尖头，基部则凹成心形，边缘具三角形而尖端锐尖的粗锯齿。春夏之际，一树亮绿色心形叶片挂满枝头，生机盎然。

每年四五月间，在叶丛中，有一些"叶片"渐渐开始由淡绿色变为白色，这种白色的特殊叶片在植物学中称为苞片，在 2 枚不等大的纸质苞片下悬挂着一个"小球"，这个小球便是珙桐由数朵小花密集而成的头状花序，这些头状花序里，有的全部由两性花组成，有的则是由多数雄花围绕着两性花或雌花组合而成。待两性花或雌花受粉之后，白色的苞片逐渐变为棕黄色继而脱落，露出一个个紫绿色具黄色斑点的长卵圆状核果，珙桐的高光时刻也就此终结，完成了使命。

珙桐因其 2 枚白色苞片悬挂在长长的花梗上，远远望去好似满树白鸽，故而有"中国鸽子树"之美称。然而，这个中国特有的植物为何是全世界著名的观赏植物呢？这就不得不提到两位西方植物猎人：法国传教士谭卫道（Fr Jean Pierre Armand David），于 1869 年在四川穆坪发现珙桐并将标本带回法国，时隔两年由法国植物学家亨利·埃内斯特·巴永（Henri Ernest Baillon）发表，并以其发现者之名冠以属名 *Davidia*。谭卫道这次带回的珙桐并未在西方成功存活，但是，西方人尤其是英国人对这种美丽树种深深着迷，于是，英国维奇花木公司派著名的植物猎人欧内斯特·亨利·威尔逊（Ernest Henry Wilson），后简称威尔逊，前往中国寻找珙桐树。威尔逊于 1899 年从湖北宜昌逆长江而上，不久便在兴山县发现了珙桐并带回英国，珙桐成功存活。随后，珙桐又相继被引入欧洲大陆及北美洲广泛栽培，逐渐成为世界著名观赏树种。然而，这种原产自我国的大乔木却未在我国遍地开花，目前，也仅有几家植物园及科研院所引种栽培，如杭州植物园、北京植物园等。

珙桐之所以可以在西方广泛栽培可能要追溯到百万年前，当时，珙桐还是个几乎北半球广布种，但在第四纪冰期来临之后，绝大部分分布地的珙桐均灭绝了，因为川江流域有着复杂地形地貌，有一些珙桐个体便幸存下来并繁衍至今，珙桐也因此被称为植物界的"活化石"。

珙桐作为第三纪古热带植物的子遗树种，由于极高的观赏价值以及珍稀濒危的特性，被列为我国一级重点保护野生植物。同时，科研人员已摸清其在国内的分布情况，多采取就地保护措施，部分地区如北京植物园、杭州植物园等先后进行引种栽培、迁地保护等相关研究。希望珙桐树可以早日在我国遍地开花。■

■ 野生的岷江百合主要分布于四川岷江干热河谷两岸的岩壁之上，每年六七月间常是满坡白花的景象。之所以强调野生，是因为岷江百合目前已在北半球广泛栽培，且人为栽培的岷江百合，植株更为高大，有的甚至超过 3 米，花也偏大，有的甚至是野生种大小的两倍，相应地地下的鳞茎也偏大，有的鳞茎甚至有几百枚鳞片。这都是岷江百合强大抗逆性的有力表现。■

岷江百合　世界上最美丽的百合花

物种名片

⊙ 中文名：岷江百合
⊙ 学名：*Lilium regale*
⊙ 目：百合目
⊙ 科：百合科
⊙ 属：百合属
⊙ 保护等级：无
⊙ IUCN：无危（LC）

■ 每年三四月，干热河谷的岩壁上还是一片荒芜，岷江百合的新芽却已迫不及待地钻出地面，以争取更多的阳光。这新芽是从一个地下卵圆形的球状物体中钻出来的，这个球状物体在植物学中被称为鳞茎。

新芽会在一两个月的时间里长高到 1 米左右，茎秆上密被小乳头状突起，狭条形的叶片密集地散生在茎秆之上，叶片边缘与中脉上也密被着小乳头状突起，渐渐地茎秆顶端的一簇叶子变短、变宽。

在这叶丛中，花苞逐渐伸长变大，由绿转白，在六七月间次第盛开出白色的喇叭状花朵。由于百合没有明确的花萼、花瓣之分，所有的花萼、花瓣均称为花被片。岷江百合的 6 枚花被片分为内外两轮，3 枚外轮花被片相较于 3 枚内轮花被片更窄，几乎等长，交错着生，花喉部则是金黄色。仔细观察，在花被片内面基部金黄色部分有 2 条无乳头状突起，这便是岷江百合蜜腺所在之处。

在花梗上着生的圆柱形物体是子房，子房上较细的一根是花柱，柱头膨大便于接收花粉，6 枚雄蕊围绕着雌蕊，花丝由下至上逐渐变细，顶端悬挂着椭圆形的花药，这是释放花粉的地方。

待授粉成功之后，花被片、雄蕊及花柱逐渐脱落，随着子房逐渐膨大成蒴果，蒴果开裂，里面大量具齿的种子随风飘散，至此岷江百合完成了繁衍的使命。

提到岷江百合，不得不提到著名的植物猎人威尔逊。他第二次来到中国西南进行植物采集活动时，在岷江流域采挖了上万个鳞茎带回英国。但由于缺乏经验，保存不力，到了英国后这些鳞茎基本上全军覆灭。而后威尔逊接受了阿诺德树木园的聘请去了美国，但威尔逊一直十分向往我国西南的植物资源，于是，在 1907 年，威尔逊受到哈佛大学的资助，开启了第三次中国西南植物采集之旅，并成功将岷江百合带回哈佛大学。时隔 3 年之后，威尔逊再一次受到哈佛大学的资助来到我国西南山区，此行的主要目的便是采集大量的岷江百合鳞茎。1910 年 8 月，威尔逊在岷江河谷里标记了 6 000 余株岷江百合，以便在地上部分枯萎之后，营养回流到鳞茎里再采集，在回成都休整的途中，威尔逊不幸被滚落的岩石砸伤了腿，落下终身残疾。吸取前两次的经验教训，威尔逊的助手们用泥土包裹着鳞茎，最终成功地将岷江百合带回美国。1912 年 6 月，岷江百合在美国绽放，风靡一时，从此，传入众多西方花园之中。也是在同一年，威尔逊将岷江百合正式命名为 *Lilium regale*。

岷江百合作为中国特有植物，其种质资源现已遍布全球，利用水平远超国内，这值得国人警醒。岷江百合等一批优秀的植物种质资源的流出有其历史原因，在当代中国，对于中国特有植物资源更要注重保护，不得轻易贩售出国而使资源外流。■

■ 红花绿绒蒿是高颜值类群罂粟科绿绒蒿属的一员，主要分布在四川西北部、西藏东北部、青海东南部和甘肃西南部，为中国特有植物。绿绒蒿属植物的花大都呈蓝紫色，很少有红花绿绒蒿这种深红色的花。绿绒蒿属植物多数都入藏药，红花绿绒蒿也是其中之一，故而面临着被采挖的风险，同时，其生境也在不断遭受到破坏，种群存在退化现象。■

红花绿绒蒿　高原上的梦幻之花

物种名片

- ⊙ 中文名：红花绿绒蒿
- ⊙ 学名：*Meconopsis punicea*
- ⊙ 目：毛茛目
- ⊙ 科：罂粟科
- ⊙ 属：绿绒蒿属
- ⊙ 保护等级：国家二级重点保护野生植物
- ⊙ IUCN：无危（LC）

■ 积雪融化，在一簇簇宿存的毛绒绒叶基之中，一片片新叶相继展开，逐渐又形成一丛丛新的植株，在这莲座状叶丛之下是深深扎入土壤的肉质根。红花绿绒蒿的叶全部基生，几乎没有茎秆，每片叶都是全缘叶，倒披针形或狭倒卵形，两面密被淡黄色或棕褐色、具多短分枝的刚毛，叶片明显具数条纵脉，先端急尖，基部渐狭，叶柄基部略扩大成鞘。到了六七月间，叶丛中会冒出几根花葶，花葶上通常具肋，被棕黄色、具分枝且反折的刚毛。深红色的花单生于每根花葶之上，4 枚椭圆形花瓣下垂，只在初开时稍微坚挺一些，能够撑开一点；雌雄蕊藏在花朵深处，多数粉色的条形花丝包围着一个密被淡黄色、具分枝的刚毛的子房，子房上是一根极短的花柱，柱头 4 ~ 6 圆裂；每条花丝顶端变细，连接着黄色的花药。受粉之后，子房逐渐膨大成一个椭圆形蒴果，淡黄色、具分枝的刚毛有时脱落，完全成熟之后，顶端微微裂成 4 ~ 6 瓣，密被乳突的种子便随风或挂在过路动物身上散播出去。

红花绿绒蒿花开时在高山草甸上很难会被忽视掉，植物猎人威尔逊还将其称为"红色情侣"。俄罗斯植物学家卡尔·伊万诺维奇·马克西莫维奇（Carl Johann Maximowicz）在 1859—1864 年考

察了我国多地，采集了大量植物标本，而后在日本访学期间仔细对我国内蒙古及泛喜马拉雅地区的植物进行整理与研究，红花绿绒蒿便于 1889 年悄无声息地被发表了，时隔三四年后才被西方人注意到。于是，英国维奇花木公司再次派威尔逊来到中国，在 1903 年，威尔逊最终在四川西北部松潘古城周边的高山灌丛之中找到了红花绿绒蒿，并将其带回英国，虽未被栽培成活，却让红花绿绒蒿广为人知。

具有开发利用价值的植物一般都面临着被过度采挖的威胁，红花绿绒蒿便是其中一种。对于这种植物，人们应该对其价值真实性进行研究验证，同时，对其人工栽培技术开展相关研究，实现人工栽培可减少对野生种群的破坏。最后，红花绿绒蒿在最新的《国家重点保护野生植物名录》中仍然为二级，采挖红花绿绒蒿将面临着法律的制裁。■

在岷江流域，除了大熊猫，还生活着另一种同样引人注目的动物。它们是人类的远亲——同属于灵长目的川金丝猴。

世界上共有 5 种金丝猴，其中 4 种都在中国有分布，包括川金丝猴、滇金丝猴、黔金丝猴和怒江金丝猴。而它们之中，只有川金丝猴的毛发是真正意义上的金色，让人过目不忘。■

川金丝猴　举世公认的"美猴王"

物种名片

- ⊙ 中文名：川金丝猴
- ⊙ 学名：*Rhinopithecus roxellana*
- ⊙ 目：灵长目
- ⊙ 科：猴科
- ⊙ 属：仰鼻猴属
- ⊙ 保护等级：国家一级重点保护野生动物
- ⊙ IUCN：濒危（EN）

■ 孤立的神农架群体

虽然名字前有一个"川"字，但川金丝猴不只生活在四川，甘肃、陕西、湖北都有它们的踪影，并被区分为四川－甘肃群体、秦岭群体和神农架群体。这其中，四川－甘肃群体是所有川金丝猴的祖先。随着气候变化，神农架群体最先分离，而后，秦岭群体也从祖先群体迁出，形成了现在我们了解到的川金丝猴分布格局。

目前，川金丝猴数量总计有 20 000 多只。根据气候数据预测的川金丝猴生存情况来看，三种川金丝猴群体生存区域能容纳的种群数量，都有着不同程度的减少。虽然川金丝猴百年内不会有灭绝的风险，但也将出现种群数量下降的趋势。其中，神农架的川金丝猴相比其他两个群体更为孤立，遗传多样性低，数量只有不到 1 500 只，这也使这一群体在面临气候变化时会更加脆弱。

"吃货"川金丝猴的四季

神农架自然保护区拥有华中地区面积最大的温带原始森林。这里的山体相对高差大，植被类型丰富，是川金丝猴理想的栖息和繁衍场所。从海拔1 000米左右的阔叶林，到海拔3 000米左右的针叶林，都有川金丝猴生活的痕迹。

这里有它们喜欢的高大乔木，比如巴山冷杉和糙皮桦。这些主要树种不仅能为川金丝猴遮风挡雨，还能帮它们躲避天敌，同时又为川金丝猴提供了大量食物，比如寄生在树上的地衣。

川金丝猴的食谱很丰富，植物的叶、花、芽、果、嫩树皮和种子都是它们的"盘中餐"，主要植物食材能达到118种之多。当然，它们偶尔也会换换口味，将鸟类、鸟卵或昆虫补入菜单。不过，它们具体吃什么食物，要视季节而定，这和人类吃应季的蔬菜水果没有什么不同。

春季，万物萌发新生。对于川金丝猴来说，植物的嫩芽、花蕾、嫩树皮或树枝，正是最鲜嫩的美食。比如红桦的叶子，就是一个不错的选择。

夏季、秋季，果实成熟。川金丝猴开始收获大量植物的花、果实和种子。山杨、糙皮桦的花苞，蔷薇、棉柯的果实，对它们来说最可口不过。

而到了食物匮乏的冬季，树干上的松萝、苔藓和地衣则变成了菜单中最常见的食物。地衣生命力顽强，只要存在适合寄生的宿主树种，都可以顽强地存活下来，它们在炎热或寒冷的极端环境中仍能生存，为川金丝猴提供冬季必要的食物来源。

丰富多样的植物是川金丝猴食物来源的保证，不同植物也都和川金丝猴有着特定的联结。有些为川金丝猴创造出隐蔽居住的场所，有些为川金丝猴提供了丰富的食物，还有些利用川金丝猴传播种子。

一个"吃货"的贡献

一年到头，川金丝猴会吃掉许多植物的果实和种子。种子进入川金丝猴体内后，有些并不能完全消化，便又随着粪便原封不动排出去，被带到更远的区域，实现一场惊心动魄的传播历程。

还有些植物，另辟蹊径，不走从川金丝猴"体内传播"这条险路，而是试图"勾搭"上川金丝猴的毛发，随着它们的活动而完成种子的"体外传播"。

虽然常在高大的乔木之间穿梭觅食，川金丝猴每天还是会花超过1个小时的时间在地面活动，这就为一些草本植物传播种子带来了机遇。这些植物上的一些特殊结构，比如钩和芒，能帮助种子黏附在川金丝猴的毛发上，随着川金丝猴的移动而被带到远方，落地生根。值得一提的是，这种体外传播方式，过去更多发生在地面活动的森林有蹄类动物身上。

通过体内传播和体外传播这两种方式，一只川金丝猴就可以帮助许多种不同类型的植物传播种子，这对于维系温带森林植物种群非常重要。而作为种子传播者，川金丝猴以及其他非灵长类动物都被视为判定森林生态系统是否健康的指示动物。

去看川金丝猴吗？

和大熊猫一样，川金丝猴也为森林中的其他物种撑起了一把"保护伞"。

利用川金丝猴的明星效应，神农架保护区尝试开展生态旅游活动。2006年，保护区开始对区内的川金丝猴神龙潭亚群进行适应性训练，为人们争取更好的观察机会，希望以此促进公众对于川金丝猴的了解，帮助增加当地收入，同时也推动政府对于保护的投入。

不过，生态旅游带来保护成效的同时，也相应产生了一些隐患。出于对川金丝猴的喜爱，人们会不自觉接近这些可爱的动物，甚至可能会向它们投喂许多人类的食物。虽然川金丝猴的食性复杂，但这是它们的肠胃和环境长期适应的结果，人类食物中含有的众多成分，都可能有损川金丝猴的健康。人们的接触和投喂，也

会增加川金丝猴感染肠道寄生虫的风险。

长期处于人类包围的环境，还会对川金丝猴造成很大的压力，导致它们体内的激素水平发生变化，免疫力下降。研究证明，被投食的川金丝猴比野生群更容易感染寄生虫，而严重的寄生虫病会对川金丝猴种群的存活造成巨大威胁。

这提醒我们：喜欢是冲动，保护是克制。正因为关心和喜爱川金丝猴，了解它们作为野生动物的习性和生存法则，我们才更应该克制可能会影响它们的行为。毕竟，对于野生动物最好的保护，就是还给它们自由生长的权利。■

如果它消失了……

由于栖息地与大熊猫部分重叠，随着大熊猫保护区的建立，川金丝猴的种群数量也得到了一定的恢复。相比其他三种金丝猴，川金丝猴的数量和分布范围都更占优势。但是这并不意味着川金丝猴的生存不受威胁。目前为止，川金丝猴依然是国家一级保护动物，世界自然保护联盟濒危物种名录等级"濒危"。

20 世纪 70 年代左右，湖北神农架的川金丝猴栖息地因大规模森林采伐而受到了大面积破坏。随后神农架自然保护区成立，天然林保护和退耕还林工程也相继实施，神农架的森林面积和旗舰种川金丝猴适宜的栖息地面积得以慢慢恢复。充当了"种子传播者"和"保护伞"角色的川金丝猴，在维系温带森林植物种群的同时，也间接保护了相当一部分动物种群。

神农架自然保护区的建立，不仅对川金丝猴神农架群体的生存至关重要，也对维护区域环境意义重大。香溪河和南河两大水系，从这里分别注入长江和汉江。神农架地区丰富的水资源，也成为长江流域水源涵养和三峡水利工程的重要保障。

■ 岷江，自岷山深处发源，从青藏高原跌入四川盆地，海拔跨度超过 4 000 米，是长江上游水量最为丰富的支流。岷江穿过地势起伏的高山峡谷，润泽沃野千里的丘陵盆地，从横断山区的干热河谷流向四季常绿的成都平原。岷江流域创造的这一片沃土，不仅孕育出富饶的巴蜀文明，更滋养了数以万计的自然生命，成为我国西南地区生物多样性的保护地之一。在它的庇护下，大熊猫得以延续至今。■

大熊猫　热度最高的"憨萌国宝"

物种名片

⊙ 中文名：大熊猫
⊙ 学名：*Ailuropoda melanoleuca*
⊙ 目：食肉目
⊙ 科：熊科
⊙ 属：大熊猫属
⊙ 保护等级：国家一级重点保护野生动物
⊙ IUCN：易危（VU）

■ 大熊猫生活在哪里？

走进海拔 1 500 ~ 3 800 米的针阔混交林，便踏入了大熊猫的栖息地。这里气候适宜，乔木茂盛，林下荫蔽处生长着多种竹类，为大熊猫提供了丰富的食物。

对于大熊猫来说，最自在的时光还要数 50 万 ~ 70 万年前的更新世中晚期。那时气候温暖潮湿，竹子生长旺盛，北至北京周口店，南至缅甸，都有大熊猫生活的化石证据。这时期的人类，还处于直立人向早期智人的过渡阶段。

不幸的是，随着第四纪冰期后造成的气候巨变，大熊猫适宜生境迅速减少，种群大面积衰退，分布区缩小到仅我国南方地区。与大熊猫伴生的哺乳动物，也大多被新的物种所取代。

在这之后，大熊猫又安稳生活了 1 万多年，直到人类开始展现出前所未有的影响力。大规模的生产建设，对大熊猫栖息地造成了巨大的干扰和破坏。如今，大熊猫仅在四川、陕西、甘肃的部分山区还有分布。它们栖身于长江上游向青藏高原过渡的高山深谷，主要包括秦岭、岷山、邛崃山、大小相岭和大小凉山。

从"食铁兽"到憨萌国宝

在中国古代典籍中，大熊猫一直被视作勇猛的象征，曾用名包括"貔貅"和"食铁兽"这样形容猛兽的称呼。而现在，大熊猫却依靠憨厚可爱的外形，博得了人们的关注与喜爱。

作为中国的特有物种，大熊猫 19 世纪才走进国际视野，这都要归功于法国传教士谭卫道。1869 年，谭卫道在四川宝兴发现了大熊猫的兽皮，而后将标本寄回法国自然博物馆研究，宣布发现了一种前所未见的新物种。大熊猫这种新奇的动物，由此引发了国际社会的强烈震动。

值得一提的是，除了大熊猫，谭卫道还对许多中国本土的野生动植物进行了科学的描述和命名，这其中就包括"四不像"麋鹿、"鸽子树"珙桐和金丝猴等现在已经广为人知的野生动植物。

谭卫道之后，美国服装设计师露丝 (Ruth Elizabeth Harkness) 成为第一个把活体大熊猫带出中国的西方人。1936 年，露丝设法将一头只有 9 周大的大熊猫幼崽"苏琳"运送出国，带到美国进行展览。"苏琳"立即吸引了数以万计的美国人前去参观。可惜的是，生活在陌生的人工环境中，年幼的"苏琳"1 岁多就离开了世界。

"苏琳"大概不会想到，在此之后，陆续会有更多大熊猫远渡重洋，作为国宝和友好使者前往世界各地的动物园。不过它们的命运要比"苏琳"好得多。在研究人员的努力下，人工圈养

条件下的大熊猫饲养和繁育技术已经逐渐成熟。

科研为大熊猫保驾护航

实际上，人们对大熊猫的科学研究只有不到 100 年时间。基于谭卫道和露丝掀起的"熊猫热"，国外于 20 世纪 30 年代开始进行最早的大熊猫生境选择研究。1963 年，我国建立了第一个以大熊猫保护为主的卧龙自然保护区。20 世纪 70 年代中后期，四川地区发生竹子大面积开花死亡的现象，人们普遍认为，这是导致大熊猫数量减少的主要原因。为了更好地开展大熊猫保护相关工作，1978 年，"五一棚"生态观察站在卧龙成立。随后，1980 年，世界自然基金（WWF）进入中国，乔治·夏勒（George Beals Schaller）带领团队与中方专家胡锦矗联合开展大熊猫的生态研究，在"五一棚"获得了大量宝贵的第一手资料。

对竹子开花现象的研究发现，一片竹林通常只是同一株竹子的地上分身，开花则是这株竹子生命历程的环节之一，经过一段时间的"死亡"后，竹子又会重新生长发芽。不过，大片竹子的死亡，也意味着大熊猫将失去它们赖以生存的食物。本来就数量稀少的大熊猫，会因此而遭受灭顶之灾吗？

这个问题的答案并不绝对，它大致取决于两个条件：其一，除了开花死亡的这片竹子，是否还有其他种类的竹子存活？其二，大熊猫是否有机会转移到其他有竹子的地方？这两个条件也关系着大熊猫食性和栖息地的研究。

大熊猫的食谱中虽然 99% 都是竹子，但竹子种类并不单一。在岷山地区，大约分布有 12 种大熊猫的主食竹类，不同竹子的开花时间有所差异。若是遇到单一竹种大面积开花的情况，其他竹种的存在一定程度上可以减缓大熊猫面临的威胁。

不过，即使在有多种竹类生长的区域，大熊猫

也依然面临着竹子开花带来的生存威胁。这些竹子可能分布在山中的不同区域，要想获得其他主食竹，大熊猫必须顺利进行区域转移。这对于生活在 2 000 年前的大熊猫可能不是难事，但对于现在的大熊猫来说，可能就是难以逾越的沟壑。

出于经济发展的需求，人们一度无节制地砍伐森林，扩大耕地面积，修建基础设施，疯狂拓宽人类居住地，这些都成了大熊猫进行区域转移的巨大障碍。20 世纪五六十年代，为了支援宝成铁路建设，为其提供优质的冷杉和云杉，王朗保护区里大约一半的树木被砍伐，成片的山林遭到破坏。当完整的大熊猫栖息地被割裂为破碎的空间时，大熊猫也会因此丧失获取其他竹类的可能性。不仅如此，栖息地破碎化也会阻碍个体间的交流。这对于本来就不易繁殖的大熊猫来说，无异于雪上加霜。

守护大熊猫的家园

为了恢复大熊猫栖息地，继卧龙自然保护区之后，数个针对大熊猫保护的自然保护区陆续成立，比如 1978 年建成的唐家河自然保护区。唐家河连同王朗、东阳沟、小河沟、甘肃白水江等自然保护区，构成了连接岷山山系北部大熊猫种群的重要走廊地带。得益于大熊猫保护的成果，唐家河内的其他动物也得到了保护和恢复。如今，这里已经成为国内森林兽类遇见率最高的地区之一。

从 20 世纪 60 年代至今，我国先后建立起 67 个大熊猫自然保护区，即便如此，仍然有野生大熊猫栖息地和野生大熊猫种群处于自然保护区以外，它们大部分位于国有林区和国有林场的辖区内。

王朗国家自然保护区 | 图片来源：视觉中国

2014 年，四川省国有林区、国有林场大熊猫保护联盟成立，覆盖了岷山、邛崃山和凉山在内约 3 000 平方千米的野生大熊猫栖息地和 246 只野生大熊猫。

2016 年，第四次大熊猫调查结果表明，野生大熊猫数量回升至 1 864 只。同年，世界自然保护联盟物种红色名录（IUCN Red List of Threatened Species）中大熊猫受威胁的等级，由濒危（CR）调整到易危（VU）。出于对大熊猫野外栖息地恢复等整体保护效果的慎重评估，经过 5 年的研究论证，国内于 2021 年接受了大熊猫受威胁等级的调整。即便如此，野生大熊猫和大熊猫野外栖息地仍遭受着持续的威胁。

2017 年，我国正式启动大熊猫国家公园体制试点，计划连通原本分散的大熊猫保护区，恢复大熊猫栖息地的完整性，增加大熊猫及其伞护物种的生物多样性。

保护不是一件孤立的事情

野生动物的生存状况，似乎从一开始就面临着与人类发展相悖的局面。狩猎采集、扩大耕地、砍伐森林、修建基础设施等人类活动，使野生动物丧失了大量栖息地。而野生动物栖息地的恢复和保护，也同样会对当地人的土地利用方式和生活提出新的挑战。如何缓解保护与发展的冲突，也是一直以来人们关注的重点。

拿四川平武县来说，20 世纪八九十年代的"木头财政"，成了当地主要的收入来源。毫无节制地砍伐，对当地环境影响巨大。1998 年大洪水过后，天然林砍伐造成的环境灾难让人们终于意识到封山育林的重要性。之后，四川率先实施天然林的"禁伐令"，从此"木头财政"

成为历史。

从林场到保护区的转变，不仅迫使当地人寻找新的生计方式，森林面积的恢复，也使得野生动物重新向外扩张，将足迹延伸至人类的生活区域，产生屡见不鲜的人兽冲突现象。羚牛、黑熊、野猪等动物，都会不同程度损害农作物和林果，有些亦会偷食家畜，严重的还有可能造成人员伤亡。

缓解人兽冲突的关键，在于提高当地群众对于野生动物肇事的容忍程度，帮助他们从与野生动物保护相关的活动中获益。

从 2007 年起，山水自然保护中心开始了大熊猫栖息地的社区保护工作。在平武县关坝村，为村民提供生态养蜂技术，寻求可持续生计方式的转变。村里经验丰富的老猎户，也加入了保护地的巡护队伍。

2011 年，大自然保护协会作为非政府组织，参与了平武县老河沟自然保护区建立初期的规划、科研和管理，并探索开放式的社区参与机制，调动社区的积极性，促进保护与发展的结合。

在政府、非政府组织、科研机构和社会各界的共同努力下，大熊猫保护取得了诸多令人瞩目的成果。然而，从单个物种到多目标物种保护，从宏观调查到微观研究，从大熊猫栖息地重建到区域生态系统修复，从自然保护到经济发展……依然存在许多亟待解决的问题。大熊猫和它的邻居们，还需要更多的关注、热爱、理解与支持。

从青藏高原至四川盆地，岷江流域不只有巍峨壮丽的大好山河，还有绵延不息的生命万物。■

如果它消失了……

纵观物种演化的进程，无论诞生或灭绝，都遵循着一套既定的自然规律。45亿多年的地球历史中，气候剧变，大陆漂移，食物链顶端的王座不断易主，生命一代又一代更迭。人类不过是近百万年间才异军突起的一个灵长类分支，而和大熊猫同时代的物种如今已所剩无几。那么，大熊猫的未来是否也会"按部就班"地消失于历史长河？

答案当然是否定的。地球或许可以失去大熊猫，自然界中自有其他生命前来补位。可人类不能没有大熊猫。通过大熊猫——这一第四纪冰期的幸存者——我们得以探究地球的环境变化，追溯物种的演化信息。大熊猫体内独特的基因片段，亦是生物多样性宝库中一份珍贵的收藏。

不仅如此，大熊猫也早已成为重要的文化象征，呆萌的形象深入人心。由大熊猫引发的关注和保护，使与大熊猫同域分布的物种一并得到庇佑，更为世界架起了友好交流的桥梁。

■ 在中国特有的动物中，70% 的森林鸟类、70% 的森林哺乳动物、30% 的森林两栖动物都能在大熊猫栖息区域中找到。在岷江流域这一片沃土的庇护下，小熊猫、亚洲黑熊、扭角羚、亚洲金猫等物种伴随着大熊猫生存至今。■

天府群星：小熊猫　扭角羚　亚洲金猫　亚洲黑熊

物种名片

- ⊙ 中文名：小熊猫
- ⊙ 学名：*Ailurus fulgens*
- ⊙ 目：食肉目
- ⊙ 科：小熊猫科
- ⊙ 属：小熊猫属
- ⊙ 保护等级：国家二级重点保护野生动物
- ⊙ IUCN：濒危（EN）

物种名片

- ⊙ 中文名：亚洲黑熊
- ⊙ 学名：*Ursus thibetanus*
- ⊙ 目：食肉目
- ⊙ 科：熊科
- ⊙ 属：熊属
- ⊙ 保护等级：国家二级重点保护野生动物
- ⊙ IUCN：易危（VU）

物种名片

- ⊙ 中文名：扭角羚（四川羚牛）
- ⊙ 学名：*Budorcas taxicolor*
- ⊙ 目：鲸偶蹄目
- ⊙ 科：牛科
- ⊙ 属：扭角羚属
- ⊙ 保护等级：国家一级重点保护野生动物
- ⊙ IUCN：易危（VU）

物种名片

- ⊙ 中文名：亚洲金猫
- ⊙ 学名：*Catopuma temminckii*
- ⊙ 目：食肉目
- ⊙ 科：猫科
- ⊙ 属：金猫属
- ⊙ 保护等级：国家一级重点保护野生动物
- ⊙ IUCN：近危（NT）

■ 大熊猫的伞护效应

据统计，大熊猫栖息地中还分布有 70% 的中国特有林栖鸟类、70% 的森林哺乳类和 30% 的森林两栖类，其中很多都是大熊猫的伴生动物。它们可能和大熊猫拥有同一处水源地，可能会和大熊猫抢夺隐蔽场所，可能对大熊猫幼崽造成威胁，也可能相互影响。

因此，在大熊猫栖息地受到威胁的情况下，这些动物的生存境况也同样令人担忧。而相应地，恢复大熊猫栖息地，是否也意味着可以保护同一地区生存的其他动物？

小熊猫

被大熊猫抢走"熊猫"称号的小熊猫，以同样憨萌的气质，逐渐受到人们的喜爱。小熊猫和大熊猫食性相似，都以竹类为主食。不过小熊猫更常取食竹叶部分，且活动区域的坡度比大熊猫的更大。从种群数量来看，小熊猫虽然多于大熊猫，但实际上受到的威胁并不比大熊猫小。

除了栖息地丧失，小熊猫还一直因好看的毛皮而受到偷猎，种群数量持续减少。在世界自然保护联盟物种红色名录中，小熊猫被列为濒危。而在《国家重点保护野生动物名录》中，小熊猫的保护级别目前还是二级。

研究发现，小熊猫的两个亚种应该提升为中华小熊猫和喜马拉雅小熊猫这两个独立种。从亚种提升至种，意味着单个种的小熊猫种群数量将更为稀少，但这或许能够帮助人们更好地认识到小熊猫受威胁的生存现状。

亚洲黑熊

大熊猫的另一位远房亲戚——亚洲黑熊，在我国有着广泛分布。在四川地区与大熊猫同域分布的，主要为亚洲黑熊的西南亚种。即便分布广泛，亚洲黑熊的生存仍然受到严重威胁，被列为国家二级保护动物。

受经济利益的驱动，野生黑熊一直是人类热衷的捕猎对象。面对长期以来偷猎者的机关陷阱和恶意报复，幸存下来的黑熊个体已经变得极为谨慎，对于任何掺杂着人类气味的物体都表现得十分戒备，包括调查野生动物常用的红外相机。也因此，目前野生黑熊的研究还较为有限，而对于同一片区域内大熊猫和黑熊的生境选择差异，我们也了解甚少。

扭角羚

与行踪不定的亚洲黑熊相比，扭角羚可谓是四川地区最常见的大熊猫伴生动物，因此也称为四川羚牛。不过，虽然羚牛和大熊猫的分布区域有重叠，但是它们喜欢的具体生境却不太一样。大熊猫更偏爱竹子生长旺盛的茂密森林，体形更大的羚牛则更常出现在乔木密度较低的林中。

岷山山系和邛崃山系是四川羚牛分布最集中的区域，虽然整体数量不多，但在保护区内，羚牛局部种群数量已经得到了很好的恢复，甚至对保护区内部分植物的生长造成了影响。由于缺乏天敌的制约，在生存环境得到改善后，羚牛等食草动物的数量将会出现较为明显的回升。

亚洲金猫

凭借"熊"的体形和食肉目的"光环加持"，大熊猫在野外几乎没有天敌。但对于大熊猫幼崽来说，它们依旧面临着来自一些食肉动物的威胁，比如亚洲金猫。在岷山区域，虎、豹、豺等大型食肉动物的缺失，使得体形中等的亚

洲金猫成为最大的食肉动物之一。

作为大熊猫分布区内为数不多的顶级猎食者，亚洲金猫对于控制区域生态系统中的部分鸟类、食草动物和小型兽类数量尤为重要。但研究表明，亚洲金猫野外种群数量也呈现出了下降趋势。2021年发布的《国家重点保护野生动物名录》中，亚洲金猫的保护级别从二级提升为一级。

在大熊猫的伞护效应下，动物们迎来了不同的命运。

最新大熊猫栖息地红外相机数据的分析结果表明，中华斑羚、羚牛等物种的生存质量都有了明显提升，但亚洲黑熊、林麝等物种种群的分布和数量均出现了显著下降。同时，金钱豹、雪豹、狼和豺这4种大型肉食动物的分布范围，相比20世纪60年代也呈现出大面积下降。

可以发现，我们所期待的大熊猫伞护效应，并没有保护好所有的野生动物。这样的结果不禁引起人们的反思，针对单一物种的栖息地恢复，是否足以惠及其他所有物种？

对于亚洲黑熊和林麝来说，它们的活动区域虽然和大熊猫有所重叠，但实际生境选择却更为广阔。现有大熊猫保护区集中在中高山地生态系统，缺少对亚洲黑熊等物种所需的低海拔次生林和河谷区域的关注。而大型食肉动物相比大熊猫，则需要更大更连续的栖息地，并且依赖于充足的猎物，才能维持种群生存。

由此看来，和大熊猫同域分布的不同物种，虽然大尺度上有所重叠，但在小尺度上却做出了更具差异化的生境选择。因此，对于大熊猫单个物种的关注，反而造成了保护空缺，增大了其他物种面临的生存挑战。

从长远来看，在大熊猫国家公园建立的基础上，我们有必要将视野从单一物种延伸到多物种，合理分配保护资源，促进恢复更加完整的生态系统。除此之外，保护的实践过程中还面临着许多现实问题。■

■ 分布在我国的穿山甲主要是中华穿山甲，栖息于南方各省的热带、亚热带地区。穿山甲栖息于丘陵山地的树林、灌丛、草丛等各种环境，极少在石山秃岭地带出现。■

穿山甲　地球上古老的类群之一

物种名片

⊙ 中文名：中华穿山甲
⊙ 学名：*Manis pentadactyla*
⊙ 目：鳞甲目
⊙ 科：鳞鲤科
⊙ 属：鳞鲤属
⊙ 保护等级：国家一级重点保护野生动物
⊙ IUCN：极危（CR）

■ 小时候看过一部动画片《葫芦娃》，记得里面有这样一个镜头：穿山甲为了营救葫芦兄弟，惨死于蛇精之手。那个时候人们对动画片中穿山甲的形象充满了无尽的崇拜，同时更加憎恨那只蛇精。

地球上古老的类群之一

穿山甲是一个古老类群，在地球上生存了至少4 000万年。中国人早在2 000年前就对穿山甲有了认知，屈原在《天问》中写道："延年不死，寿何所止？鲮鱼何所？鬿堆焉处？"这里的鲮鱼，也被称作鲮鲤，其实就是穿山甲。古人认为穿山甲身上布满鳞片，如鲤鱼一般，因此称之为"鲮鱼"。

三国至西晋初期，穿山甲形状的陶俑被当作冥器使用，在长江流域成为镇墓兽——棺木守护者。比如，1956在湖北省武汉市武昌区莲溪寺出土的东吴墓葬中有1只陶制穿山甲。1986年，武汉市黄陂县滠口区出土2件吴末晋初时期的黄釉青瓷穿山甲。为何墓葬中会出现穿山甲的形象？一个可能的推断是长江中下游地区气候潮湿，容易滋生白蚁，而白蚁喜欢啃食木材。古人知晓穿山甲食白蚁的习性，因此制作穿山甲的陶俑守护棺木。

现实中,穿山甲是唯一身披鳞片的哺乳动物。目前全球共有8种穿山甲,其足迹遍布东南亚、南亚和撒哈拉以南的非洲。穿山甲善于打洞,前肢挖土,后肢推泥,遇到吵扰,它就会迅速遁土而去,故称"穿山甲"。穿山甲适合打洞和其鳞片的特殊结构有一定的关联。吉林大学的马云海研究表明,穿山甲鳞片是由极细的棱柱结构单元和叠片结构单元混合形成的面,其鳞片整体呈现出纵向棱纹与横向凹槽交错变化的非等格几何网状形态,这种结构具有极强的耐磨性。

分布在我国的主要是中华穿山甲,栖息于南方各省的热带、亚热带地区。穿山甲栖息于丘陵山地的树林、灌丛、草丛等各种环境,极少在石山秃岭地带出现。吴诗宝在大雾岭自然保护区对穿山甲冬季栖息地的选择研究表明,其最偏爱针阔混交林,最排斥针叶林,倾向于栖息在陡坡、干扰程度小、林下草灌层盖度高、距离水源较近的生境。穿山甲洞穴多随季节和食

物而变化。穿山甲平常无固定住所,随觅食时所挖洞穴而居,栖息一两晚,如果觅得地下的大蚁巢,停留时间就会长一些,吃完巢蚁才走。穿山甲白天多蜷缩于洞内酣睡,无洞不能度日;入夜外出觅食,一个夜晚常于数个山头活动,达 5~6 千米之遥。

穿山甲的主要食物为白蚁,吴诗宝的研究表明,大雾岭自然保护区的中华穿山甲最喜爱的蚁类是台湾乳白蚁、黄翅大白蚁、双齿多刺蚁,其食谱由 11 种蚁类构成。穿山甲能泅渡大河,游速超过一些蛇类,即使驮着幼兽泅水。它也能攀爬斜树,往往循蚁迹上树,以尾绕附树枝,饱食之后有时就在树枝上睡觉。但穿山甲不会从树上往下爬,只会甩身掉地,随即蜷作一团。穿山甲遇敌或受惊时蜷作一团,头被严实地裹在腹前方,并常伸出一前肢做御敌状;若在密丛等隐蔽处遇人,则往往迅速逃走。

之前的研究认为:穿山甲的生态价值主要体现

在对森林害虫白蚁的防治上。过去，人们认为白蚁危害多种林木、水利堤坝和房屋建筑，而穿山甲主食白蚁，自然可以保护森林。其实，这种看法是非常片面的。自然界不存在害虫和益兽之分，所有的害与益都是人类根据自身的利益而评判的，符合人类利益的为益兽，不符合人类利益的则为害虫。但放到整个自然界中来看，人类的评判是不成立的。就拿白蚁来说，它们对人类而言是害虫，可是对于自然界它们不可或缺。

在森林中，白蚁最大的作用是分解死亡的树木，加速物质和能量循环。除了分解死去的树木，白蚁也会攻击活着的树木，人类可能据此认定白蚁是害虫。其实，白蚁所攻击的树木多是老弱病残。健康的树木会分解足够的防御性化合物，令白蚁望而生畏。白蚁是名副其实的森林清洁工。在以色列的沙漠地带，每公顷内的白蚁可以把 237 千克的碳和 4.3 千克的氮从死亡的植物里转移出来。但是，如果白蚁过度繁衍，

一样会给人类社会带来严重的危害。全国白蚁防治中心称，白蚁会危害房屋建筑、文物古迹、水利工程、园林植被、农林作物、通信电力、市政设施等多个领域。

大自然的精妙就在于通过复杂的食物网维持动态平衡，不至于使某一个家族过于庞大。在健康的生态环境下，白蚁难以成灾，因为存在诸多以白蚁为食物的动物——比如穿山甲，控制和制约它们。然而，正是因为人类破坏了自然的平衡，才使得白蚁成灾。

多种因素导致穿山甲面临濒危

自古以来，中国人熟知穿山甲的药用价值，《本草纲目》上记载："鳞可治恶疮、疯疟，通经、利乳。"认为其鳞片有通经络、下乳汁、溃痛疮、消肿止痛之功。因此穿山甲是名贵的中药材原料，是我国 14 种重要的药用濒危野生动物之一。其实，对穿山甲的鳞片进行化学分析表明，其

鳞片含有大量的碳、氢、氧及氮元素,其次为硫、硅、铁、铝、钙,此外鳞片内层中含有少量磷元素。

正是穿山甲的鳞片被认为具有药用价值,使得它们的遭遇极为悲惨。过去,我国南方许多地方市场常有穿山甲售卖,特别是在夏、秋季节。但近 10 年来穿山甲年年减少,国家收购部门基本上收购不到。据广东省有关部门反映,早年仅韶关一个地区每年就可收购穿山甲百担以上,现在全省总计也只有几担,多数地区已片甲难收了。由此可见穿山甲资源遭受了严重破坏。

据广东省昆虫研究所的刘振河和徐龙辉调查,捕捉穿山甲的猎人用训练过的猎犬助猎,或者使用循迹追踪、寻洞挖捕等办法,每年捕获大量穿山甲,特别是在夏、秋这两个穿山甲的主要繁殖季节,猎捕更易得手。同时,山林大量开发,穿山甲的栖息地不断减少,又缺乏有效的保护措施,所以目前多数地区的穿山甲资源面临绝境。过度猎捕利用、生境破坏、外来物种入侵以及自身繁殖力低下,是穿山甲面临濒危的主要原因。

过度猎捕利用是穿山甲资源濒危的主要原因之一,这种强大的破坏力远远超过了穿山甲维持自身种群结构稳定性的能力,导致穿山甲种群逐渐衰退。

穿山甲的濒危还有自身的一些因素。穿山甲主要栖息在亚高山及丘陵地带的阔叶林、针阔混交林及灌草丛内,对生境选择极为严格。它是狭食性的动物,只食蚁类,因而对环境变化的适应能力特别差,一旦栖息地遭受破坏,其种群数量就会在较短的时间内迅速下降。穿山甲繁殖力低下,一般一胎一崽,每年一胎,因而种群数量增长缓慢。穿山甲是狭食性动物,进化程度低,对新的环境适应能力差,这也是难于人工驯养的主要原因之一。一旦被大量捕杀,其种群数量下降后就很难恢复。如果种群密度很低,就可能在某一地区绝迹。加上穿山甲御敌能力弱,逃跑速度又十分有限,而且大部分时间是在洞中度过的,猎人捕捉它就犹如瓮中捉鳖,只需挖洞或烟熏即可,因此,它很难逃脱猎人或猎物的追捕。

此外,中华穿山甲还面临外来物种——马来穿山甲的威胁。在我国东南沿海省份(特别是广东)以及广西、云南,每年至少有上千只穿山甲被查扣后放生到当地的保护区,涉及的种类主要是中华穿山甲和马来穿山甲,其中马来穿山甲占三分之一。马来穿山甲和当地保护区内的中华穿山甲生态位相似(主要表现在食性、活动习性、生境选择上的相似),是一对竞争物种。一旦马来穿山甲适应当地环境并壮大,就会产生较大的竞争排斥力,对处于濒危状态、生存竞争力较弱的中华穿山甲来说又多了一种致危因素,从而进一步加重了中华穿山甲资源的濒危。

我国立法保护穿山甲

为加强对穿山甲的保护,我国于 2007 年严格禁止从野外猎捕穿山甲;2018 年 8 月,全面停止商业性进口穿山甲及其制品,并通过开展专项行动等措施,加大对破坏穿山甲等野生动物资源犯罪的打击力度。但由于该物种栖息地不断受到干扰破坏,对滥食穿山甲惩处力度不够等原因,穿山甲资源急剧下降趋势未能彻底扭转。

2020 年 6 月 5 日,国家林业和草原局发布公告,为加强穿山甲保护,经国务院批准,现将穿山甲属所有种由国家二级保护野生动物调整为国家一级保护野生动物,自公布之日起施行。随后,最新版的《中国药典》中将穿山甲"除名"。与此同时,《濒危野生动植物种国际贸易公约》将全球现存的 8 种穿山甲全部列入了《濒危野生动植物种国际贸易公约》(CITES) 附录 I。■

■ 在中国四川省，岷江上游，从遮天蔽日的山峰中往里望去，狭长的河道里水流清冷且湍急，江面上仿佛还泛着淡淡寒光。不似长江源头的涓涓细流，这里集聚了充沛的雨水和山谷落差所带来的水势，水流汹涌，长年累月地向成都平原冲刷着。这里栖息着我国仅有的三种哲罗鲑之一的川陕哲罗鲑。■

川陕哲罗鲑　历史和气候变化的见证者

物种名片

⊙ 中文名：川陕哲罗鲑
⊙ 学名：*Hucho bleekeri*
⊙ 目：鲑形目
⊙ 科：鲑科
⊙ 属：哲罗鲑属
⊙ 保护等级：国家一级重点保护野生动物
⊙ IUCN：极危（CR）

■ 哲罗鲑属是鲑形目，鲑亚目，鲑科中的一属，全球共现存 5 种，是大型肉食性冷水鱼类。川陕哲罗鲑是世界上分布最南（北纬 29°～33°）的一种哲罗鲑，国内外鱼类学家认为它们是在第四纪冰川时期气候变冷时从北方迁徙而来，等到冰期结束后留在水温较低的高海拔河流中，是冰川结束后沧海桑田、山川地理巨变的见证者和幸存者。

川陕哲罗鲑在高原鱼类中依然算得上体形巨大，成鱼体长一般在 40 厘米以上，最长纪录超 2 米，重量逾 50 千克。体长椭圆形，略侧扁，腹部圆，

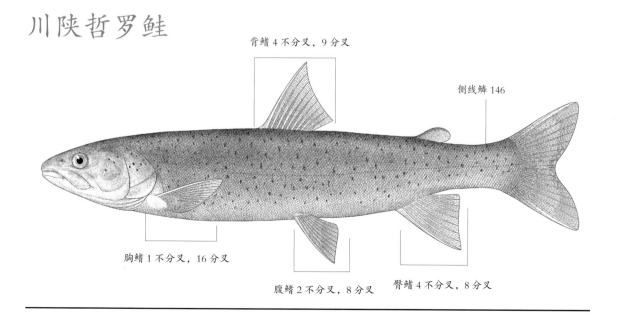

川陕哲罗鲑

背鳍 4 不分叉，9 分叉

侧线鳞 146

胸鳍 1 不分叉，16 分叉

腹鳍 2 不分叉，8 分叉

臀鳍 4 不分叉，8 分叉

这种流线形身材给予了它们极强的游泳能力，丝毫不惧高原地区的寒冷激流。它们口大，向后方斜裂开，延伸至眼球中部或后缘的下方。上颌稍突出，略长于下颌；上颌骨细长，向后伸过眼后缘，牙齿呈锥形，末端锋利，斜向内方，犁骨轴部每侧有四大牙齿，食肉且凶猛，是毋庸置疑的顶级掠食者，幼鱼阶段就能够捕食小鱼和底栖动物，成鱼则是以裂腹鱼、鳅类等鱼类为主，亦有能力捕食水鸟和水生兽类，有时也吃腐肉。清冷水面下，伴随着强有力的游动，它们体侧和鳃盖上的不规则灰黑色斑点晃动着，仿佛扑食猛虎，颇具威势，因此也负有"水中老虎"之名，被当地人称为虎鱼、猫鱼、虎嘉鱼。

据《四川鱼类志》记载，在 20 世纪，川陕哲罗鲑曾经分布甚广，岷江、青衣江上游和大渡河中上游均有川陕哲罗鲑分布，另外在青海省班玛和陕西省太白县也有记录，是不少流域的当地居民眼中的重要食用鱼类。除此以外，川陕哲罗鲑对玛柯河边的藏族群众还有着特殊的意义，每当春季见到川陕哲罗鲑在特定区域内出现时，便是种地的好时节了。

资源现状与历史变迁

从 20 世纪 60 年代起，川陕哲罗鲑资源量锐减，分布区域也不断缩小。以大渡河流域为例，自 1950 年到 2012 年的 60 多年间，川陕哲罗鲑的分布范围急剧缩小，栖息地损失率超过90%。

水产科学家们认为各种人类活动在一定程度上造成了这一断崖式下降，如环境恶化、过度捕捞、水利工程建设等。其中过度捕捞、在繁殖期间捕捞产卵亲鱼等行为对种群的自我再生能力造成了破坏，导致种群恢复能力下降，是川陕哲罗鲑种群数量下降的重要因素。而更为严重的非法电、毒、炸鱼等行为，给本不乐观的川陕哲罗鲑种群带来灭顶之灾。

另外，川陕哲罗鲑是在产卵季节有短距离生殖洄游习性的高原冷水鱼类，在其生活史的不同阶段，对栖息的环境都不尽相同，对栖息地的要求极高。通过对川陕哲罗鲑分布河流生境进行调查，科学家们认为，川陕哲罗鲑偏好水深较深，水流湍急，水温低（9.7 ~ 13.8℃）且水质清澈透明，砾石、粗砂底质，河道宽窄变化，河流形态滩潭相间的山区河段。约莫到了春分时节，它们通常会短距离洄游到支流深水潭附近水流稍缓的滩口浅水处产卵，这就意味着它们需要畅通无阻的洄游通道。水利工程则对此带来多方面的影响。首先水利开发和河道的采沙等人类工程类似，都使部分适宜川陕哲罗鲑的生境消失，压缩了栖息地范围。而拦河筑坝不可避免地会对上下游的水文环境带来影响，包括洪水脉冲模式、河流的冲刷力、泥沙和水温变化的过程等，从而进一步影响当地的水生动植物群落。同时有的地方还会阻拦川陕哲罗鲑的生殖洄游路径。

到 20 世纪末期，川陕哲罗鲑的野生种群数量已极其稀少，人们几乎没有再从野外看到它的踪影，它因此被称为"水中大熊猫"。1988 年川陕哲罗鲑被列为国家二级保护野生动物，2008年被《中国濒危动物红皮书·鱼类》列入濒危物种名录，2012 年在世界自然保护联盟中被列为极度濒危。在 2021 年发布的最新修订的《国家重点保护野生动物名录》中被升级为国家一级保护野生动物。■

如果它消失了……

在川陕哲罗鲑面临着危机的同时，宣传与保护也正进行着，它们的生存状况牵动着一众专家学者和环保人士的心。

早在 2012 年，川陕哲罗鲑在陕西绝迹后的第 15 年，陕西太白县太白河镇农民在汉江上游发现 19 尾疑似川陕哲罗鲑的成鱼。在中国水产科学研究院长江水产研究所的专家鉴定确认后，便开始了人工繁殖的探索。2013 年，川陕哲罗鲑首次繁殖成功，获开口仔鱼 2 000 多尾，此后也实现了人工繁殖的连续成功。2020 年，四川省也传出首次放流川陕哲罗鲑的喜讯，共放流 60 尾，和 10 万尾重口裂腹鱼、齐口裂腹鱼一起流入雅安拐子沱。

2021 年 7 月，全国最大的川陕哲罗鲑保种基地落户雅安，全面开展川陕哲罗鲑的人工繁育和保育研究。相信全面、系统地建设川陕哲罗鲑的种质资源基因库，将会在不久的未来为人工增殖放流提供充足的苗种，同时在全面禁渔的保护政策下，"水中老虎"不会消失，长江里又能再现它们的雄姿。

■ 行至雅安，已是四川盆地和青藏高原交汇之处，群山环绕，山脉纵横交错。独特的亚热带季风性湿润气候导致的强降水为雅安带来了雨城之名，也滋养了当地的水系，不仅河流密布，水体还拥有着较高的含氧量。雅鱼便是栖息在这样清冷的河底。■

雅鱼　栖息清冷河底的"天下奇鲜"

物种名片

⊙ 中文名：雅鱼（齐口裂腹鱼）
⊙ 学名：*Schizothorax prenanti*
⊙ 目：鲤形目
⊙ 科：鲤科
⊙ 属：裂腹鱼属
⊙ 保护等级：无
⊙ IUCN：无

■ 雅安又称雨城、天漏，传说为女娲炼石补天之地。女娲炼石补天之后，将其佩剑化作雅鱼，以守天漏。自古以来，雅鱼与细腻的"雅雨"、秀美的"雅女"并称为雅安三绝，久负盛名。

雅鱼，古称丙穴鱼，形似鲤，鳞细如鳟，隶属于鲤科、裂腹鱼亚科。雅鱼包括齐口裂腹鱼、重口裂腹鱼、异唇裂腹鱼、隐鳞裂腹鱼4种，数量上以齐口裂腹鱼为主，重口裂腹鱼、异唇裂腹鱼、隐鳞裂腹鱼为省级重点保护水生动物。

雅鱼体内有一柄"宝剑"，位于头躯相连之处，上接头颅，下连身躯，所有鱼类当中，唯有雅鱼躯体有如此形似宝剑的鱼骨，剑柄、剑把、

齐口裂腹鱼

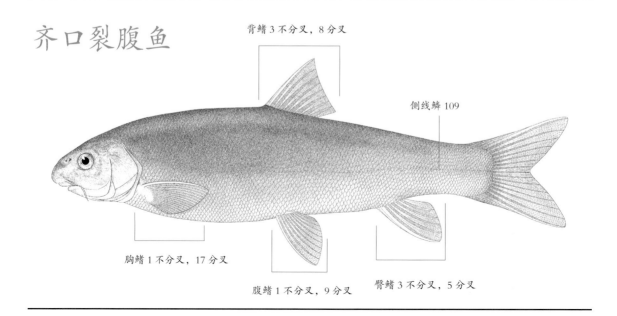

背鳍3不分叉，8分叉

侧线鳞 109

胸鳍1不分叉，17分叉

腹鳍1不分叉，9分叉

臀鳍3不分叉，5分叉

剑刃栩栩如生。

雅鱼相传原产于雅安周公河和青衣江雨城区段，得名雅鱼，为历代贡品。唐代大诗人杜甫诗云"鱼知丙穴由来美，酒忆郫筒不用酤"，南宋诗人陆游，在他的《巴蜀》诗中也提到"玉食峨眉耳，金齑丙穴鱼"，便是盛赞雅鱼之美。清代雅州举子李景福带着"雅鱼"和厨师上京，慈禧也赞美其为"龙凤之肉"。

实际上据《四川鱼类志》记载，岷江、大渡河等水系均有雅鱼分布。这一特殊的地理位置，山灵水秀，植被茂密，素有天然氧吧美誉，也满足了雅鱼对生长环境的极高要求。雅鱼为底层鱼类，喜欢生活于水温较低、水流湍急、溶氧量高的山区河流中，主要以刮食水底岩石上着生的藻类为主，偶尔亦食一些水生昆虫和植物的碎屑。

雅鱼个体大，野生个体一般为 0.5 ～ 1 千克，最大可达 4 ～ 5 千克。但其生长缓慢，自然状态雌性需 4 月龄达性成熟，雄性一般在 3 月龄达性成熟，产卵季节在 3—4 月（重口裂腹鱼为 8—9 月）。此时繁殖群体由岷江、大渡河上溯至其支流产卵，卵多产于急流底部的砾石和细沙上，亦常被水冲下至石穴中进行发育。产卵后的亲鱼到秋季回到江河深水处或水下岩洞中越冬。

20 世纪以来，小水电开发密集，野外生境的破碎化愈加严重，雅鱼的生存环境不断被压缩，同时由于雅鱼繁殖群体需要进行短距离的洄游产卵，水电站大坝的修建，阻断了其洄游的通道。以上种种都导致了雅鱼野生种群数量不断下降，一鱼难觅。

好在从 2000 年开始，当地政府就意识到了雅鱼保护的重要性，与四川农业大学开展校地合作，开始探索人工养殖，2002 年人工繁殖取得了初步成功，时至今日，雅鱼的人工繁殖技术已经日趋成熟。2009 年，"雅鱼"证明商标注册，2011 年"雅鱼"获得了地理标志保护，2019 年获得了农业农村部地理标志产品认证，雅安市出台了"雅鱼"保护管理办法，雨城区出台了"雅鱼"证明商标使用管理办法、雅鱼地理标志产品保护管理办法、雅鱼地理标志产品保护专用标志管理办法等一系列有关雅鱼经营利用和知识产权保护的政策规范。在这一系列政策的支持和社会各界的投入与努力之下，雅鱼养殖得到了空前的发展，养殖量得以较大幅度增长，弥补了天然水域生态环境人为改变造成的雅鱼资源量的不足，增加了就业机会，创造了经济价值。雅鱼养殖在为天然水体提供源源不断的优良苗种进行增殖放流的同时，也使雅鱼成了雅安当地老百姓餐桌上的一道名菜。

随着近年来对于天然水域雅鱼资源的补充和长江流域十年禁捕工作的展开，野生雅鱼也开始时常出没于沿江人民的视线当中，相信在不久的将来，我们在雅安这片生态乐土上又能看到鹰击长空、鱼翔浅底的美妙画卷。■

如果它消失了……

雅鱼如果消失，意味着川西地区水域生态系统中占据极为重要一环的冷水性生物的缺失，这将会对川西独特且脆弱的水域生态系统造成不可挽回的损失。更为重要的是，雅鱼作为"三雅"文化的代表，承载了几千年来的历史文化，对雅安人乃至四川人都有着难以割舍的传统人文情怀，保护雅鱼就是保护中国的传统文化，保护雅鱼就是保护我们自己的文化之根。

战天斗地
纵横天下

靠水吃水，在"吃"的过程中改变水，顺应水的改变进而更好地"吃"……这是人江关系的发展脉络。从 2 000 年前缔造了"天府之国"的都江堰，到新世纪"截断巫山云雨"的三峡工程；从战天斗地的川江号子，到"不与水敌"的水利哲学，对长江的适应与改造不断在上演，人类的认知和手段也日新月异，书写出丰富多彩的发展故事。

■ 神农溪发源于神农架主峰，流经湖北恩施巴东县境内，由北向南穿行于深山峡谷之中，至巫峡口东汇入长江，两岸绝壁耸峙，逶迤绵延，河道狭窄曲折，溪水湍急，险滩无数。神农溪风景区又称神农溪纤夫文化旅游区，其中纤夫唱号子的表演，是目前全中国纤夫拉纤、齐唱号子的唯一留存。■

险峻与征服 · 水利千年

川江号子里的人与天斗

"大船之桡三十六，小船之桡二十四……上峡歌起丰都旁，下峡声激穷荆湘。推舵声悠碛声力，千声如咽三声长。上滩牵船纷聚蚁，万声噪杀鸟噪水。"清代诗人张向安的这首《桡歌行》从一艘艘木船上分工明确的船工起笔，画卷倏忽延展到长长的江面，密集险峻的峡谷与清越激昂的歌声通过视觉和听觉相呼应，极力状写出川江航运的热闹繁华。

络绎不绝，既可形容那一刻的景象，又确然是川江航运上千年历史的写照。"蜀麻吴盐自古通，万斛之舟行若风"。自古以来，蜀地的盐、纺织品、茶叶、酒、药材、木、竹等物资和特产，就是通过水路源源不断地流向长江中下游地区，再经由各种渠道遍布全国。

然而川江水流湍急，漩涡重重，正是："蜀道愁述百八滩，滩滩险处觉心寒。"为了物尽其用，货畅其流，为了沟通外面的天地，世居江畔的人们以血肉之躯投身激流险滩，硬是开拓出一条条航道。"桡板划破千重浪，号子吓死老龙王"——川江人这种与自然伟力正面搏斗的大无畏精神，毫不内敛，毫不掩饰，借着数千首内容丰富、风格迥异的船工号子，响彻长江！

在成为一种艺术之前，船工号子首先是一种"必需"。人与江的博弈瞬息万变，一条小船穿行于惊涛骇浪中，如何让几十个人齐心协力、动作协调，从而应对各种形势状况？靠的正是高唱号子。每艘川江木船都要配备喊号子一名，为诸桡工（所谓"纤夫"）之长，负责引唱号子，掌握航行速度，统一船工动作，下水扳桡，上水拉纤，无有一刻停歇。喊号子除了需要具备悠扬嘹亮的嗓音条件，更重要的是必须拥有极为丰富的行船经验与对水性的深刻了解，这样方能实现号子与江水状况的紧密吻合，保证行船安全。

一次普通的木船货运之旅几乎全程伴随着号子的喊声：将货物接力传递，要唱"装仓号子"；水流平缓时，木船在宽阔的江面上飘然前行，号子多带山歌风味，曲调优美，婉转抒情；行至大河口，奋力扳正方向以躲过急流，要唱"扳船号子"；当头碰见激浪险滩，船工们竭尽全力逆水拉纤，整齐划一的动作伴着近乎嘶喊的"大斑鸠""幺二三"波澜起伏，节奏短促，呼应紧凑；待闯过生死关头，过滩后绷紧的神经骤然放松，为缓解疲劳，活跃气氛，便唱起"数板"，旋律悠扬，节奏舒缓……

除了以推桡、扳桡、摇橹、拉纤等工种和以平水、紧水、抛河、靠岸、离港、过滩等劳动条件与工序来划分号子种类外，号子的内容也很丰富。和所有劳动人民自发创造、喜闻乐见的艺术形式一样，号子首先歌唱的是每天所见所闻的风光物产、人情民风："'夔府'柿饼甜如蜜，'巫山'雪梨赛'昭通'，'奉节'叫夔州府，古迹'白帝'来托孤……"这种平实中蕴含着赞美的号子既可描述路线，又能吟唱物产。另一个经久不衰的主题是情爱，或真挚，"二四八月天气长，情妹下河洗衣裳；清水洗来未汤浆，情哥穿起好赶场"；或调侃，"今天出门好灵光，看到幺妹洗衣裳。手中拿根捶衣棒，活像一个孙二娘"。对于常年离家在外，时刻搏命于风口浪尖的船工来说，号子是他们表达思念和期盼的直接方式。

还有一类内容是川江号子特有的，那是一种悲壮与豪情相交织的曲调："问你情妹哭啥子，别人有郎我无郎；只因去年发大水，卷走桡片淹死郎""龙虎滩，不算滩，我们力量大如天。要将猛虎牙拔掉，要把龙角来扳弯。"唱的是船工艰辛凄苦的命运和在这风浪与贫穷的双重压迫下百折不挠的倔强与豪迈！

271

船工们挣的是"身钱",即售卖身家性命之钱,按航次在开船前一次性计发。一旦起航,则以一条小船为临时的家。"白天拉船,黑了划拳",过的是劳累单调的生活,吃的是简单果腹的食物——酒、米、成坛的咸菜,每次出发前就备好菜背篼。穿着就更是简单,夏季多光头赤膊甚至赤身裸体,为拉纤方便,也为节省,只在烈日或风霜之下,才会为了保护躯体而穿戴齐全。号子如实反映了船工生活:"日食河中水,夜宿沙坝中。妻守有夫寡,夫伏无罪法。吃的鬼魂食,穿的疤重疤。病了由天命,死了喂鱼虾。"悲惨之中又永远不乏坚韧乐观:"脚蹬石头手摸沙,找钱回去供爹妈……"

川江号子闪耀着一种珍贵的坦诚,既对日复一日的苦难毫不避讳,直抒胸臆,又咬紧牙关、绝不服输,"浪中往来,敢流血汗"唱出了船工的耿直豪爽。直面现实迎难而上,使得开朗成为川江人的底色,号子正是这一族群的生活写照,它由木船、唱着号子行船的人、亘古不息的江水三位一体交织而成,江改变人,人操控船,最终江也为人所利用,这就是川江号子的意义和魅力所在。

■ 都江堰名胜崇德祠始建于南北朝，民国时改称二王庙，沿用至今。二王庙地处渠首工程左岸，负山面江，经山门拾级而上，迎面照壁正中镌刻"遇湾截角，逢正抽心"八字格言，与右侧红墙镶嵌的"深淘滩，低作堰，六字旨，千秋鉴，挖河沙，堆堤岸……""三字经"石刻一道，永为后人所铭记。■

都江堰上的水利万物

江水奔流，丰水期势不可当，泛滥成灾，枯水期难以满足灌溉和运输的需要，又兼地势险要，江水汹涌湍急。面对这样一位长久的对手和必须依靠的伙伴，除了如号子所唱的一般以血肉和勇气贴身搏浪之外，还须有改造自然的智慧与能力。

公元前 256 年，秦国蜀郡太守李冰主持修建了都江堰水利工程系统，"凿离碓，避沫水之害，穿二江成都之中。此渠皆可行舟，有余则用溉浸，百姓飨其利"，为成都平原提供了丰沛而稳定的水流，沟通了岷江水系与长江干流的水运航道，诗云"濯锦清江万里流，云帆龙舸下扬州"（李白）"窗含西岭千秋雪，门泊东吴万里船"（杜甫），描绘了成都货通天下的盛况。

都江堰工程修建前，成都平原西北地势高，焦金流石，称"赤盆"；东南地势低，东冲西决，称"泽国"。"江水初荡潏，蜀人几为鱼"，正是蜀人曾经饱受水患的写照。在这首《石犀》的结尾，诗人赞道："始知李太守，伯禹亦不如。"

273

实际上蜀郡太守李冰借鉴了《禹贡》所记大禹在成都平原的治水策略，"岷山导江，东别为沱"，即人工向东开辟排水道以分洪，同时吸取了古蜀开明时期凿江沱道自西向东横穿冲积扇顶部脊梁，因水流不畅而极易淤浅的教训，将渠首工程择址在平原冲积扇顶部、岷江上游干流出口处，使其扼住刚出峡谷的岷江水势，顺应西北高、东南低的地势，实现自流引水，从而控灌整个都江堰灌区，保障了水量的充足稳定。

都江堰渠首工程由鱼嘴、宝瓶口、飞沙堰三大主体工程及附属工程系统组成。鱼嘴将岷江分为内外两江，宝瓶口调节水流，飞沙堰溢洪排沙，三大工程根据岷江上游来水大小自动调节内外江分流比，实现"四六分水、二八分沙"。

平时江水流经鱼嘴分水堤，六成分入内江，由宝瓶口流进灌区，保证航运和灌溉；夏季洪水来临，宝瓶口扼住内江入口，当内江水位抬升至飞沙堰以上时，超过灌区流量的水经飞沙堰溢流至外江，使得六成来水最终泄入外江主流。同时，在泥沙排放方面，内江处于凹地，外江处于凸地，根据弯道动力学原理，表层水流冲刷凹地，底层挟沙江水流向凸地，因此奔涌而下的泥沙大都随着底层水流流入外江；而对于少量进入内江的泥沙来说，宝瓶口河道狭窄，对水流产生阻碍，底层泥沙扬起，越过飞沙堰排入外江，而且洪水越大，泥沙扬起越多，排沙效果越好，从而大大减少进入灌区的水流含沙量，实现了引水工程的保质保量。

"乘势利导，因时制宜"，这是都江堰治水的八字格言。顺应地势，道法自然，建造了年代最久、唯一留存的无坝引水工程是一方面，另一方面则体现在就地取材、疏引结合的传统水工技术上，其精髓在于"不与水敌"。杩槎是用竹木杆绑扎成三足或四足立架，内压重物（比如卵石）以截流或导流的一种河工建筑物构件。若干架杩槎相连，迎水面钉长木条，前铺竹席，形成浑然一体、彼此相连的挡水平面，然后往杩槎迎水面的泥埂一路往前倒泥，筑成一道截流堰。杩槎留有缝隙，可以使部分水流进入内江，既能有效降低内江水位，又不会导致灌区彻底断水。其拆除和施工一样简便，每年完成截流和岁修后，只须砍断绑绳，一拉即倒，木料顺水漂走，在下游被打捞起来，次年再用。

之所以需要杩槎截流，是为了实行岁修。都江堰渠首工程地处岷江出山口甫入平原之地，江水由深山峡谷中的激流立转为平原上的缓流，每岁均有大量砂石在鱼嘴一带堆积，很容易造成渠首工程的淤塞，因此必须以岁修为制，按时清淤淘河。都江堰岁修，指的便是每年冬春枯水时节对工程进行系统维护、修治和必要更新的传统制度，以六字诀"深淘滩，低作堰"为准则，蕴含着"不与水敌"的深刻哲理。

274

为了控制内江引水量，需要结合水位决定内江河道之底的高程和飞沙堰顶的高程。河道底的高程越高，则飞沙堰越高，也就越容易被冲毁，导致内江之水溢流外江，宝瓶口无水可进，形同虚设。所谓"深淘滩"，就是趁冬日枯水之际截流，疏深河槽，清除淤沙，保障内江河道过水稳定，降低对堰体的冲刷；而所谓"低作堰"，则是在"深淘滩"疏浚河道的基础上，调整堰顶相对高程，以免因堰顶过高影响溢流排沙的效果。

年复一年的营建与维护是为了确保淘滩之"深"和作堰之"低"，也就是为了规范高程，历朝历代做了各种尝试与努力。上溯至李冰，"于玉女房下白沙邮，作三石人，立三水中。与江神要：水竭不至足，盛不没肩"，以此观察水位之消长，与江神的誓约亦是予后人的指引。其后有刻度的水则（水位标尺）首见于宋代："离堆之趾，旧镌石为水则，则盈一尺，至十而止。"明清两朝曾在岁修时挖出过前人埋下的石马、铁板，也数次铸造和埋下过卧铁；到了民国时期，还在卧铁旁设置了铜标，铜标上方浇筑混凝土标准台，台顶高程相当于飞沙堰顶部高度，传承并实践着六字诀。

不与水敌，即是不与自然为敌，岁修遵照径流消长的规律，按节令安排工事：霜降下杩，截断外江；小雪修淘外江；至立春，放水导流，转而截断内江，开始穿淘；至次年清明节，时值春灌，岁修完成，开内江放水，分流至整个灌区。清代以降，将清明节定为开水节，由地方主官主持盛大的开水典礼，祭祀江神和以李冰为代表的历代治水先贤。随后由河工挥斧砍断杩槎，岸上诸人一齐发力，拉扯杩顶大绳使之倾倒，此时截流工程解体，奔腾的江水涌入内江，观礼人群随水奔跑，欢呼震天。开水节今称放水节，至今年年举办大型仪式和艺术节等活动，是为民俗。

将水神崇拜、先贤祭祀、岁修工程和灌溉仪式融为一体，不能不说是一桩神奇的创举，却又如此合情合理。"江水为害。蜀守李冰作石犀五枚……以厌水精。"水患频发的时代，李冰造镇水石犀，同时在岷江边立祠祭祀："冰……仿佛若见神，遂从水上立祠三所，祭用三牲，珪璧沈濆。"而在他主持修建了都江堰工程之后，蜀地"水旱从人，不知饥馑，时无荒年，天下谓之天府也"，李冰被曾经"几为鱼"的蜀人奉上了神坛。1974年外江江心出土的东汉李冰石像题刻云："建宁元年闰月戊申朔廿五日都水掾尹龙长陈壹造三神石人珍水万世焉。"这反映了都水官员除了要负责都江堰工程的营建维护和日常水事管理外，还要主持对李冰等神圣偶像的祭祀。两宋时期，"蜀人德之，立崇德庙祀之，蜀人奉祠，岁割羊以数万计""祠祭甚盛，每岁用羊四万余头。凡买羊以祭，偶产羊羔者亦不敢留"。明代《新作蜀守李公祠碑》和《重修灌口二郎神祠碑》均以大禹导江为起点，将李冰父子的功绩与大禹相提并论：

"书曰岷山导江，惟兹岷山，实为禹绩。禹之泽在天下，冰之泽在蜀。蜀人思冰，不异于思禹也。"

"巍巍神智，成父之仁，所谓捍大患而有功者，以一方计之，当不在禹下矣。"

民众依靠的是江和改造江的人，如期而至的岁修和被放入灌区的江水亦从未辜负他们的虔信与感念。

崇拜祭祀与岁修灌溉的融合也为官方和民众的合作共治搭建了桥梁。自秦汉起，官方设水利管理机构并置都水监、掾、长官等职，历朝历代均设专员统管堰务，结合岁修的"义务"和受益的"权利"，灌区形成了由渠首和干渠以上的"官堰"和支渠及以下的"民堰"构成的官民共管体系。明清以前，蜀地政府承担都江堰维护修治工作，一方面从地方征集劳动力，另一方面实行以钱或物代役的制度。宋代采用按户分段包干具体工程任务的办法，由都江堰灌区受益农户承担岁修工程之役的传统也一直沿续到元代。明朝开始按受益田产摊派劳役。明成化九年后，距渠首较近县出劳力，其他县供工料。清雍正时将摊派劳力改为摊交水费，正式施行按田亩得水先后分级征收水费的制度。民国设水利工程局，统筹统支水利经费，水费计收制度从此基本形成。

2020 年元旦，《四川省都江堰水利工程管理条例》正式施行。第四条："都江堰水利工程的建设和维护，实行谁受益谁负担的原则。"第五条："都江堰水利工程实行统一管理和分级管理、专业管理和群众管理相结合的管理体制。"第十五条："都江堰水利工程必须坚持岁修制度。灌区内地方各级人民政府应当加强对岁修工作的领导。"第三十七条："都江堰水利工程实行计量用水、计量收费、超定额累进加价的制度……"这些规定无一不是对都江堰 2 000 多年治水经验的传承与延续。

■ 三峡工程坝址地处长江干流西陵峡河段、湖北宜昌三斗坪镇。蜿蜒几千千米的长江干流上，只有宜宾到宜昌这一段适宜建坝，往上则无法遏制水势，解决中下游防洪问题；往下已进入平原，修坝会淹没大片土地。而在中间这段天险要地中，唯三斗坪拥有质地坚密、岩体完整的花岗岩基岩，可谓得天独厚。■

发展与保护　水利工程的力量与思考

"明哲君子，创业农事，因高卑之宜，驱自行之势，以尽水利而富国饶人，自古有焉。"随着人类文明的向前迈进，水利的重心不再只有农事，水力的运用开始与工业紧密相连，在"富国饶人"这一永恒的追求之下，参与水利建设的主体和途径变得更加多样。

1928 年，国家设立建设委员会，负责计划全国的建设事业，下设总务、水利、电气三处，虽然很快就移交了权力，但在真正管理水利工作的几年内，建设委员会也曾在水力开发上积极寻求发展。"吾国可用以发电之天然水力甚多，如长江、黄河、洪泽湖、珠江及云贵四川之瀑布皆甚伟大……""举凡地方实业如农田灌溉、大小工厂等等皆可借电力之供给，替减人力之工作，省资本之支出为用至广其利无穷，政府对此似有积极进行之必要"。

事实上在此之前的 1912 年，我国第一座水电站——位于云南昆明螳螂川上游的石龙坝水电站已经投产发电。螳螂川是金沙江支流，也就是说，我国第一座水电站利用的正是长江之水力。内河航运方面，我国第一条局部渠化的河流同样是长江上游支流——綦江，其发源于贵州，在重庆汇入长江。渠化是通过筑坝挡水形成集中落差，使航道成梯级形势并互相衔接，船舶航行经过通航建筑物克服梯级落差，从而提高航道水深、改善通航条件的水利工程。綦江水利工程始于1940年，至1945年共建成6座闸坝。半个世纪之后，以打造我国内河主通道中第一条全江渠化河流为目标的嘉陵江渠化工程正式实施。

筑坝治水，通航发电，宏大的构想着眼于整条长江。自汉初至清末，长江平均每十年发生一次大水灾；1788年至1870年不到百年间，长江接连发生三次百年一遇的特大洪水。除水害、兴水利的愿望从未消弭。1919年，孙中山先生率先在《建国方略》中提出在三峡河段修建闸坝、改善航运并发展水电的设想。1944年，美国垦务局设计总工程师萨凡奇受国民政府资源委员会邀请，赴三峡实地考察，撰写了《扬子江三峡计划初步报告》，这是第一个相对具体且追求综合效益的三峡工程计划。

后来，三峡工程经历了40余年的勘测设计、规划论证。1992年4月3日，全国人大七届五次会议正式通过了《关于兴建长江三峡工程的决议》。

三峡工程是当今世界上最大的水利枢纽工程，具有防洪、发电、航运、水资源利用等综合效益，主要由枢纽工程、移民工程及输变电工程三大部分组成，控制流域面积约100万平方千米。枢纽工程最大泄洪流量超过10万立方米每秒，水电站装机总容量达2250万千瓦，通航船闸为双线五级连续船闸，单个闸室年单向设计通过能力5000万吨，升船机最大提升高度113米，最大过船规模为3000吨级。移民工程搬迁安置城乡移民130万人，迁建2座城市、10座县城、114座集镇。输变电工程500千伏交流变电总容量2275万千伏安。

尽管从古至今的每一次改造都是对江河的一次重塑，但能力愈强，成果愈大，责任也愈重。三峡工程蓄水后，长江中下游环境流随之改变，环境流维持河流生态环境所需的流量及其过程，其核心在于寻求人、水和其他生物共享有限水资源的最优解。宏大的水利工程改变了江河的天然水文情势、流域的生物群落结构和沿岸的经济社会发展方式，既加剧了生物多样性保护、土壤保持、水源涵养和营养物质循环等生态系统服务的演变，又对长江文化造成了冲击并注入了新的血液，影响不可谓不深远。

正因如此，2012年国务院批复的《长江流域综合规划（2012—2030年）》明确指出，三峡库区发展是保护长江生态环境的关键环节，新时代的三峡集团亦将自身使命从"建设三峡、开发长江"转向"管理三峡、保护长江"。

从"共抓大保护，不搞大开发"到"生命共同体"再到"在践行新发展理念、构建新发展格局、推动高质量发展中发挥重要作用"，我国一直在探索和谋求一条"不与水敌"而能"富国饶人"的道路。江水悠悠，哺育不变，唯观念与途径常新。

2018 年底，水利部等四部委联合印发《关于开展长江经济带小水电清理整改工作的意见》，截至 2020 年底，3 000 多座违规电站被勒令退出，20 000 多座完成整改，90 000 多千米减脱水河段有了水。2020 年 9 月 22 日，在第 75 届联合国大会上，我国提出，中国二氧化碳排放力争于 2030 年前达到峰值，努力争取 2060 年前实现碳中和。实现碳达峰、碳中和，是一场广泛而深刻的经济社会系统性变革，需要减碳和增汇共同发力。在减少碳排放方面，能源和交通运输是重中之重，长江上游大型水电基地以及未来将会与风能、光能形成多能互补的各种规模的水电项目构成了清洁能源高效发展的重要基础；与此同时，水路在综合运输中的承运比重加大，清洁能源船舶成为新的发展方向，势必带来航运事业的又一次革新，引发航道、景观、物种、生活方式的改变。而当减碳的空间日益缩小，生物碳汇的作用将会逐渐凸显。水土、森林、湿地吸收二氧化碳并释放氧气，古老的自然活动被赋予新的意义。

长江不仅是发电的长江、通航的长江，更是充满生机的长江，是一座时时刻刻与大气交换着呼吸的巨大碳汇库！基于这样的认识，保护与利用再无分野。

在船、人、江三位一体的变迁中，陆路交通的普及和机械对人力的替代，是川江号子由生活方式变为舞台表演的重要原因，而江本身也被改变了，航道整治和水电建设抹去了险滩激浪，船工不必战天斗地，自然无须再唱刚硬、凄楚的号子。当今无数小水电站退出了历史舞台，更清洁、更高效、更"合乎自然"的开发业已展开，江再次发生了改变。或者应该说，江始终在被人改变，人始终在适应和改造中寻求一种平衡，与生存、生活乃至审美、归属等种种需求的平衡。"安流利济"，《蜀典》如此概括都江堰工程的巨大功效，而这也正是数千年人江之变中唯一不变的愿景与奋斗。

滋养与连通

胡广 鄱阳

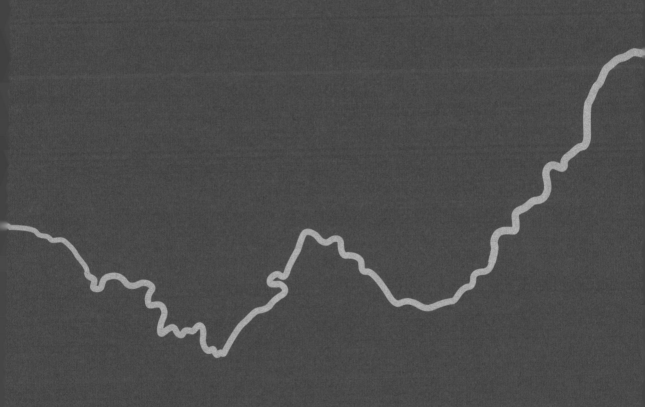

云梦泽作为上古九泽之一
接纳了上游充沛水流的长
由于地势平坦，几乎毫无
去，形成大大小小的诸多
气候，造就了我国著名的

这个"天下粮仓"不仅法
是野生动物的天堂，更法
明，让如诗如画的江南文
烂明珠。

诚如其名，梦幻而浪漫，

，缓缓流入两湖平原，

阻碍，丰沛的江水四散开

胡泊，加上温和、湿润的

米之乡。

四方生灵，既是人类也

集了长江中下游的中华文

化成为整个中华文化的灿

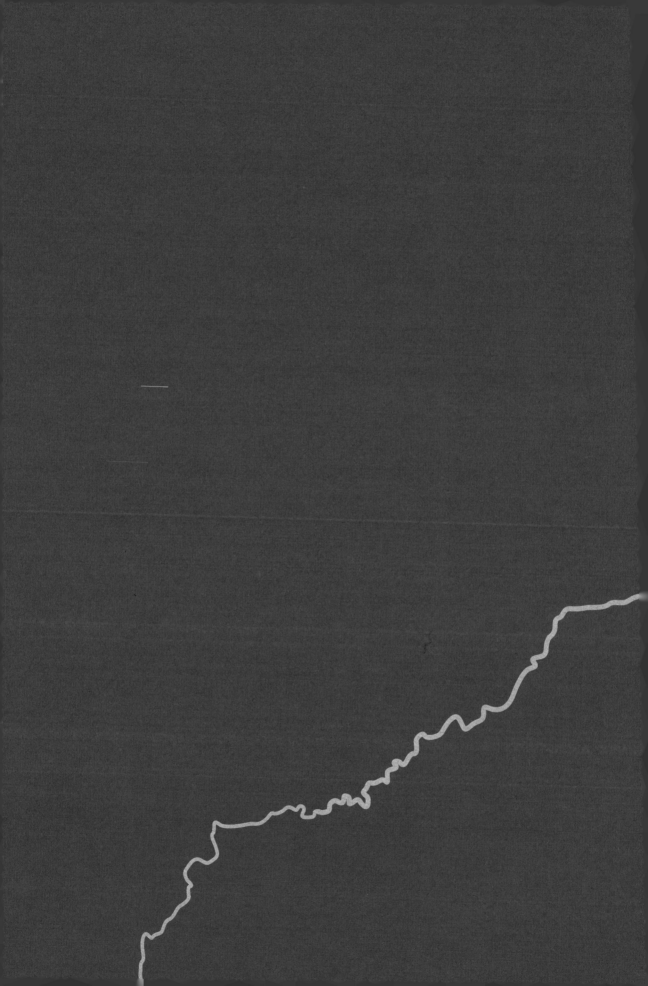

"气蒸云梦泽，波撼岳阳城"，作为上古九泽之一，云梦泽的壮阔早已在千年前被孟浩然记录在诗句中传诵四方。如今，这个浪漫的名字常和我国第二大淡水湖洞庭湖画上等号。虽然洞庭湖古称云梦，但最初的云梦大泽却并非单指洞庭湖，而是今湖北省两湖平原上古代湖泊群的总称。

长河落日圆

鄱阳

"四水"汇洞庭。

■ 湖南简称"湘",而这个"湘",正取自贯穿全省的最大河流湘江。

发源于广西的湘江,干流全长844千米,流域面积94 660平方千米,但仅有110.1千米流长和6 710平方千米流域在广西境内,其余部分全部归于湖南,从南至北串联起了永州市、衡阳市、株洲市、湘潭市、长沙市等湖南重要城市,至岳阳市湘阴县注入洞庭湖,流域覆盖大半个湖南。

由于发源于低海拔地区,且流域相对平缓,属于亚热带季风气候,没有了众多大型山脉的阻隔,光、热、水资源、植被丰富,让湘江水量充沛,径流主要来源于降水。据监测,湘江多年平均径流量为791.6亿立方米,其中湖南境内696亿立方米,占全流域水资源量的88%。

湘江流域水系发达,河网密布,仅5 000米以上的大小支流就有

长沙市城市夜景风光全景图

2 157 条，其中一级支流 124 条，流域面积大于 1 000 平方千米的主要支流 16 条。同时，湘江支流水库众多，其支流共已建成控制性枢纽工程 11 座，库容均在 1 亿立方米以上，其中最大的东江湖总库容达 91.5 亿立方米，水库集水面积之和达 2.6 万平方千米，占湘江面积的 27.4%。

而发源于云贵高原贵州都匀苗岭山脉斗篷山北麓的沅江，干流全长 1 033 千米，流域面积 8.916 3 万平方千米，落差 1 462 米，虽跨贵州、湖南、重庆、湖北四地，但其中约 54% 在湖南境内，是湖南省第二大河流。

沅江发源于海拔千米左右的高原山区，跨越第二、第三级阶梯，流域分布在苗岭山脉，两侧有武陵山、雪峰山两大山脉，所以上游谷深峰高，险滩多，水流湍急，而来到中下游，随着地势平缓，汇聚的上游水流充沛地从西南斜流向东北。■

长沙市城北城市风光全景天际线

洞庭湖与长江

"绿水六十里，水成靛澧色"描写的正是澧水上游，澧水也因此得名。

澧水全长 407 千米（2013 年以中源为起始点计），流域面积 18 496 平方千米，虽然其河长不及湘江的一半，流域面积仅为湘江的五分之一，但由于中上游与长江三峡属同一暴雨区，降水量巨大，流域内大部分地区年降水量 1 600 毫米。澧水仅河长 5 千米以上的支流就有 325 条，面积较大的有溇水、渫水、道水等八大支流，合称九澧。在澧水中，多年的平均径流量达到了 131.2 亿立方米，为湖南之冠。

资江的晚霞美不胜收

搭轮渡过资江，赏自然生态美景

也正由于上游处于暴雨区，降水量巨大，澧水经常出现较大洪峰流量，但中游大多流经丘陵盆地，径流呈梳状分布，下游地势又开阔平坦，海拔多在 50 米以下，让澧水的集水面积增加，河网调蓄能力剧增，径流涨落缓慢，所以澧水还以洪水涨落迅速而闻名。

资江全长 653 千米，流域面积 28 142 平方千米，位于亚热带季风区，四季分明，气候温和，年降水量一般在 1 200 ~ 1 800 毫米，径流量的年际变化较大，最大年径流量 374.8 亿立方米（1994年），最小年径流量 140 亿立方米（1963 年），但仍属于流域湿润的大河。

不难看出，这四条大江因为发源地、流域气候、地势等，都水量充沛，而这些充沛的水流，都因地势，无一例外地汇聚到了洞庭湖。

从地形来看，这四条大江的河源都在山区丘陵地带，处于第二、第三阶梯的过渡衔接段，西边是武陵山脉、雪峰山，南边是阳明山、五岭山脉，东边则是诸广山、武功山、连云山。

这些大山的海拔多在千米以上，但随着地势来到第一阶梯，东北部相对较低，到洞庭湖区海拔不过50米上下，所以才有了"四水"的汇聚。

除了"四水"，洞庭湖还北纳长江的松滋、太平、藕池、调弦四支来水，南和西接汨罗江等小支流，而且由于下游地势平坦，水流容易四散开去，就形成了密布的河网和发达的水系，也才有了八百里洞庭之称，成就了中国水量最大的通江湖泊，自古居五湖之首。

这也让以洞庭湖为中心，湘、资、沅、澧四水为骨架的湖南省，水资源排名全国第六，长度5 000米以上的河流有5 341条，成为水资源较为丰富的省份，其中洞庭湖水系约占全省总面积的96.7%，也就是说，整个湖南几乎都被洞庭湖水系所覆盖。■

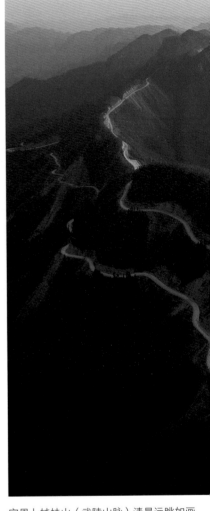

宣恩七姊妹山（武陵山脉）清晨远眺如画

阳明山小景

星空下的武功山

云梦泽发祥中国传统农业，湖广熟，天下足。

日照汉江

就在湖南隔壁，有一个地势与其非常相似的省份，那便是湖北。历史上，湖南、湖北长时间属于同一地区，直到康熙年间，才因避免割据而以洞庭湖为界，被拆分为两个省，也才有了"湖南""湖北"的名称，并一直沿用至今。

将地图向洞庭湖以北铺陈开去，就能看到在湖南之外，大山的包围仍在继续，武陵山以北还有大巴山、巫山，原本无山的正北面也有了大洪山、大别山，与东边的幕阜山、罗霄山等山脉一起，将中间的两湖平原牢牢地"关"在里面，形成一个相对封闭的空间。

如果说湘江是湖南的大动脉，那么汉江就是湖北的主心骨，同时，汉江也是长江的最大支流，与长江、黄河、淮河并称"江淮河汉"，足见其地位之高。

但汉江的地位高，并不仅因为它是长江的最大支流，更在于其在政治、军事、民生上的战略地位。

汉江发源于陕西省境内的秦岭南麓，河长 1 577 千米，流域面积 1959 年前为 17.43 万平方千米，位居长江水系各流域之首，1959 年后减少至 15.9 万平方千米，支流覆盖陕、豫、鄂、渝四省市。

汉江大部分穿行在秦岭、大巴山的山地之间，丹江口以上为上游，是汉江水源的密集区。这里峡谷幽深，河水清澈，我国很多动植物都在这片接近原始森林的地方繁衍。汉江仅有中下游小部分区域流经南阳盆地和江汉平原，海拔高差约 1 964 米。

"江淮河汉"都是华夏中原的核心区，而且由于地理原因，汉江和淮河还是古代大一统王朝必须守护的天然防御线，但相比淮河，汉江显得更为重要，更多是因为其上游的汉中、安康和中游的襄阳都是战略要地。

上游的汉中盆地，是汉家文化的发祥地。刘邦在此的苦心经营，为此后 400 年的大汉王朝打下基业。

安康作为上游重镇，四周群山环绕，是古代产生割据势力的绝佳之处。三国时期，从汉中、安康沿汉江而下便能东出中原，所以，汉中、安康，是川蜀势力必占的战略要地。

汉江夕照

只要攻取了襄阳，便能顺江而下，直达南京，所以在政治、军事上，汉江绝对是必争之江。

汉江的另一个重要意义在于，它是秦岭与大巴山脉的天然分界线，天然地区分出了我国的南方与北方，北边干旱少雨，南边则是水泽丰润的"鱼米之乡"。

当一路颠簸的长江以汹涌之势冲出三峡，似乎就彻底告别了在山间奔涌的日子，日渐平缓，在城陵矶出口与洞庭湖相遇，在武汉龙王庙与汉江汇合，水量得到极大丰富。

如果说在高原第一、二级阶梯跌宕时，像一曲为生命赞歌的粗犷冬日交响乐，那么来到平均海拔在35米以下的平原，串联了湖泊、肥沃稻田，连接着一个个鱼米之乡的长江，则代表着春意盎然，润泽四方。

随着长江、汉江等众多河流沿第二级阶梯挟带着泥沙不断冲刷、沉积，在这个地势低平的地方形成了冲积平原——江汉平原。又因上游水流充沛，下游地势低平，江汉平原形成了众多纵横的河流，湖泊星罗棋布，大小湖泊约300个，并逐渐形成江汉三角洲和湖泽、湿地共存的地貌。

有着同样丰沛水源的洞庭湖平原和江汉平原，外部虽然有着高大山体，内部却是南北贯通的平坦土地，同时由于东北部地势平坦、广阔，丰沛水量四散开去蔓延出的众多"毛细血管"和湖泊，形成了一个巨大的肥沃平原，合称"两湖平原"。

云梦泽在南朝至唐宋时逐渐消失，被江汉平原取代，只留下星罗棋布的湖泊，让湖北有了"千湖之省"的美誉。

云梦泽消失以后，洞庭湖就担负起了接纳长江洪水分流调蓄的作用，曾无数次让长江的洪患化险为夷，让江汉平原和武汉三镇得以安全度汛，这也是洞庭湖古称云梦的原因。

大地调色板

两湖平原的湖泊还有大量的水道和荆江相通，起到汛期天然调蓄作用。唐宋时期，随着南方人口越来越多，围垸造田等与河湖争地活动越发频繁，为开发肥沃的江汉三角洲，抵御洪水侵袭，人们开始在荆江沿岸筑堤来约束江水。至元朝时，荆江段已形成"九穴十三口"的分流局面，洪水期上游的巨量来水通过这些分水口进行自然调节。明清时期，大堤又不断被加固、分流，湖泊特别是洞庭湖不断变小再变大，两湖区域的地貌也在不断被天然、人为地改造着，最终形成我们现在看到的样子。

平原、湖泊、大江、湿润气候，稳定的水土资源和政治堡垒，意味着良好的人居环境。洞庭湖产生了中国最早的稻作农业，成为中华传统农业的发祥地。

在洞庭湖流域澧县彭头山新石器文化遗址出土了碳化稻谷。经碳十四检测证实，早在 8 000 年前，就有先民在洞庭湖区这块沃壤上，开始了有固定聚落的农业定居生活，创建了以稻作农业为主体的人类早期文明。这证实了中国是世界上最早栽培水稻的国家，洞庭湖区也是世界上人工栽培水稻的发源地。■

江汉平原秋收美如画

另一边江汉平原也物产丰盛，素有"人人都说天堂美，怎比我江汉鱼米乡"的说法。

■ 江汉平原是我国少有的稻、麦、粟、棉、麻、油、糖、鱼、菜都能大量出产的地区，主要以种植水稻、棉花、油菜为主，旱地约占耕地总面积的 52%，水田约占 48%。旱地集中分布于堤内平原，而堤内平原的棉田占耕地面积的 40% ~ 60%，个别地区高达 80% 以上，中华人民共和国成立后这里成为中国高产优质棉区之一。水田集中分布于河间凹地和平原边缘，粮食商品率较高。

"洪湖水浪打浪，洪湖岸边是家乡，清早船儿去呀去撒网，晚上回来鱼满舱。"除了粮食，水产也是两湖区域（洞庭湖和洪湖）的重要产物。汉江分流而出的洪湖地区，淡水养殖面积逾 80 万亩，年淡水产品总量 50 万吨左右，居全国县（市）第一。

正因为两湖平原地处亚热带，自然条件得天独厚，农作物生长季节长，可一年多熟，也是从先秦到明清时期，历代移民的流入地。这一地区既有丰裕的自然条件，又吸引了充裕劳动力，形成了精耕细作传统。

司马迁、班固均用"稻饭羹鱼""虽无千金之家，亦无饥馑之患"来描绘这里的社会经济生活，明清时期这一区域更逐渐成为中国最大的粮食输出地，也才有了"湖广熟，天下足"的谚语（明代后"湖广"不包括两广，但仍沿用"湖广"旧称）。

直到今天，两湖地区因为良好的自然环境和丰富的水、土、生物资源条件，以及悠久的耕作历史，仍是全国最重要的商品粮油基地、水产和养殖基地。

相关数据统计显示，这里粮食平均单产比全国高出 30% ~ 50%，粮食商品率为 29%，加上紧邻的珠江三角洲，每年提供的商品粮占全国基地商品粮的 60% 以上。2020 年，全国粮食总产量 66 949 万吨，这一地区的产量就达 16 351 万吨，占全国粮食总产量的近 25%，无愧"中国米仓"之称。■

第一大淡水湖，成就野生动物天堂。

南昌赣江两岸夜景

■ 滋润了两湖地区，长江又带着温润的江水继续向东流去，在九江市湖口县石钟山，与汇聚了众多江西河流的鄱阳湖相遇。

赣江发源于赣闽边界武夷山西麓，长 766 千米，流域面积 83 500 平方千米，自然落差 937 米，有 13 条主要支流汇入，多年平均流量 2 130 立方米每秒。

和湘江一样，赣江也呈平缓的阶梯下行之势，自南向北纵贯整个江西省。从河源到赣州为上游，奔腾于山丘、峡谷之中；赣州至新干为中游，多在丘陵间穿行；新干至吴城为下游，江阔多沙洲，河谷平原面积相应扩大。

赣江水系支流众多，河长大于 30 千米的干、支流共有 125 条，集水面积大于 10 平方千米的河流有 2 000 余条，集水面积大于 1 000 平方千米的有 19 条。这样的集水能力，也让流域面积仅在长江八大支流中居第七、水量居第四的赣江，单位面积产水量居于首位。

除了赣江，修水、饶河、信河和抚河都因地势，流向了鄱阳湖，鄱阳湖也成了全省的"集水盆"。

赣江红谷滩夜景

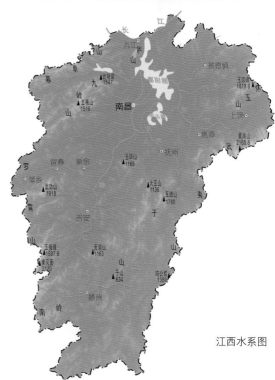

江西水系图

虽然江西地势以丘陵为主，但与更高的湖南的地势却非常相似，都是三面环山北向开口。西部是与湖南接壤的罗霄山以及幕阜山、九岭山，南部是五岭山脉，东边是赣江发源地武夷山脉以及白际山，北面则是肥沃的鄱阳湖平原。

但与湖南不同的是，江西山山相连，几乎不留缝隙，流入鄱阳湖的五大河流，均发源于省界的山脉之中，并且全部流入鄱阳湖。

不仅这五大河流，除了南部极少部分珠江水系的河流，江西省的诸多河流，基本都发源于省界的山脉中，同时又属于鄱阳湖水系，江西全省面积约 16.69 万平方千米，鄱阳湖水系的面积就占据了 16.22 万平方千米，也就是说，水系的范围基本就是江西省的轮廓，形成了少见的以水系流域决定版图的情况，真正做到了"肥水不流外人田"，并且从古至今几乎没有太大改变。

鸟之心

正是这些不流外人田的水系，成就了鄱阳湖这个中国第一大淡水湖、第二大湖。

鄱阳湖古称彭蠡、彭蠡泽、彭泽，由中生代燕山运动导致的地壳陷落、不断淤积成为盆地。至 1 万年前最近一次亚冰期结束时，断块上升的"庐山"耸立盆地边缘，盆地内则河道纵横，池塘密布，此后由于冰后期的海侵，整个盆地变成泱泱大湖，并形成长江的宽阔河段。

演变至今，当湖水位达 22.59 米时，鄱阳湖的面积能达到 4 070 平方千米，湖岸线长约 1 200 千米，湖体南北长 173 千米，东西平均宽 16.9 千米，湖盆自东南向西北倾斜，湖中有 41 个岛屿，总面积约 103 平方千米。鄱阳湖通常以都昌和吴城间的松门山为界，分为南北（或东西）两湖。

在其流域主要的平原区，有着大片低丘岗地和广阔的冲积平原、河流三角洲，著名的赣抚平原是中国内陆最大的河流三角洲，面积达 4 000 平方千米以上。■

"鄱湖鸟，知多少？ 飞时能遮云和月， 落时不见湖边草。"

■ 平原岗地河网密布，加上鄱阳湖水域，这里形成了亚洲最大的淡水湿地区域，鄱阳湖因此被誉为"珍禽王国""候鸟乐园""人间仙境"，是珍禽候鸟的第二故乡。

每年10月，大量的候鸟，包括白鹤、小天鹅、白头鹤、白枕鹤和鸿雁等陆续从西伯利亚等地，飞行5 000千米南下，到鄱阳湖越冬，翌年三四月才北归。

据调查，在鄱阳湖保护区内，有鸟类258种，列入国家一、二级保护动物的有40余种。其中，白鹤是世界上濒临绝迹的珍禽。近年来，在鄱阳湖发现大群白鹤，引起世界的瞩目。据监测，每年到鄱阳湖越冬的白鹤大概有2 900只，占全世界白鹤总数的98%。鄱阳湖是目前世界上最大的白鹤越冬地，也是迄今发现的世界上最大的越冬鸿雁群体所在地。

如今，鄱阳湖候鸟保护区已经成为世界保护、研究鸟类的重要基地，同时，鄱阳湖区也是江豚、中华鲟、白鹤等多种珍稀野生动物的栖息地，而且由于全球生态环境的变化，有部分夜鹭渐渐成为留鸟，冬季也在鄱阳湖区栖息。

除了集水盆，鄱阳湖还是五河入长江的"中转站"，将江西省"不流外人田"的水流，全都导向九江市湖口县石钟山，最终汇入滚滚长江。■

白鹤群飞

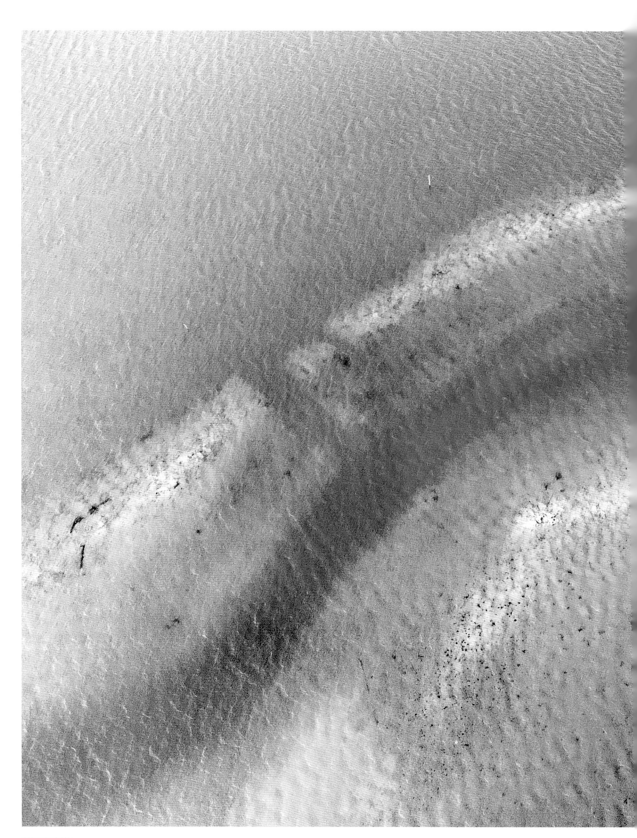

鄱阳湖湿地

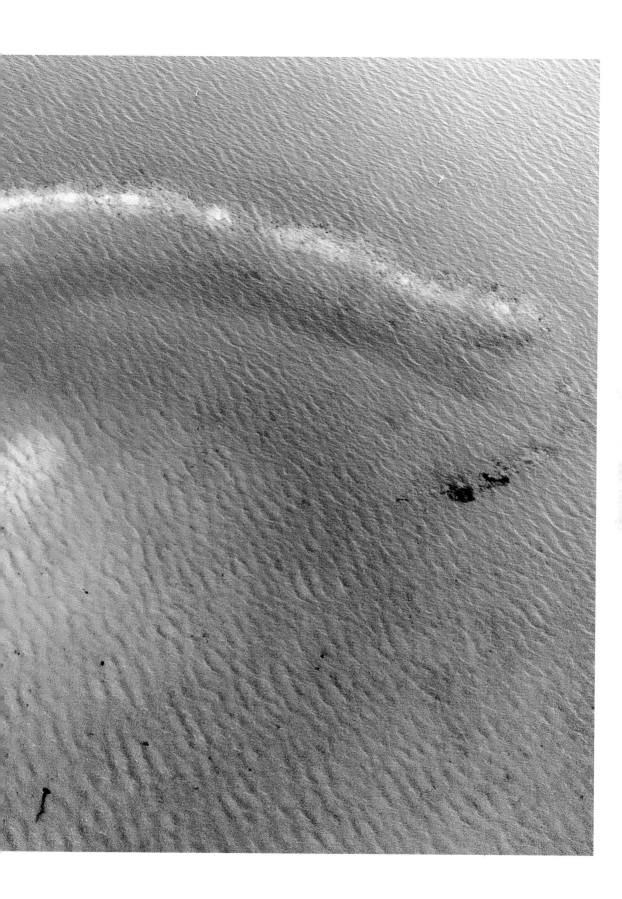

鸟类天堂鄱阳湖

雁归来

水网密布
鸢飞鱼跃

长江出南津关，便摆脱了高峡深谷的束缚，开始进入辽阔的长江中下游平原。这里水网密布，江湖勾连，气候温和，盛产鱼、虾、蟹、稻、菱、莲等，素称"鱼米之乡"。丰富的湖泊、湿地成为各类珍稀鸟类越冬、栖息的重要乐园。

■ 自史前起，人们就开始对稻和桑进行驯化。男耕女织的生产方式在农耕文明史中延续了数千年。长江中下游地区地势低洼、平坦，湖泊星罗棋布，适宜的水热条件为农业生产提供了良好基础。在这里，广泛种植的水稻和桑树深刻影响了经济、文化、生态的方方面面，也塑造了该地区的景观。自然的湖沼景观大面积消失了，取而代之的是无数个小型基塘。如果你打开卫星地图，长江中下游尤其是太湖流域那密布的水网和那些如马赛克拼贴般的水田及坑塘，都是稻和桑曾生长或正在生长的痕迹。■

蚕桑与水稻　传承千年的农桑文明

物种名片

- ⊙ 中文名：桑
- ⊙ 学名：*Morus alba*
- ⊙ 目：蔷薇目
- ⊙ 科：桑科
- ⊙ 属：桑属
- ⊙ 保护等级：无
- ⊙ IUCN：无

物种名片

- ⊙ 中文名：水稻
- ⊙ 学名：*Oryza sativa*
- ⊙ 目：禾本目
- ⊙ 科：禾本科
- ⊙ 属：稻属
- ⊙ 保护等级：国家二级重点保护野生植物
- ⊙ IUCN：无

■ 桑

桑又称家桑。桑树与一种昆虫蚕，缔结了奇妙的关系。如今我们说的蚕指家蚕，属于鳞翅目蚕蛾科。同水稻与野生稻的关系类似，家蚕和野蚕在分类学上已经很难被看作是同一个物种。至于中华大地上的先民们是如何将树皮颜色的野蚕驯化培育成白白胖胖的家蚕的，已不可考，只有流传下来的神话传说：黄帝之妃嫘祖始教民养蚕。

种桑与养蚕一体。虽然栽植桑树还能吃到桑葚，用桑葚酿酒，用树皮造纸，用树干做建材和燃料，但最主要的还是获取桑叶来养蚕。养蚕则是为了获取蚕丝，而蚕丝制成的丝绸，乃是中国最著名的奢侈品和外贸商品。

水稻

水稻的种子，即我们所说的稻谷加工成的大米，富含淀粉以及其他营养物质。现在经过驯化后的水稻，为全球半数人口提供了稳定的食物来源，而作为国家二级重点保护野生植物的野生型"稻"已经淡出大众的视野。

水稻最初的驯化很可能发生在长江流域，在测定年代为公元前 5 000 年的河姆渡遗址中出土的没有芒刺的水稻样本和大量稻作遗迹，这是人们已经开始驯化种植稻种的确凿证据，湖南、江苏等地也发现了更早的稻作遗迹。其后，东南亚湄公河流域和恒河中游流域的先民可能分别独立驯化了水稻。需要说明的是，非洲西部的人们同样驯化了一种稻属植物——光稃稻，与亚洲人驯化的水稻不是同一个物种。

目前，在亚洲被驯化的水稻早已遍植全球。人们培育出的众多水稻品种，不仅能生长在东亚平原低地的沼泽湿地中，还能生长在热带、高山和高原，能适应浅水地、深水地甚至是海岸盐渍土环境。除了适应性，各水稻品种的外貌、口感、生长周期也各不相同。中国境内的稻米一般可分为两大类（两大亚种），即粳稻和籼稻。粳稻米粒相对粗短，籼稻更狭长。

现代人栽培的水稻品种超过 100 000 个，但相比野生祖先，它们拥有两个共同点：不再长有尖锐的芒刺，稻粒也不再主动脱落，而是在稻穗上等待人们的收割。这为水稻种植与收获提供了极大便利。目前植物分类学上将野生稻单独列为一个物种。虽然物种不同，但野生稻与栽培稻能够杂交，而且野生稻拥有大量不同的变异性状。1970 年，袁隆平团队在海南发现了一株雄性不育的野生稻，这株野生稻成为我国现代杂交水稻事业的开端。

农桑事

自古农桑并列,南宋绍兴年间画家楼璹所作的《耕织图》得到了历代帝王的推崇和嘉许。但桑蚕业的蓬勃发展要早于水稻。从神话时期一直到秦汉,中华文明在黄河流域的发展胜于长江流域。《史记·货殖列传》记载"齐、鲁千亩桑麻",足见当时黄河流域桑树种植的规模。当时水稻虽然是长江流域居民的主食,但栽植面积较少和耕作方式比较落后:"总之,楚越之地,地广人希,饭稻羹鱼,或火耕而水耨,果隋蠃蛤,不待贾而足,地埶饶食。"可见因当时的工具限制,加之自然物产之丰富,南方人缺乏大规模开垦农田的能力与动力。

黄河流域也种植水稻,但数量较少,毕竟水稻这种作物还是更适应温暖湿润的地区。《论语》中孔子问弟子宰予:"食夫稻,衣夫锦,于汝为安乎?"可见当时齐鲁之地的稻米与锦缎并列,属于"锦衣玉食"的奢侈品范畴。

虽然长江中下游的气候更加适合水稻生长,但是当地的水文条件,却给水稻种植带来了极大挑战。由于地处亚热带季风气候带,长江中下游地区每年都有几个明显的降雨季,加之地势低洼,极容易发生水患,使水稻绝收。桑树的情况也类似,桑喜旱地,不耐水淹,如果淹没时间久了会烂根,种桑人几年的努力就化为泡影。

因此,长江中下游的农桑事,更加紧密地与水利工程联系在一起。

技术革新

秦汉以后的三国时期,曹魏推行屯田制度,蜀汉和孙吴也积极屯田,兴修水利。孙吴著名将领陆逊,早年就在海昌县(今浙江海宁)任屯田都尉,督劝农桑。江汉平原和太湖流域的农业基础也在孙吴政权的统治下得到了极大发展。三国之后,历经多次战乱和北方人口南迁,到

南宋时期,中华文明经济中心完全转移到了南方。汉学家斯波义信在《宋代江南经济史研究》中指出:"唐、五代、宋掌握了围、坝、堰、塘的技术后,才有了营造所谓'新田'的能力。"水利技术的发展为农桑发展提供了条件,而人口的大量增长则迫使人们不得不利用新技术开垦更多新出。

南宋《吴兴志》说:"湖之城平,凡为塘,岸皆筑以捍水。"这充分说明江南筑堤围塘是为了从季节性洪水中夺出一块地来。筑堤挡水,塘内成田,才能减轻水患影响,保障农业生产正常进行。

掌握了筑堤围塘技术的人们,才拥有了在长江中下游地区大面积开垦的能力。塘分几级,最高一级为大型工程,如海塘、江堤。

在太湖流域,雨季从西部山区奔流而下的山洪破坏力亦非同小可。修筑在苕溪东岸的西险大塘,建成于宋代,历朝历代精心修缮,至今仍是杭嘉湖平原最重要的防洪屏障。

大塘内,再起围田。如果说大塘是政府工程,那么围田大都为私人围垦,围垦的目的一般是种稻。《吴兴志》记载:"郡地最低,性尤沮洳,特宜水稻。"可以说人们将原本的自然湖沼湿地打碎,以大围田、小围田取而代之,正是为了给水稻营造理想的生长环境。人们自己栖身在水稻之侧,终日为水稻操劳的同时还不得不忍受着积水滋生的瘴气蚊蝇。江南各县志中多有花蚊子肆虐聚集,"形如云,声如雷"的记载。

然而,由于水稻的大面积种植,杭嘉湖平原成为江南最富庶的区域。"上有天堂,下有苏杭"和"苏湖熟,天下足"这两句著名的谚语,都在南宋时期诞生并流传至今。

古时农桑不分家。南宋时期,江南地区种桑业繁荣。在河中挖泥筑塘,须在塘堤上植树护岸,有着繁杂根系的桑树和柳树成为首选。一些围

田因长期淹水导致土壤变质，水稻无法在内正常生长，农民索性把田中淤泥掘出，堆高塘堤。堤上种桑，塘里养鱼，这便是桑基鱼塘系统。如果围田内仍种稻，可称桑基稻田。

种桑对小农家庭来说好处多多。养蚕或者出售桑叶获利，桑木可做木材和燃料，果可食。所以，古人在描述桃花源的景象时，必须有良田、美池、桑竹。据南宋《吴郡志》记载，当时吴郡已经是"桑田翳日，木奴连云"（木奴为柑橘别称）。诗人杨万里有许多描写农桑的诗句，如："夹路桑千树，平田稻十分。"人们还培育出了低矮、便于采摘桑叶的桑树品种。杨万里咏道："树树低桑不要梯，溪溪新涨总平堤。" 为了给桑树创造相对干燥的生长环境，塘堤越培越高，稻田和鱼塘越挖越深。今日，如果参加江南水乡冬季的干塘活动，可以发现塘底与塘堤的高差往往在 3 米以上。

将湖沼开垦成围田，进而形成桑基鱼塘和桑基稻田，宋元之后，此种农业模式在长江中下游继续蓬勃发展。大面积的田地、湖泊、沼泽、树林越来越少，被无数小塘和塘与塘之间的密布水网取代，稻与桑就这样塑造了江南的景观地貌。

桑争稻田

到了明清时期，棉花的传入和推广极大程度地压缩了水稻和桑树的种植范围。四川天府之地自古植桑，三国时期蜀锦名满天下，但明清时期已经遍植棉花。黄河流域农桑同样萎缩。棉花种植排挤水稻和桑树，究其原因无非是利润丰厚。据《兖州府部汇考》记述："⋯⋯土宜木棉。贾人转鬻（卖）江南，为市肆居焉。五谷之利不及其半矣。"

长江中下游、长三角的东南沿海地区因滨海沙土宜种棉花，迅速改种棉花。徐光启《农政全书》记载："海上（上海、松江）官民军灶，垦田几二百万亩，大半种棉，当不止百万亩。"

但杭嘉湖平原因为过于潮湿，不适宜棉花生长，桑田格局并未受到太大的影响，反而因为其他地区桑蚕业的衰落，使其成为这一时期中国的桑蚕产业中心。

然而，这一时期，杭嘉湖平原出现了"桑争稻田"的景象。由于明清时期纺织业快速发展，江南生产的布匹和丝织品不仅享誉全国，更是远销海外。因生产扩大，对棉花、生丝的需求量激增，植桑养蚕的利润远超种稻。

种桑养蚕的利润是种稻的 4 倍甚至更高，据《江南丝绸史研究》记述，自明后期到康熙年间，杭州府田减 30 顷，地增加 184 顷；湖州府田减 79 顷，地增加 28 顷；嘉兴府增减最剧烈，田减 1 354 顷，地增加 1 560 顷。这里说的田便是水田，种植粮食作物；地指旱地，主要用于种桑，也可种植棉花、烟草等经济作物。古时 1 顷等于 100 亩，也就是说嘉兴府新增地约 100 平方千米，几乎与 2018 年嘉兴市的建成区面积相当。

桑不耐水淹，为了给桑树营造相对干燥的生存环境，人们弃田治地，不断用田中泥土垒高塘堤，培育桑树。越挖越深的塘不再适合种稻，便用来养鱼。稻田越来越多地转变为桑基鱼塘。

桑基鱼塘是一种相当优秀的生态农业系统，使农、林、渔、牧融为一体。塘堤上植桑，桑叶供养蚕，桑蚕的掉落物和蚕沙用来喂鱼，鱼粪肥沃了塘底淤泥。一般到了冬季，小的塘会排干水，即"干塘"，把池鱼打捞一空，第二年再放养鱼苗。冬季还须挖掘淤泥培高塘堤，肥沃桑土，干枯的桑叶则用于喂养牛羊。鱼塘中同样可以用来种植菱角、芡实、莲藕、莼菜、茭白等水生蔬菜。

但是，维持桑基鱼塘的能量循环是需要人力的，说到人力，长江中下游人民的主食还得是水稻。前面说道，南宋时期江南有"苏湖熟，天下足"的谚语，但到了明清，稻米甚至需要从外地调运，

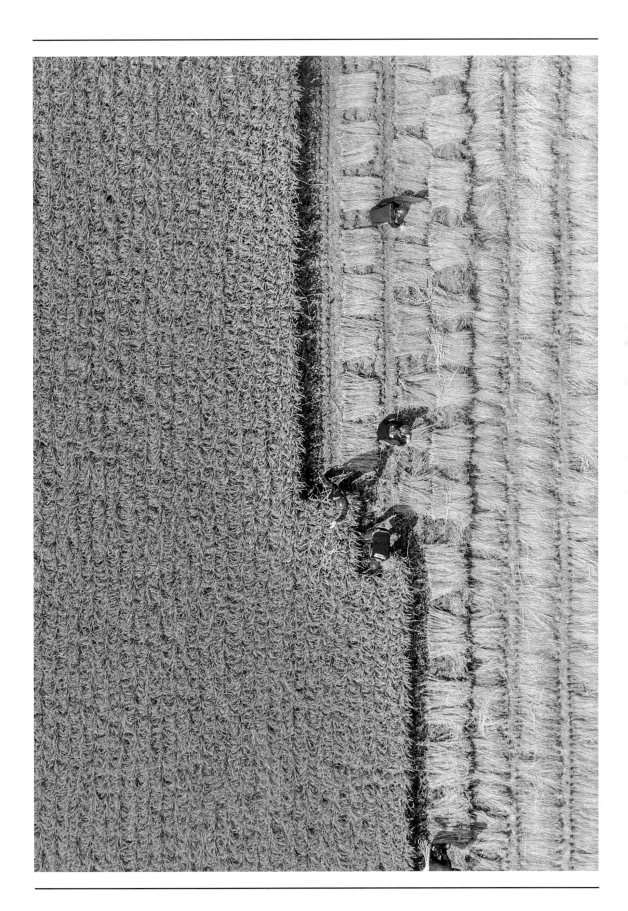

此时谚语也变成了"湖广熟，天下足"。不过由于纺织业的发展，江南又有了"衣被天下"的美称。

随着桑基鱼塘的发展，江南的地形地貌进一步改变，水塘越来越多，塘埂和水网越发繁杂。

稻桑之现状

为何如今的杭嘉湖平原上桑树难觅？20 世纪初，西方国家爆发经济危机，生丝、丝绸出口停滞，需求量减少，江南地区桑蚕业生产亦陷入衰退。抗日战争期间，杭嘉湖平原沦陷，日本侵略者为了垄断丝绸贸易，在上海成立"华中蚕丝公司"，规定中国茧商收到的蚕茧必须转卖给该公司，同时大肆掠夺沦陷区内的各类物资。随着战局发展，沦陷区内粮食短缺，燃料缺乏，人民不断砍伐桑树，改种粮食。抗日

战争胜利后，国内又是一片政局混乱、经济萧条的景象。江南桑蚕业再难复兴。

现代，杭嘉湖平原已经不是全国桑蚕业中心，广西等中西部省份后来居上；也不再是水稻和其他粮食作物的生产中心，在 2020 年各省份产粮排行中，浙江省排名第 23 位。

为了给水稻和桑树营造适宜的生长环境，杭嘉湖平原的人民辛勤千年，筑塘治地，将江南水乡打造成围围棋布、水网纵横的面貌。但随着水稻和桑树种植中心的转移和城市化的进程，此种面貌在大地上被一点点蚕食，随之被尘封的还有江南水乡的农桑文化。如今，大部分人只能在博物馆和景区举办的体验活动中感受到它了。■

■ 迁徙是鸟类对生命的承诺。中国是东方白鹳迁徙路线上的关键区域。每年洞庭湖水位下降的季节（初冬），它们沿长江入洞庭回到越冬地。许多东方白鹳在亚洲东部，俄罗斯远东地区，朝鲜半岛，日本和中国东北地区繁殖，迁徙时经过吉林、辽宁、河北、山东、北京等地。在长江下游、福建、广东的沿海岛屿、香港和台湾等地，东方白鹳为冬候鸟或过境旅鸟，部分个体在印度、缅甸、孟加拉等国越冬。■

东方白鹳　身形优雅的"鸟界国宝"

物种名片

⊙ 中文名：东方白鹳
⊙ 学名：*Ciconia boyciana*
⊙ 目：鹳形目
⊙ 科：鹳科
⊙ 属：鹳属
⊙ 保护等级：国家一级重点保护野生动物
⊙ IUCN：濒危（EN）

■ 东方白鹳，一种优雅的大型涉禽，体长可达110～128厘米，长有粗壮的黑色喙，羽毛整体上为白色，覆羽和飞羽黑色，眼周裸皮和眼鲜红色，腿红色且细长，显得非常高挑。

1873年，东方白鹳由英国人史温侯（Swinhoe）依据采集自日本横滨的标本命名，但长期被视作白鹳的亚种，东方白鹳的喙为黑色，而白鹳的喙为红色，东方白鹳的体形也比白鹳更大。虽然早在1965年沃里（Vaurie）就基于这些形态学差异认为，应该将东方白鹳作为独立种，但这一观点长期没有得到鸟类学界普遍的认可。直到1991年，阿奇博尔德（Archibald）和施密特（Shmitt）在形态学的基础上，又对东方白鹳和白鹳的生态学和行为学差异进行了研究，东方白鹳应作为独立物种的观点才得到学界广泛认可。

东方白鹳是典型的湿地大型涉禽，主要以水中的鱼类为食，也吃蛙类、小型啮齿类、蛇类、蜥蜴、甲壳类、昆虫等其他动物性食物。根据 1990 年温特（Winter）的一项研究，东方白鹳的食谱中鱼类占到了 70% ~ 90%，最大的鱼重量可达 1 千克。除了动物性食物，东方白鹳偶尔也吃一点叶子、苔藓、种子等植物性食物以及一些小石子和沙粒。

东方白鹳每年 3 月初至中旬到达位于我国东北和俄罗斯远东地区的繁殖地，巢址通常选在干扰较小的开阔草原或农田沼泽地带，在孤立的柳树、榆树、杨树上营巢，近些年来也有选择在电力铁塔上做巢。雌雄亲鸟共同完成营巢任务，由雄鸟外出寻找和运送巢材，雌鸟留在巢上筑巢。巢很巨大，呈盘状，外径 120 ~ 230 厘米，内径 50 ~ 74 厘米，如果巢未受干扰和破坏，第二年还可能继续使用。

近些年来，东方白鹳的繁殖地有明显的"南扩"趋势，除了传统上的在我国东北地区和俄罗斯的远东地区的繁殖地，在迁徙和越冬地，也陆续发现了东方白鹳的繁殖地，包括但不限于河北曹妃甸、山东东营、江苏盐城、江苏高邮、安徽安庆等地，在东方白鹳的重要越冬地鄱阳湖，也发现了繁殖个体，这也是目前发现的东方白鹳最靠南的繁殖地。

东方白鹳曾广泛分布于日本东部和朝鲜半岛，但令人惋惜的是，日本和朝鲜半岛的东方白鹳均在 1971 年宣告区域性灭绝，日本和韩国分别于 2005 年和 2015 年将圈养的东方白鹳重新引入野外，目前野化工作均已取得初步成效。

随着日本和朝鲜半岛上的东方白鹳野外灭绝，繁殖于中国东北和俄罗斯远东地区的东方白鹳种群成了这个物种最后的希望。该种群迁徙主要经过中国东部，包括黑龙江、吉林、辽宁、

张燕宁 / 摄

郝夏宁 / 摄

河北、北京、山东、江苏等省份，主要越冬于长江中下游地区，其中以鄱阳湖的越冬种群所占比例最大。

2015 年 6 月，东北林业大学的研究团队在洪河国家级自然保护区为 8 只东方白鹳幼鸟佩戴了卫星跟踪器，秋季迁徙数据从 9 月 1 日开始记录，一直到 12 月 31 日停止记录，最终一共有 6 只幼鸟完成了秋季迁徙，有 3 只东方白鹳在鄱阳湖越冬，1 只越冬于黄河三角洲保护区，1 只越冬于安徽省全椒县南部农田，还有 1 只在江西赣江沿岸。

20 世纪 80 年代初，国际鸟类学界对东方白鹳的种群数量评估在 1 000 只左右。1986 年秋季，英国人马丁·威廉姆斯在河北北戴河计数到 2 729 只个体，比当时的预估数量多出 1 倍以上，一举打破了对该鸟种数量的认知。但在那之后，就很久没有超过 2 000 只的记录了，东方白鹳的种群可能经历了一个下降的过程。

目前，世界自然保护联盟物种红色名录将东方白鹳评估为"濒危"等级，种群数量在 1 000 ~ 2 499 只，但这主要依据的是 1999 年和 2006 年发表的文献，相对落后。2020 年冬季，在鄱阳湖的调查记录中东方白鹳近 7 000只，如果加上山东、江苏越冬的约 1 200 只个体以及日本和朝鲜半岛的野化个体，总数应该在 7 000 ~ 9 000 只。随着近些年来保护意识的提升和保护工作的开展，这种美丽的大鸟已逐渐转危为安。

2021 年 2 月 1 日，新公布的《中国野生动物保护名录》将东方白鹳增补为国家一级保护动物，本次调整意义重大，为东方白鹳的保护工作提供更为强大的法律保障。但在未来，东方白鹳仍将受到栖息地丧失等因素的威胁，需要我们持续关注其种群保护工作。■

■ 秋末，长江中下游流域湖泊的水缓缓退去，露出的湖滩开始显现矮矮的青草，这时，一只只来自北方的白色天使——小天鹅挥动着柔美的翅膀、哼唱着优美的歌，成群结队，纷至沓来，开始在这片水天相润的世界里度过长达 4 个多月的冬季。■

小天鹅　优美可爱的白色天使

物种名片

- ⊙ 中文名：小天鹅
- ⊙ 学名：*Cygnus columbianus*
- ⊙ 目：雁形目
- ⊙ 科：鸭科
- ⊙ 属：天鹅属
- ⊙ 保护等级：国家二级重点保护野生动物
- ⊙ IUCN：无危（LC）

■ 小天鹅，在我国古代又叫鹄，俗名短嘴天鹅、白鹅等。大型水鸟，体长 110 ~ 150 厘米，翼展 160 ~ 210 厘米，体重一般为 4 ~ 9 千克，寿命一般为 20 ~ 25 年。成鸟雌雄同色，雌性个体稍小，全身洁白，嘴端黑色，嘴基黄色，虹膜黑褐色，腿与脚掌为黑色。亚成鸟浑身淡灰色，嘴端黑色，嘴基粉红色。小天鹅体态优雅，普遍受到人们的尊崇与喜爱。小天鹅与我国分布的另一种天鹅——大天鹅非常相似，二者最明显的区别在于，小天鹅嘴上的黄斑沿嘴缘分布不超过鼻孔，而大天鹅嘴上的黄斑分布超过鼻孔；再者，顾名思义，小天鹅总体上体形比大天鹅小一些，且颈和嘴也较大天鹅短一些。小天鹅鸣声接近"kou-kou"，清脆，且小得与体形不相称，很多时候给人感觉如"喃喃自语"，与大天鹅类似喇叭一样的鸣声明显不同。此外，雪雁也和小天鹅较为相似，但雪雁体形明显更小，且嘴巴为赤红色，翅尖为黑色，这些都与小天鹅明显不同，二者在野外容易区分。天鹅属的化石目前最早可追溯至中更新世时期，距今大约 70 万年。目前，一般认为，全世界的小天鹅分为两个亚种，分别是指名亚种，繁殖于加拿大北部，越冬于美国；古北亚种，繁殖于亚洲北部及东北部，越冬于欧洲、中亚和东亚。分布在我国的小天鹅为后者。

张海虹 / 摄

分布在我国的小天鹅繁殖于北极苔原带，主要栖息于较为开阔的湖泊、沼泽以及水浅流缓的河流一带，繁殖期集中于 6—7 月。小天鹅一雄一雌制，配对结合较为固定，除非配偶遭遇不测，不然不会寻觅新的伴侣，有时丧失配偶后多年仍维持单身甚至终生不再"嫁娶"，因此又被视作忠贞爱情的象征。新对仅出现于即将参与繁殖的亚成体以及失去配偶的成鸟之间。雄鸟常为争夺雌鸟发生打斗，伸长脖子、不断拍打翅膀、竖起羽毛，扑向对方，直到其中一只雄鸟败退为止。求偶炫耀通常发生于地面。雄鸟先在雌鸟面前不停走动，同时高声鸣叫，雌鸟向雄鸟伸出脖子，有时亦微微举起双翅并挥动。繁殖期外的小天鹅性情较为温顺，但领地意识极强，对过往同类以及其他动物具有攻击性。小天鹅的巢通常位于水塘之间或河湾附近的草地和土丘上，主要由干芦苇、苔藓及其他干草组成，内垫有绒羽，呈盘状，直径约 1 米，高 0.5 米，有时小天鹅也会对旧巢加以改造再利用。

每窝产卵 2 ~ 7 枚，卵为乳白色。一般雌鸟孵卵，雄鸟警戒，孵化期约为 1 个月。亲鸟共同抚幼。雏鸟为早成，孵出后不久即可行走，约 50 天后便能飞行。

小天鹅多以水生植物的根、茎、叶及种子为食，例如菹草、苔草等，有时也吃少量的螺类及水生昆虫等，偶尔取食谷物和农作物幼苗。觅食主要在白天，以小群或者家族群为单位。生性机警，觅食前常有一对"侦察兵"先到觅食地盘旋侦察，确定较为安全后才开始集体觅食。觅食时多与其他雁鸭类群体保持较近的距离，以相互照应，且常派出"哨兵"观察四周，保持警戒，确保群体安全。小天鹅的天敌，有北极狐、赤狐、棕熊、金雕等，由于小天鹅成体较大，防御能力较强，所以野外天敌多数时候只对卵及幼鸟构成威胁。在中国的越冬地，只有金雕、白肩雕及白尾海雕等大型猛禽偶尔会尝试捕食小天鹅的老年鸟及受伤个体。

张海虹 / 摄

每年的 8 月底至 9 月初，寒流来袭，小天鹅离开北方的繁殖地开始南飞越冬，它们通常以 6 ~ 12 只为一群或家族群为单位进行迁徙，这些小单位群有时进一步集结成上百只的大群。小天鹅的队形组织较为严密，常常排成"人"字形或"一"字形。这种队形是一种防御及助飞阵形，迁徙群体总是由经验老到、体力充沛的个体充当"排头队长"，飞在队伍的前面，亚成鸟和体弱的鸟大都插在队伍中间，既节省体力又确保安全。它们飞行速度很快，时速为 70 ~ 100 千米，最高可达 130 千米，飞行高度可达 8 000 米，它们一边飞行，一边不断发出"kou-kou"的鸣叫，为同伴加油打气，同时也作为一种交流信号，互相传递安慰、呼唤、出发与休憩的信息。小天鹅的迁徙是逐步进行的，沿途在食物充足的安全水域停歇休整，有时停驻时间长达半个月。经过 5 000 ~ 6 000 千米的长途跋涉，大约 10 月下旬至 11 月中上旬最终陆续到达我国南方越冬地。翌年 3 月中下旬，它们又陆续从越冬地出发前往繁殖地，到达繁殖地的时间通常为 5 月底 6 月初。如此年复一年，小天鹅作为白色信使，循环往复地连通着南北方。

实际上，处于长江上游地区的四川、重庆也都有小天鹅分布，不过，长江中下游流域的小天鹅种群数量要大得多。长江中下游河网密布，湖泊星罗棋布，构成了独特的江湖复合生态系统，水草丰美，是众多野生动物的乐园。春夏时节，小天鹅已北迁，此时长江中下游洪水暴涨，淹没湖滩，有机质大量沉淀；秋冬时节，水位回落，湖滩裸露，沉淀的有机质为许多植物提供养料，这些植物也正是小天鹅越冬不可或缺的粮食。过去，长江中下游湖泊湿地每年都可见大量小天鹅越冬，但伴随着人口的增加、人类活动的加剧，尤其是江湖自然连通被人为阻断，导致江湖水文关系发生改变，大量湖泊冬季水位不再自然消落，许多小天鹅越冬所需的植物无法生长，小天鹅的数量明显减少。最典型的例子莫过于梁子湖，作为湖北省第二大湖泊，据当地渔民讲，50 多年前，冬季可以见到大量小天鹅，由于修闸建坝、围湖造田等，即便在全湖禁渔之后，现在冬季可见的小天鹅数量相比以前也大幅减少。

庆幸的是，长江中下游最大的两个湖泊——洞庭湖和鄱阳湖依然保持自然通江属性，尤其是位于江西省的鄱阳湖，开发程度相对较低，基本保持"洪水一片，枯水一线"的自然风貌。每年到鄱阳湖越冬的候鸟多达 60 万～70 万只，其中，小天鹅的数量就有 3 万～7 万只，2013 年甚至达到 11.2 万只！

在冬季的鄱阳湖，人们可以目睹许多有关小天鹅的美妙景象。例如，在都昌县的一些水域，由于小天鹅密度极大，甚至形成了令人称道的"天鹅湖"。只见小天鹅们在水中比肩继踵，有的怡然自得徐徐前行，有的竖起身子扇动巨大有力的翅膀，有的暂时停驻浅浅低吟，有的把头钻入水中觅食翘起白白胖胖的大屁股。在长满青草的湖滩上，数百上千只小天鹅大规模集群，远远望去，恍若"白雪堆岸"！鄱阳湖得天独厚的自然条件，加上当地各级政府持续不断的保护投入，每年冬季，小天鹅才得以在鄱阳湖安心越冬，鄱阳湖才成为东亚最大的小天鹅越冬地，越冬小天鹅数量占到全世界的 10%～30%。江西省都昌县也于 2012 年被冠以"中国小天鹅之乡"的美誉。

天鹅作为文化形象在我国可谓源远流长。洁白优美的身形，周而复始的来来往往，远走高飞的洒脱不羁，都给我国古代的文人墨客留下了诸多复杂的思绪与奇妙的情感。战国时期著名诗人屈原在其作品《天问》中有"缘鹄饰玉，后帝是飨"，唐代著名诗人杜甫在《久雨期王将军不至》中有"泉源泠泠杂猿狖，泥泞漠漠饥鸿鹄"，同一朝代的诗人白居易撰有"暗镜对孤鸾，哀弦留寡鹄"，北宋文豪欧阳修在《西征道中送陈舅秀才北归》里写道"人随黄鹄飞千里，酒满栖乌送一弦"……最著名的莫过于司马迁在《史记·陈涉世家》的那一句"燕雀安知鸿鹄之志"。此外，天鹅在我国民间也留下了许多传说。例如，有渔民说，天鹅很有灵性，能记得人，懂得知恩图报。谁对它好，它就会报恩；谁伤害它，它也会想法子报仇。

与我国分布的其他两种天鹅——大天鹅与疣鼻天鹅一样，小天鹅也被列为国家二级重点保护野生动物。虽然目前全球小天鹅依然保持较可观的种群数量，但随着全球环境的变化，它们的未来仍然充满变数。不过，我们有理由相信，在"长江大保护"的历史潮流之下，会有越来越多的人理解自然、尊重自然并关爱自然，小天鹅在中国的越冬环境会持续得到改善。我们也期盼，小天鹅优雅美丽的身姿常伴人类左右。■

如果它消失了……

谈及为什么保护小天鹅，以下几点可能是基本共识：第一，小天鹅作为一个物种，本身就拥有生存的权利；第二，对人类而言，小天鹅具有很高的美学及科研等价值；第三，小天鹅是长江流域的明星物种，保护小天鹅就相当于保护长江湿地，保护包括我们人类在内的众多其他生物。

如果小天鹅不在了，我们的后代见不到活体小天鹅，将会无比遗憾；更为严重的是，这说明长江流域的湿地进一步退化，人类的生存也遭到了进一步威胁。

值得庆幸的是，我国相关部门很早就意识到小天鹅的重要性，并逐步建立了多个自然保护地，例如鄱阳湖国家级自然保护区、东洞庭湖国家级自然保护区及安徽石臼湖省级自然保护区等，以保护包括小天鹅在内的珍稀鸟类及其栖息地。此外，各地还举办"爱鸟周"及"观鸟赛"等活动。这些，都对保护小天鹅等鸟类起到了重要作用。

■ 鄱阳湖的冬天是属于候鸟的，每年 10 月开始，来自西伯利亚、蒙古、日本、朝鲜半岛以及我国北方的越冬候鸟陆续飞抵这里，枯水季节露出的大片滩涂和草地给越冬候鸟提供了绝佳的觅食休憩环境，其中不乏国家重点保护动物和濒危物种，不过最具代表性和最亟须保护的，必须是白鹤。■

鄱阳湖上白鹤飞

物种名片

⊙ 中文名：白鹤
⊙ 学名：*Grus leucogeranus*
⊙ 目：鹤形目
⊙ 科：鹤科
⊙ 属：鹤属
⊙ 保护等级：国家一级重点保护野生动物
⊙ IUCN：极危（CR）

■ 白鹤，一种大型涉禽，体长可达 130 ～ 140 厘米，头顶和脸皮肤裸露，呈鲜红色，嘴和脚暗红色，站立时通体羽毛白色，初级飞羽黑色，但站立时被更长的三级飞羽覆盖而不可见，飞行时可见。

白鹤通常在 4 月底 5 月初返回北极苔原繁殖地，实行一雄一雌制，常营巢于湖泊纵横的苔原沼泽地带，巢通常被水包围，雌雄共同完成营巢的任务。白鹤的巢很大，呈圆盘状，主要由干的芦苇和草茎构成，每窝通常产卵 2 枚，在第二枚卵产下后，雌性开始孵化，雄性在附近守卫。卵通常需要 28 天左右的时间孵化，幼鹤破壳之后约 80 天后可以飞翔。幼鹤之间常出现争斗，通常只有一只能活下来，这也是白鹤种群不能有效恢复的原因之一。

在白鹤的食谱中，植物性食物所占比例很大。在夏季，白鹤通常以白藜芦的根茎和岩高兰的果实为食，在植物性食物被雪覆盖时，也会吃小型啮齿目动物、蚯蚓以及鱼类；在冬季，白鹤主要以苦草、眼子菜、苔草、荸荠等植物的茎和块根为食，也可能会进食水生植物的叶、嫩芽，也会吃少量蚌、螺、昆虫、

甲壳动物等动物性食物。近年来的研究表明，鄱阳湖自然生境的退化，导致更多的白鹤选择前往人工生境觅食，比如五星垦殖场毗邻鄱阳湖，拥有广阔的稻田和藕塘，稻田和藕塘收获后散落的稻谷和根茎吸引了大量的白鹤觅食。

鹤类体形庞大，多具迁徙行为，对生活环境要求较高，较易被人类捕捉或被人类活动影响，因此，鹤类家族中具有生存危机的种类所占的比例很大。目前白鹤虽然并不是数量最少的一种鹤，数量多于美洲的美洲鹤，但却是世界15种鹤类中唯一一种极度濒危的鹤类，濒危等级最高，面临最严重的生存危机。

白鹤的种群可谓命途多舛，根据越冬地划分，白鹤可分为东、中、西三个种群。西部白鹤种群越冬于伊朗里海南岸的费雷敦凯纳尔沼泽，但自2008年冬季以来，一直仅有1只越冬个体；中部白鹤种群越冬于印度的盖奥拉德奥国家公园，但2002年后，此地越冬的白鹤种群消失，再无发现；东部种群最为壮大，越冬于我国安徽、湖南和江西等省，根据国际鸟盟的估算，东部种群有3 500~4 000只个体，而在江西鄱阳湖地区越冬的白鹤占到了95%以上，东部种群也是白鹤未来的唯一希望。

白鹤的中部和西部种群的迁徙路线都是从西伯利亚西部繁殖地开始，向南穿过俄罗斯，到达哈萨克斯坦境内，之后，西部迁徙路线沿着里海西岸到达伊朗，而中部迁徙路线则穿过乌兹别克斯坦到达印度。

根据历史文献的记载，白鹤曾繁殖于我国内蒙古达赉湖、黑龙江中部齐齐哈尔和辽东一带，但近些年的调查研究并未发现白鹤在国内存在繁殖个体。目前已知白鹤的东部种群的繁殖地位于俄罗斯萨哈共和国境内亚纳河下游与因迪吉尔卡河下游之间的北极苔原，其迁徙重要中途停歇地位于松嫩平原西南部的湿地，包括向海保护区、莫莫格保护区和内蒙古图牧吉国家级自然保护区及其周边湿地，此外，辽宁锦州、河北唐山、山东东营等地也是白鹤重要的经停地。根据给白鹤佩戴卫星跟踪器所获得的数据，在春季和秋季，白鹤的东部种群沿着相似的路线迁徙，经过相似的经停地，但春秋的迁徙路线并不完全重叠。

无论是迁徙路线，还是繁殖地、越冬地和重要中途停歇地，白鹤都表现了很强的专一性。白鹤的这种专一性选择，是白鹤的致危因素之一，其栖息环境的变化将对白鹤产生重大的影响。

白鹤迁徙路线上的一些停歇地的情况正在急剧恶化：齐齐哈尔市的湿地本是白鹤在春秋两季都要长期停留的停歇地，但近年来的研究表明，区域性的气候干旱导致齐齐哈尔市的湿地严重退化，鸟类栖息生境急剧萎缩，在此地停歇的白鹤种群数量下降，停留时间也随之缩短，白鹤在扎龙保护区的觅食时间仅为莫莫格保护区的二分之一，可见齐齐哈尔市湿地的退化趋势已经导致迁徙的白鹤无法在此长时间停留；而渤海湾的情况同样不容乐观，沿海湿地的开发建设如火如荼，原有的中途补给站不复存在，一些原本可以落下来进行补给的停歇地，现在白鹤只能在空中飞跃而过。更远的飞行距离，更少的补给时间和食物，以及农田中的农药，加重了白鹤在迁徙途中死亡的可能。

越冬地鄱阳湖的情况也不容乐观：鄱阳湖的水位存在较大的季节性波动，4—9 月为丰水期，水域面积可达 3 000 平方千米；10 月至次年 3 月为枯水期，水域面积小于 1 000 平方千米。丰水期的洪水冲击为湖泊带来丰富的营养物质，枯水期的水位下降为水鸟提供了大量觅食生境。正是这一丰一枯，使鄱阳湖成为东亚－澳大利亚鸟类迁徙路线上重要的鸟类越冬地。鄱阳湖越冬白鹤原本仅在浅水生境觅食，2010 年夏季的洪涝引起的苦草冬芽数量锐减改变了白鹤的觅食生境。这导致 2010 年、2011 年越冬白鹤首次离开浅水生境，前往草洲取食下江萎陵菜的块根和老鸦瓣的球茎，随之而来的是次年白鹤繁殖成功率的降低。

鄱阳湖的水利枢纽工程，屡次被提上日程又被搁置。毫无疑问的是，这一工程一旦上马，必然会对鄱阳湖区的水位变化造成影响，进而影响白鹤的觅食。最坏的结果就是，白鹤冬季觅食地损失殆尽，白鹤种群迅速下降，一些个体苟延残喘，最终彻底灭绝。即使最坏的结果不一定会发生，对于这一水利工程，我们也要慎之再慎，毕竟，鄱阳湖区已经是白鹤在这个星球上唯一的大范围越冬地。■

■ 汉中盆地，稻穗飘香，叶蝉噪鸣，秋意渐浓。汉水东流，烟霞浩渺，水色变幻，五彩纷呈。流光溢彩的山水间飘来一抹仙子般粉红，朱鹮早早开始了一天的觅食活动。这方富饶而神奇的土地正是世界濒危鸟类朱鹮野生种群唯一的避难所。■

朱鹮　山水间一抹仙子般的粉红

物种名片

⊙ 中文名：朱鹮
⊙ 学名：*Nipponia nippon*
⊙ 目：鹈形目
⊙ 科：鹮科
⊙ 属：朱鹮属
⊙ 保护等级：国家一级重点保护野生动物
⊙ IUCN：濒危（EN）

■ 在人类的呵护下，从最初 7 只极度濒危的朱鹮小种群历经 40 年的艰难困苦，朱鹮野外种群数量突破 4 400 只，分布区从洋县之一隅扩大到陕西南部汉江两岸、秦巴山地的 15 个县地，基本摆脱了濒临灭绝的危险境地。如果来到汉中地区，你随时可能目睹朱鹮靓丽的身姿，因为它们一年四季都生活在汉江两岸的低山、丘陵与河谷。郁郁葱葱的森林是它们生儿育女的场所，广袤的水田、众多的河流和水库是它们理想的觅食地。

那么朱鹮究竟是怎样的一个物种呢？

1835 年，时任荷兰莱顿自然博物馆馆长的博物学家覃明克 C.J.（Temminck C.J.）根据采自日本的模式标本发表了鸟类新种——朱鹮（*Ibis nippon*），之后国际鸟类学界为此进行了长达近 1 个世纪的争论，最终由日本鸟类学会将朱鹮的学名确定为沿用至今的 *Nipponia nippon*。朱鹮为中等体形

涉禽，雌雄同形，羽色具有季节变化。实行一雄一雌制，雌雄常年维持配偶关系。年周活动可划分为繁殖期（3—6月）、游荡期（7—10月）和越冬期（11月至翌年2月），活动范围具有季节性变化。年繁殖1次，窝卵数1~4枚，卵椭圆形，淡青绿色布以褐色斑点。雌雄共同孵卵育雏，晚成鸟。肉食性，食物包括鱼、蛙、螺、蟹、水生昆虫等。繁殖季节繁殖配对，在海拔较高的低山丘陵单独占据繁殖领域活动；游荡季节不同家族的个体在丘陵、平原地区集群活动，夜宿集群数量可达数百只；冬季虽集群活动，但种群更加分散，集群数量有所减少。

与很多其他濒危物种一样，曾经兴盛于东亚地区的朱鹮也是人类文明进程的牺牲品，其衰亡历史的背后隐藏着许多鲜为人知的故事。1868年明治维新之前，日本朱鹮广泛分布于北海道、本州、四国德岛及附近的各个太平洋小岛，不仅分布广而且数量大。朱鹮曾被作为稻田害鸟

惨遭大量捕杀。同时，朱鹮靓丽的粉红色羽毛成为日本藩政时代王室贵族生活中高雅的装饰品，因此民间争相采集收藏，从中获益。如同美国佛罗里达州的美洲红鹮一样也因其羽色艳丽而惨遭毒手，可叹"红颜"薄命！

在有意无意之间，我们伤及了自然界的其他生灵。出于知识的局限和人类自身的需要，我们做了不该做的事，导致了不堪设想的后果。20世纪50年代初，在陕西关中平原还生活着相当数量的朱鹮，到了60年代却突然不见了朱鹮的踪迹，根本原因在于50年代末期的乱砍滥伐。

1981年，中国洋县朱鹮的重新发现成为该物种拯救与恢复的里程碑。几代人40年的努力取得了举世瞩目的保护成就，朱鹮的保护被誉为"世界濒危物种拯救与恢复的典范"。故事虽然引人入胜但远未结束，我们依旧任重道远！∎

如果它消失了……

每天都有多个物种从地球上消失，自20世纪50年代以来，在工业迅速发展、人口数量不断增长、人类对生物资源的滥用和外来物种入侵等各方面因素的共同作用下，地球上物种的生存和衍续受到了很大的威胁。

目前分布于我国陕西省洋县的野外朱鹮种群是全球唯一的野生朱鹮种群，因此，朱鹮不仅具有重要的科研价值，而且具有重大的国际意义，对生态和社会都有很高价值。这一物种在地球上已经存在了2 500多万年，但是它从繁盛到濒临灭亡，只经历了前后不到一个世纪的时间。深入分析总结朱鹮在世界各地衰亡的原因和我国为保护朱鹮种群恢复所做的种种努力及研究成果，可以为以后朱鹮及其他濒危物种的保护管理提供科学依据和理论支持。我国对朱鹮保护所取得的成就，已经成为国际上保护濒危物种的成功范例。

朱鹮的故事虽然引人入胜但远未结束，我们依旧任重道远！朱鹮并没有摆脱濒临灭绝的威胁。其中一个主要原因就是当前朱鹮只有一个孤立的野生种群，分布范围十分狭小，它们依然面临近亲繁殖、环境容纳量以及来自人类经济活动的诸多压力。朱鹮的历史分布区大多再也无法适应朱鹮的生存，恢复朱鹮种群往日的辉煌依旧困难重重。为了使朱鹮彻底摆脱濒危状况，在加强就地保护的同时，必须尽早开展朱鹮的再引入研究，寻找适宜的栖息地。回首过去，展望未来，我们只有继续前行！

■ 青头潜鸭是一种东亚地区特有的潜鸭，这种潜鸭繁殖于俄罗斯东部和中国东北地区，越冬于中国南方。它们在我国的传统繁殖地位于黑龙江及乌苏里江流域，通常每年 10 月中旬开始飞往南方过冬，次年 3 月中旬再迁往北方繁殖。作为一种重新在江城武汉现身的候鸟，一度引发舆论关注。而武汉市观鸟协会在探索保护青头潜鸭的行动中，摸索出一套科学、完善的保护模式。■

青头潜鸭　行动灵活的"铁憨憨"

物种名片

⊙ 中文名：青头潜鸭
⊙ 学名：*Aythya baeri*
⊙ 目：雁形目
⊙ 科：鸭科
⊙ 属：潜鸭属
⊙ 保护等级：国家一级重点保护野生动物
⊙ IUCN：极危（CR）

■ "铁憨憨"定居武汉

"这个鸭子好像哈士奇啊！"
"它看起来好呆哦。"
"好胖啊，好像烤鸭。"

这是小朋友们看到青头潜鸭的第一印象，很真实。因为青头潜鸭在各种五颜六色的鸟儿中"颜值"并不算高，体形偏胖，眼睛白得很像哈士奇。但是这个其貌不扬的"铁憨憨"，却牵动着全国关注生态保护的人的心。

2014 年以前，青头潜鸭在武汉还是难得一见的冬候鸟，每次出现都会在自然观察爱好者中引起轰动。2014 年，武汉的观鸟爱好者卢群在武汉黄陂区发现青头潜鸭的巢，并拍摄到青头潜鸭育雏的画面，引发国际性的轰动。随后，武汉被国际上认定为青头潜鸭全球最南端的繁殖地，它们就这样在武汉定居了。

这次的"乔迁"，虽然让人振奋，但也让大家对它的生存现状不免开始担忧。

颜军 / 摄

从铺天盖地到极度濒危

在 20 世纪 50 年代，该物种在长江中游仍然是一种有文字记载的常见候鸟，甚至常被作为食物猎杀。短短四五十年间，它就从常见鸟类变成极危物种。历史上认为青头潜鸭曾广布于东亚地区，但是 1988 年以后，被 IUCN 反复评估为近危、易危、濒危。在经历 3 年急剧的种群下降之后，2012 年直接被列为 IUCN 极危物种。2019 年 IUCN 统计该物种全球成鸟种群数量小于 700 只，使该物种成为全球最濒危的水禽之一。

虽然它们如此濒危的原因至今尚没有权威的说法，不过可以确信的是，栖息地丧失和退化在该种群锐减的过程中扮演着重要的角色。青头潜鸭对于繁殖栖息地的要求较高，巢多筑于沼泽地的三棱草、菖蒲等挺水植物中。孵化期也较长，约 25 天。

自 20 世纪 50 年代以来，在中国东北地区，为了农业开垦，发生了大面积的湿地流失现象。例如在黑龙江的某些地区，持续的湿地损失已经超过 70%。长江中下游流域地区，鱼塘农业兴起也是不可忽视的影响，例如在湖北武汉黄陂区，2014 年记录到的青头潜鸭繁殖地，在 2015 年繁殖季前已有超过一半面积的栖息地消失。栖息地流失和退化还威胁着越冬地的生态环境，尤其是在长江中下游地区，自 20 世纪 50 年代以来发生了大面积的湿地丧失现象，推测约有 62% 的天然湿地目前已消失。

夏天的武汉是出了名的火炉，所以气候方面并不适合青头潜鸭的繁殖，这也意味着在武汉繁殖的种群对于栖息地的要求会更高。

而且除了面临栖息地丧失的威胁，它们还要面对野味贸易、毒饵以及收集鸟卵等威胁。在过去，野生动物需求量剧增，已经成为一些野生生物濒危的主要原因。

艰难的保护行动

2021年2月5日，《国家重点保护野生动物名录》更新，青头潜鸭从三有保护动物连跃三级成为国家一级重点保护野生动物，这无疑让武汉地区常年为青头潜鸭奔波的守护者们备感鼓舞。因为这么多年保护工作的艰辛，他们最清楚。

2014年，武汉府河湿地发现青头潜鸭后，武汉市观鸟协会就十分关注。但由于府河湿地并不在官方的保护体系中，因此当人们在湿地中亲眼见到青头潜鸭后，欣喜之余更多的是对保护空缺的担忧。

2018年，武汉大学生命科学学院联合中国青头潜鸭保护与监测工作组和湿地国际武汉办事处，在祁家湾渔场对青头潜鸭的繁殖生态学进行了系统研究，明确了该物种的一些基本生物学、生态学特征，掌握了制约其繁殖成功的关键因素，为科学保护奠定了基础。

随着保护工作的深入开展，武汉市观鸟协会充分认识到，保护青头潜鸭并不能凭一己之力，而是需要公众参与，只有在"社会化参与"的模式下，共同积极开展湿地保护工作，建立保护示范基地，进而撬动政府、社会的共同努力，才能将保护工作持续地进行下去，青头潜鸭的种群数量才能得以维持。

成功的保护经验

青头潜鸭的保护面临三大难点：人鸟冲突、开发建设、盗猎投毒。在不断的尝试与摸索中，武汉市观鸟协会也慢慢总结出对应的解决办法。

人鸟冲突：青头潜鸭的活动区域主要是人工虾塘，频繁的渔业活动对鸟类影响大，协会通过当地权威人士与繁殖区周边的养殖户沟通，调解人鸟冲突，说服当地居民不捡拾鸟蛋，减少养殖生产对于青头潜鸭繁殖巢的干扰破坏，成功地保护了1000多亩养殖水面的青头潜鸭繁殖活动。

开发建设：正在修建的陈天大道经过青头潜鸭栖息区域，施工对区域生态环境有一定破坏。协会与施工方积极沟通，开展座谈会，宣传湿地与鸟类保护知识，对方积极响应，配合具体保护工作，防止施工作业干扰野生鸟类生存与繁殖。

盗猎投毒：在加大宣传的同时，协会与政府相关部门已形成联动机制，发现问题及时向政府相关部门反映，并跟踪处理进展，直到问题解决。

作为扎根武汉本土的鸟类保护机构，希望能够摸索出一套科学、完善的保护模式并在全国推广，更希望对这样旗舰物种的保护，能渗透到每一只野生动物。

2022年2月2日是世界湿地日，"益心华泰·一个长江"生态保护公益项目团队拍摄的，以青头潜鸭为主角的记录片《守望云梦泽》获得了上千万的阅读量，青头潜鸭带着小鸭子在水里自由嬉戏的可爱模样、小朋友们体验鸟类调查员工作时汗流浃背却依然眼神坚定的样子，都让我们看到了未来。■

颜军 / 摄

■ 家住江西省彭泽县的小高有清晨早开窗通风的习惯。这一天，他像往常一样，早晨起床后开窗，呼吸新鲜空气。忽然，窗外后山上有一个美丽的身影吸引了他，他定睛一看，原来是一头梅花鹿在悠然觅食。彭泽县内设有梅花鹿自然保护区，近 40 年来，保护区的梅花鹿数量增长了近 10 倍，随着梅花鹿的扩散，当地居民偶遇这些可爱精灵的情况时有发生。■

梅花鹿　富裕长寿吉祥灵性的象征

物种名片

- ⊙ 中文名：梅花鹿
- ⊙ 学名：*Cervus nippon*
- ⊙ 目：鲸偶蹄目
- ⊙ 科：鹿科
- ⊙ 属：鹿属
- ⊙ 保护等级：国家一级重点保护野生动物
  （仅限野外种群）
- ⊙ IUCN：无危（LC）

■ 全世界的鹿科动物约有 55 种，我国有 22 种，种数位居世界第一。梅花鹿，又名梅鹿、花鹿，成体身上长有白色斑点，观若梅花，由此得名，是东亚特有物种，分布于俄罗斯西伯利亚东南部、朝鲜半岛、中国东部、日本以及越南北部。梅花鹿的英文名为 sika deer 或 sika，就是源自"鹿"的日语音译。梅花鹿大约有 13 个亚种，中国有 6 个亚种，分别是东北亚种（分布于中国东北部）、华北亚种（分布于河北、北京）、山西亚种（分布于山西）、四川亚种（分布于四川北部、甘肃西南部以及青海东部）、华南亚种（分布于长江以南地区）和台湾亚种（分布于台湾地区），值得一提的是，广西南部可能曾经有过越南亚种。

梅花鹿体形中等，大于麂类而小于马鹿。体长 105 ~ 170 厘米，肩高 65 ~ 110 厘米，尾巴短小，仅为 8 ~ 18 厘米，体重 40 ~ 150 千克。头部略圆，面部较长，耳朵长而斜立，四肢较细长而健硕，"五官端正"，形体优美。下颌、尾侧和尾下均呈白色。夏季大体上为棕黄色或栗红色，沿背脊在体侧有数行不规则的白色斑点，无绒毛。冬季体毛更厚，有绒毛，颜色更深，呈褐色，白斑不明显或消失。雄性有角，一般有 4 个分权，雌性无角。雄性的鹿角一般在每年 4—5 月自然脱落，再长出新角。新角质地脆嫩，尚未骨化，外表蒙有棕黄色绒状皮，皮内布满血管，这就是鹿茸。大约 8 月以后，

鹿角骨化不再生长。鹿角的主要功能是雄性间争夺雌性配偶，也有抵御天敌的作用。

一般雌性1岁半、雄性2岁半便可性成熟，但适于繁殖的雌鹿一般为2岁，雄鹿则为3岁。寿命15～25年。繁殖期为9—10月，成年雄鹿有标记领地的行为，通过角斗争取交配权，形成一个一雄多雌的繁殖群。争斗前，双方先吼叫，然后低头亮出鹿角并冲向对方，鹿角相撞，发出"咔嗒"的声响，争斗一般维持几个回合。败者扭头逃遁，胜者追出几步后便停止追赶。繁殖期结束，雄鹿便离开鹿群独自生活。雌鹿妊娠期约8个月，每年5—7月产崽，每胎1崽，有时为2崽。神奇的是，小鹿出生后几个小时便可站立，第二天便可行走。繁殖期外的鹿群首领一般由年长体壮的雌鹿担任，负责鹿群的安全警戒、逃跑路线的选择等。鹿群一般为10～30只，有时可达130只，群内的雌性终身留守，雄性则在2～3岁时便被赶出鹿群，因此可以说，同众多其他哺乳动物一样，梅花鹿的社会也是由"女王"领导的母系社会。

为了生存，梅花鹿进化出4个胃，分别为瘤胃、网胃、瓣胃和皱胃，前三个胃不具胃腺，作用大体是对食物进行发酵、过滤、碎化以及营养成分的粗吸收等，只有皱胃分泌胃液，相当于单胃动物（例如我们人类）的胃，又称真胃。梅花鹿的瘤胃最大，约占整个胃容积的80%，里面有细菌等微生物，有助于降解食物中的粗纤维。梅花鹿还进化出反刍的习性。由于进食时遭遇天敌的可能性增大，且需要食物的量相对较多，所以梅花鹿必须匆忙进食，囫囵吞枣，食物先进入瘤胃暂时存放。等到进食结束后，梅花鹿返回更为隐蔽、安全的休息区时，会把食物从瘤胃逆呕至口中进行二次咀嚼，咀嚼充分的食物再返回瘤胃，最后进入皱胃进行充分消化。

梅花鹿适应能力强，栖息地类型很广。四川亚种主要活动于海拔2 000～3 700米的混交林、针叶林、灌丛等，现分布于四川若尔盖、红原和甘肃迭部；华南亚种栖息地多为海拔200～1 500米的山地阔叶林、混交林、灌丛、低山草地等，目前分布于江西彭泽、安徽南部以及浙江西北部。梅花鹿喜欢栖息于茂密的林下，也到开旷地带活动觅食，夏季多在树林深处活动，冬季则多见于阳坡，一般在晨昏活动，生性警觉，善于隐蔽。梅花鹿是食草动物，食性很广，所食植物达 200 多种，随机觅食，一般冬季和早春采食各种枯草和植物越冬嫩芽，夏季主要吃青草、嫩叶和树皮等，秋季主食各种植物的籽实，也吃苔藓和蘑菇。有舐食盐碱地和到固定地点饮水的习性。

在野外，除了人类，梅花鹿的天敌主要是豺、狼、虎、豹等。觅食或休息时，梅花鹿的体色有充当保护色的作用，头鹿警戒。发现猛兽来袭时，头鹿发出急促的"警报声"，然后鹿群跟随头鹿逃跑。梅花鹿奔跑速度快，且善于跳跃，以此逃避天敌。实际上，目前天敌在梅花鹿栖息地内都已很罕见，有的甚至已经完全消失。在华南亚种的分布区，梅花鹿已几乎没有天敌。由此也可以看出，食肉动物其实更加脆弱。一方面，梅花鹿等食草动物的减少是导致其捕食者——猛兽减少或消失的重要原因；另一方面，捕食者减少或消失会导致食草动物数量暴涨，例如日本泛滥成灾的梅花鹿以及国内许多地方数量激增的野猪。因此，进行野生动物保护时，决不能对某种或几种动物有所偏好，应该全盘考虑整个生态系统。需要注意的是，目前在梅花鹿栖息地内，流浪狗的威胁似乎越来越大。

我国"鹿"文化源远流长。甲骨文里便已经出现"鹿"的文字符号，栩栩如生，看起来宛若一只跳跃的梅花鹿。商纣王曾筑"鹿台"，大三里，高千尺，耗时七年方才竣工，是纣王储藏珠玉钱帛的大型仓库，最后他也是在鹿台自焚而死。汉语中有许多带"鹿"字的成语，例如，逐鹿中原、鹿死谁手、指鹿为马，用以烘托利益与政治斗争。中国古代第一部诗歌总集《诗经》中有诗《鹿鸣》："呦呦鹿鸣，食野之苹。我有嘉宾，鼓瑟吹笙……呦呦鹿鸣，食野之蒿……"描述了周王宴请群臣宾客的欢乐场景。东汉末年，曹操在《短歌行》中则用"对酒当歌，人生几何……呦呦鹿鸣，食野之苹。我有嘉宾，鼓瑟吹笙……山不厌高，海不厌深。周公吐哺，天下归心"，表达了求贤若渴、一统天下的壮志雄心。有人认为诗中的"鹿"为麋鹿，但是麋鹿身形比梅花鹿大很多，叫声浑厚低沉，很难想象古人会用"呦呦"这样轻盈的拟声词模拟之，而梅花鹿的叫声清脆明快，与"呦呦"更为契合。

近代知名作家鲁迅的回忆性散文《从百草园到三味书屋》里有这样一段话："中间挂着一块匾道：三味书屋；匾下面是一幅画，画着一只很肥大的梅花鹿伏在古树下。没有孔子牌位，我们便对着那匾和鹿行礼。第一次算是拜孔子，第二次算是拜先生。"对鹿行礼这种做法虽较为少见，但其实颇有渊源。梅花鹿在中国古代是祥瑞之物，又因它与"禄"谐音，故深得读书人追捧喜爱。古代读书人的普遍信条是"书中自有颜如玉，书中自有黄金屋"，他们把通过读书来升官发财、光宗耀祖当作人生目标。因此，此画既蕴含吉祥的喜气，也是对学子们的勉励，鲁迅作为学生当然是要拜的，以期学生生涯可以"鹿鸣"。

在道教中，鹿常常作为仙人坐骑。许多书画、刺绣等作品里有寿星骑鹿图，寓意"寿禄"。诗仙李白一生热衷寻仙问道，"鹿"便理所当然地出现在其作品中，例如名作《梦游天姥吟留别》中有"且放白鹿青崖间，须行即骑访名山"，《访戴天山道士不遇》中有"树深时见鹿，溪午不闻钟"，《登广武古战场怀古》中有"秦鹿奔野草，逐之若飞蓬"。此外，四大名著之一《西游记》里唐僧师徒四人在车迟国与鹿力大仙等三仙斗法、在比丘国与白鹿精（寿星的坐骑，私自下凡）斗智斗勇的故事也是脍炙人口。清代小说家蒲松龄的《聊斋志异》里还撰有一篇《鹿衔草》的奇闻。

中医认为，梅花鹿是代表健康长寿的灵物，具有很高的药用价值，尤以鹿茸为贵。东汉《神农本草经》、唐代孙思邈的《千金方》以及明代李时珍的《本草纲目》都记载了鹿的药用价值，其中，《本草纲目》关于鹿茸鹿角的药方有 20 多首。

研究发现，有蹄类动物的化石最早出现在距今 5 000 万年前的始新世。鹿科动物大约在 700 万年前首次出现，并大规模辐射进化，许多种类出现在最近 200 万年。中国梅花鹿化石与兽骨留存很丰富，已报道的化石、亚化石及兽骨发现地多达 100 余处，还有几种梅花鹿属已灭绝，例如新竹斑鹿、北京斑鹿。我国最早的梅花鹿化石发现于距今大约 180 万年的陕西渭南。

梅花鹿曾经广泛分布于我国中东部地区，由于其肉质好，体形较大且集群容易被发现，一直以来就是人类的重点狩猎对象。例如，河姆渡遗址中光鹿角就有 400 多件；周口店田园洞中发现许多非正常死亡的梅花鹿牙齿。当鹿茸等被视作名贵药材后，捕猎压力进一步提升。但古代人口较少，人类对自然的影响非常有限，梅花鹿种群尚可反弹、延续。从近代开始，人类科学技术大幅进步，人口激增对自然的破坏力大大增加，人类活动（例如森林砍伐，垦殖，过度放牧，修路）造成的野生动物栖息地退化和丧失空前加剧，我国的野生梅花鹿遭到重创。目前 6 个亚种里，华北亚种和山西亚种已经灭绝，台湾亚种野外灭绝（有人工饲养种群，且已经野放），野外仅存的 3 个亚种也退缩至破碎化孤岛状的栖息地内，其中在长江流域，四川亚种仅存约 800 只，华南亚种约 1 000 只，总数 1 800 只左右，与国宝大熊猫基本持平。

在世界自然保护联盟体系里，梅花鹿作为一个物种被整体评估为 LC（无危），原因是日本亚种数量极其巨大，可能达 400 万头。但在我国，根据最新的评估，梅花鹿仍然属于濒危等级，是国家一级重点保护野生动物（仅限野外种群）。为宣传保护梅花鹿，我国特地于 1980 年发行了《梅花鹿》特种邮票，且早已专门为梅花鹿建立了两个自然保护区。可喜的是，自然分布区里的梅花鹿都呈现增长趋势，人工养殖的梅花鹿数量较大，有几十万头之多，且已经广泛引种到欧洲、北美、新西兰及菲律宾等地。梅花鹿生存能力较强，许多地方都已成功野放。我们相信，伴随着国家生态文明建设步伐的前进，公众环保意识的加强，我国梅花鹿的未来一定充满希望，或许有一天我们真的可以在普通的公园里见到美丽优雅的梅花鹿悠闲地徜徉、休憩。■

如果它消失了……

由于栖息地丧失等原因，我国的梅花鹿种群急剧缩减，有的亚种甚至已经消失。虽然人工养殖数量可观，但野外种群数量仍然较少。梅花鹿对人类而言，具有很高的文化、科研及药用等价值，而梅花鹿也是长江流域的标志性物种之一，它们的命运与我们息息相关。

我国有关部门很早就意识到保护梅花鹿的重要性，并采取了就地保护和迁地保护的措施。例如建立了桃花岭梅花鹿国家级自然保护区，扩大其人工饲养种群及向野外释放。这些措施对保护梅花鹿及其栖息地都起到了重要作用。

■ 四大家鱼平时在长江中下游的支流与通江湖泊中觅食成长。每年春江水暖、水涨船高之际，体形巨大的成鱼会成群结队地进入深邃湍急的长江干流段繁殖后代。它们产下漂流卵，卵吸水后宛如水晶球一般，顺着水流一路发育成稚鱼，流入湖泊和支流水系的怀抱。结束繁殖大业的成鱼饥肠辘辘，它们也顺水而下，回到日常觅食的水域，周而复始地为长江中下游注入新鲜的生命力……■

四大家鱼　百姓餐桌上的当家鱼

青鱼

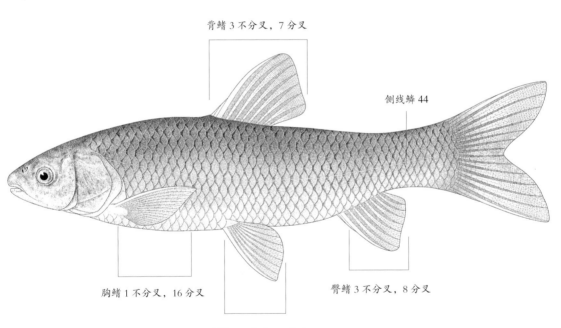

背鳍 3 不分叉，7 分叉

侧线鳞 44

胸鳍 1 不分叉，16 分叉

臀鳍 3 不分叉，8 分叉

腹鳍 2 不分叉，8 分叉

物种名片

⊙ 中文名：青鱼
⊙ 学名：*Mylopharyngodon piceus*
⊙ 目：鲤形目
⊙ 科：鲤科
⊙ 属：青鱼属
⊙ 保护等级：无
⊙ IUCN：无危（LC）

草鱼

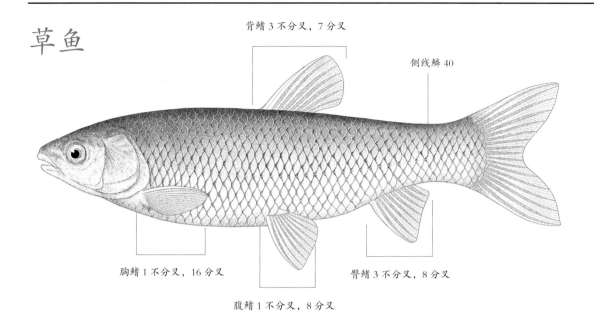

背鳍 3 不分叉，7 分叉

侧线鳞 40

胸鳍 1 不分叉，16 分叉

臀鳍 3 不分叉，8 分叉

腹鳍 1 不分叉，8 分叉

物种名片

- ⊙ 中文名：草鱼
- ⊙ 学名：*Ctenopharyngodon idella*
- ⊙ 目：鲤形目
- ⊙ 科：鲤科
- ⊙ 属：草鱼属
- ⊙ 保护等级：无
- ⊙ IUCN：无危（LC）

物种名片

- ⊙ 中文名：鲢鱼
- ⊙ 学名：*Hypophthalmichthys molitrix*
- ⊙ 目：鲤形目
- ⊙ 科：鲤科
- ⊙ 属：鲢属
- ⊙ 保护等级：无
- ⊙ IUCN：数据缺失（DD）

鲢鱼

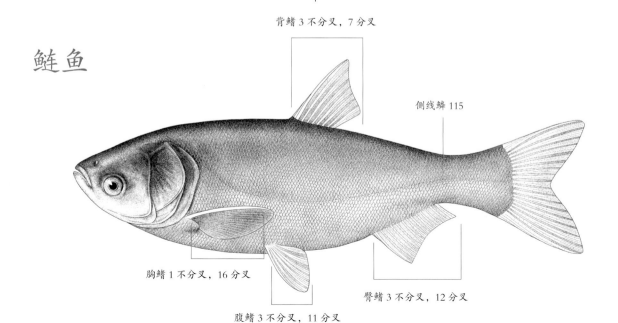

背鳍 3 不分叉，7 分叉

侧线鳞 115

胸鳍 1 不分叉，16 分叉

臀鳍 3 不分叉，12 分叉

腹鳍 3 不分叉，11 分叉

鳙鱼

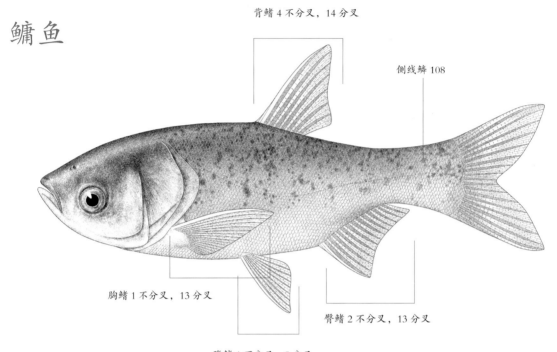

背鳍 4 不分叉，14 分叉

侧线鳞 108

胸鳍 1 不分叉，13 分叉

臀鳍 2 不分叉，13 分叉

腹鳍 1 不分叉，8 分叉

物种名片

⊙ 中文名：鳙鱼
⊙ 学名：*Aristichys nobilis*
⊙ 目：鲤形目
⊙ 科：鲤科
⊙ 属：鳙属
⊙ 保护等级：无
⊙ IUCN：数据缺失（DD）

■ 古代人口数量少，自然环境比现在好得多，鱼类繁盛，古人吃鱼几乎只要野捕即可。不过，在长期的劳动实践中，古人发觉有些鱼容易养活，且取食比去野外捕捞方便许多，于是，在3 000多年前，我们的祖先就尝试初步饲养鱼类。春秋末年，范蠡所著《养鱼经》是世界上第一部养鱼专著。唐代以后，沿江而居的老百姓会从江河中捕捞其他鱼苗放到池塘中试养，逐渐选出生长迅速、强健少病的优秀食用鱼类，

其中青、草、鲢、鳙这四种主养鱼最受百姓喜爱，被合称为"四大家鱼"。从分类学角度来说，四大家鱼依旧是鲤科大家族的成员。

青鱼和草鱼都来自雅罗鱼亚科。它们身体修长，鱼鳞圆而大。黑黢黢的青鱼是大型肉食性鱼类，主食水中的螺、蚌、蚬等软体动物，也吸食少量昆虫和鱼虾，又名黑鲩、螺蛳青。它们将食物吞至咽部，由臼齿样咽齿研碎后吐壳吃肉。

青鱼肠子较短，少量放养的青鱼在水体中下层进食田螺和蚌就能果腹。草鱼又称鲩，鱼鳞边缘黑色。作为偏植食的杂食动物，幼年草鱼摄食水生昆虫和植物嫩芽，长大后基本上以各类植物为食，既会摄取沿岸的禾草，还会叼取绽放的荷花，喜欢在水体中上层活动。

"四大家鱼"的另外两名成员属于鲢亚科。头大口大，鱼鳞细小。鱼鳃内侧特化出细长的鳃耙和螺旋状的咽上器官，以便于从水体中拦截和收集细小的饵料，它们只要集群在富饶的开阔水体中上层张开大嘴，就能吃饱。水至清则无鱼，是对鲢鳙口腹之需的真实写照。

鲢，全身银白有光泽，主食浮游藻类，鳃耙彼此联合成多孔的膜质片，民间多称白鲢。鲢身上有一条发达的腹棱从喉部延伸至肛门，是名声堪比鲤鱼的运动健将，受惊后会集体在水面频频跃起。鳙的头比鲢更肥大，占体长三分之一，眼睛位置更低，身体上有不规则的青黑色花斑，主食水蚤等浮游生物，鳃耙细密呈页状，但不联合。腹棱从腹鳍基部延伸至肛门。动作较迟缓，不喜跳跃，多被民间唤作胖头、花鲢。

由此可见，青鱼、草鱼、鲢鱼和鳙鱼之所以被先民选为池塘养殖的明星鱼种，得益于它们彼此之间食性不同，互不争抢，可以"和平共处"。青鱼、草鱼还能间接滋养鲢鳙。在难以下江捕鱼的时节，四大家鱼丰富了老百姓的餐桌。

青鱼肉质敦厚且不失鲜美，肌间刺较少，成鱼适合宰杀腌制或者切段烹炸，梁子岛一带的湖区冬季有充足的冷风与日照，赋予了青鱼制成的咸鱼别样的风味。椒盐或糖醋点缀骨酥肉香的炸熏鱼，是江南一带享用青鱼最普遍的方式。

杂食的特性使得草鱼是全国乃至全球养殖量最大的淡水鱼，2019 年，全国草鱼养殖总产量达 553.3 万吨。如此庞大的规模，给予老百姓广阔的发挥空间，比如利用蚕豆饲养草鱼，它就能摇身一变，成为腹腩久煮不烂、清爽弹牙的"脆肉鲩"，从广东的名特水产走向全国各地。著名川菜——酸菜鱼，更是将吃草鱼的盛风吹遍中华大地。如果嫌弃草鱼的肌间骨，还有精致的荆州鱼糕可供享用——鱼不见鱼，鱼含肉味，肉有鱼香。

肌间骨见于诸如鲤科等演化水平低的鱼类体内，是肌肉间结缔组织骨化的结果。目前研究认为，肌间骨的主要作用在于支撑鱼体肌肉或者进行力量传导。这些"卜"形、末梢分叉的小骨头，让食客们吃尽了苦头，尤其是鲢鱼，躯干中有超过 120 根形态各异的肌间骨，不仅为它们跳跃冲锋蓄力，还时常让食客补卡。如果嫌弃鱼刺但又馋鱼味，也有将整鱼剔脏除鳃后炸至焦黄，再烹煮高汤的吃法。总之，人民的智慧让鲢鱼的滋味焕发新的生机，倘若经得起耐心等待，将家鱼育成巨无霸后，便另有一番赏食的趣味。

天目湖、千岛湖等大型人工水体投放了大量鳙鱼，或人工肥水或仰仗自然生产力，任由它们长得肥头厚唇。虽然鲢、鳙年产量均有 300 多万吨，且肌间骨数量难分伯仲，但鳙鱼在食客间明显享有更好的声誉。这得益于鳙鱼富含脂肪和胶原蛋白的头部，无论是鸳鸯鱼头、鱼头豆腐汤还是鱼头锅贴，鳙鱼都是首选，汤汁鲜而不腻，尤以鱼嘴至鱼脸这一部分，是款待座上宾的佳肴。

长江流域大小饭店在正餐宵夜时刻弥散繁盛的烟火气息，老百姓变着花样把鱼制成了各种美味佳肴。我国一众水产科学家经过不懈努力攻克的繁殖技术，让"四大家鱼"在老百姓餐桌上畅游，"四大家鱼"在食物充足的通江湖泊中生长发育 3～5 年，体长 1 米起步，方能达到性成熟水平，性成熟鱼龄南方早而北方晚。成鱼会趁每年 4—7 月降水充沛、径流强劲、水温适宜时溯游而上，在大江大河的急流中产下漂流性卵。鱼卵一边顺流而下，一边漂浮发育为幼体。而后幼鱼成鱼便会成群结队进入湖泊和支流继续摄食育肥。

成鱼个体大，环境刺激需求复杂，幼体收集困难，致使"四大家鱼"的规模化养殖开展困难。20世纪50～60年代，我国水产科学家们通过给成熟亲鱼注射促性腺激素与模拟自然产卵水下环境，终于在育种池内完成了"四大家鱼"的人工繁殖。经鱼池流水刺激，雌鱼在激素的作用下卵巢发育完全成熟，雄鱼兴奋地与之相互追逐，水面出现漩涡波纹，逐渐激起浪花，最后它们扭在一起摆动着身体，颤抖着胸鳍排出生殖细胞，完成了本来在江河中才能完成的繁殖使命。如今，靠鱼场师傅们将待产亲鱼抬出水面，轻轻按压腹部，就可以收集大量生殖细胞，培育活力四射的仔鱼。

然而，"鱼类的基因在人工饲养过程中是不断退化的"。著名鱼类生物学家、中国科学院院士曹文宣认为，人工养殖的鱼类种群，必须不断补充野生鱼种源进行优生选育，而长江流域这片复杂的水系是"四大家鱼"不可或缺的基因库。由于水利工程建设、挖沙、水体污染等对"四大家鱼"洄游通道和育肥水域的影响以及过度捕捞的干扰，自20世纪80年代以来，"四大家鱼"自然资源持续衰退。据2018年调查数据，长江"四大家鱼"鱼卵鱼苗等早期资源量比20世纪80年代减少了90%以上。"如果不保护好鱼类基因库，将来我们就真的会面临无鱼可吃的局面，那是多么可悲又可怕的事情。"■

如果它们消失了……

"四大家鱼"的名头，也意味着它们在中国人民的生活中占据着绝对龙头的地位。《中国渔业统计年鉴》显示，"四大家鱼"的养殖产量加起来，常年占据全国淡水鱼养殖产量的50%以上。每年超过1 000万吨的鱼游进了寻常百姓家，游向老百姓的餐桌，为人们提供了大量优质的动物蛋白。可以说"四大家鱼"是我国渔业经济发展、改善国民营养水平的大功臣。

如果它们自然种质资源退化甚至消失，对养殖户以至每一个中国人的饭碗都会造成巨大的影响。

不过，随着"长江大保护"的持续推进，以及广大老百姓环保意识的提升，长江环境整体上也在慢慢好转。上海、南京、武汉等城市每年还不断科学放生"四大家鱼"以补充野外资源量。相信"四大家鱼"一定会在长江生生不息。

■ 长吻鮠俗称江团、肥沱、淮王鱼等，分布于辽河、淮河、长江、闽江至珠江水系，以长江水系为主，属于底层淡水鱼类。其体延长，前部短粗，后部侧扁，头略大，眼小，口向下呈弧形，外侧颏须较长，身体呈粉红色，背部发灰，腹部白色或浅色，头及体侧有不规则紫色斑块，鳍为灰黑色或灰黄色。■

长吻鮠　淡水食用鱼中的上品

物种名片

- ⊙ 中文名：长吻鮠
- ⊙ 学名：*Leiocassis longirostris*
- ⊙ 目：鲇形目
- ⊙ 科：鲿科
- ⊙ 属：鮠属
- ⊙ 保护等级：无
- ⊙ IUCN：数据缺失（DD）

■ 长吻鮠性情温和，不善跳跃，喜欢群集，白天常潜伏栖息于水深多石、流速较缓的河湾水底或石缝等隐蔽处，夜幕降临便分散到水体上层进行觅食。长吻鮠属于肉食性鱼类，常捕捉水生昆虫、小型鱼类、甲壳动物等作为食物。

每年3—4月，成鱼便上溯洄游到河水急流的砾石处准备产卵，4—6月产卵期，产卵场集中在长江中游的荆江河曲及上游的沱河等地，8月左右返回原地。等待冬季来临，它们便藏在干流深水处的砾石夹缝中越冬。

长吻鮠

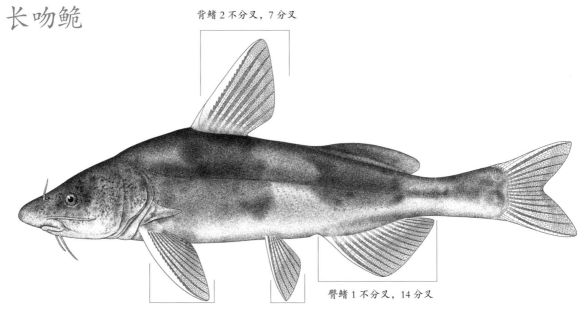

背鳍2不分叉，7分叉

臀鳍1不分叉，14分叉

胸鳍1不分叉，9分叉　　腹鳍1不分叉，6分叉长吻鮠体无鳞片，肉质柔嫩鲜美，没有细刺，鱼鳔可制成鱼肚，营养丰富，广为人们所喜爱，民间有"不食江团，不知鱼味之说"。著名的湖北特产"笔架鱼肚"指的便是长江石首江段生长的长吻鮠腹中之鳔，因其个大质厚、形如笔架、色似白玉而得名。但在捕捞长吻鮠时要尤其小心，它背鳍和胸鳍的刺分布有毒腺且毒性较强，人被刺伤后会迅速发痒、剧痛，感到灼热，甚至发烧。

宋代时长吻鮠便为人们所熟知，苏轼曾将其与河鲀作比："粉红石首仍无骨，雪白河鲀不药人。"戏夸"石首"颜色好看，无刺无毒，味美胜河鲀。《本草纲目》中对长吻鮠名称进行了详细的记载："鮠鱼，音桅，释名鮰鱼，鱯鱼。"明代洪武年间，朱元璋就将石首鱼肚列为朝中贡品，供皇室享用，中华人民共和国成立后，鱼肚仍作为珍品宴请国宾。■

如果它消失了……

长吻鮠是长江流域的重要经济鱼类，20 世纪 60 年代初期，自然资源量尚处于稳定状态，但 60 年代后期至 80 年代，由于生长环境恶化和过度捕捞等原因，长江中长吻鮠自然种群资源遭到严重破坏，产量锐减。由于长吻鮠资源量急剧下降，仅靠捕捞已无法满足人民群众的生活需求，因此，从 80 年代开始，科研单位及养殖企业对长吻鮠移养驯化和人工养殖技术进行研究。经过多年努力，长吻鮠人工养殖技术逐步完善，养殖产量稳步推进，目前已推广至全国大部分地区，人们可以轻松品尝到鲜美的江团了。

■ 从西穿向东横贯中国的长江，发源于"世界之巅"的青藏高原，于崇明岛以东流入东海，是中华民族的母亲河，在上百万平方千米的流域面积中，有着复杂多变的水文环境，这里还孕育着有"活化石"之称的鲟鱼。"千斤腊子万斤象"的渔民谚语让我们依然能想象鲟鱼曾经在长江中畅游时的壮阔景象，千万年来它们在这复杂多变的江水中，逆流而上，跨过蜿蜒曲折的荆江，延续后代，谱写传奇。■

鲟形目　劫后余生的子遗物种

中华鲟

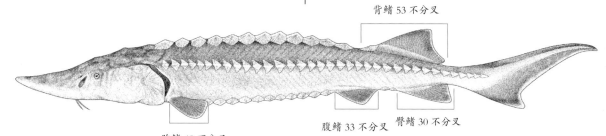

背鳍 53 不分叉

胸鳍 48 不分叉

腹鳍 33 不分叉　臀鳍 30 不分叉

物种名片

- ⊙ 中文名：中华鲟
- ⊙ 学名：*Acipenser sinensis*
- ⊙ 目：鲟形目
- ⊙ 科：鲟科
- ⊙ 属：鲟属
- ⊙ 保护等级：国家一级重点保护野生动物
- ⊙ IUCN：极危（CR）

长江鲟

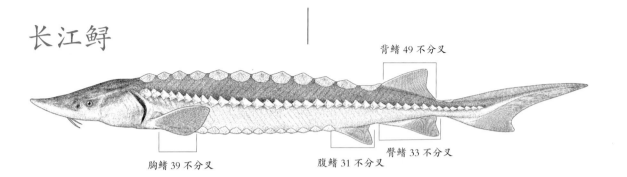

背鳍 49 不分叉

胸鳍 39 不分叉

腹鳍 31 不分叉

臀鳍 33 不分叉

物种名片

- ⊙ 中文名：长江鲟
- ⊙ 学名：*Acipenser dabryanus*
- ⊙ 目：鲟形目
- ⊙ 科：鲟科
- ⊙ 属：鲟属
- ⊙ 保护等级：国家一级重点保护野生动物
- ⊙ IUCN：野外灭绝（EW）

白鲟

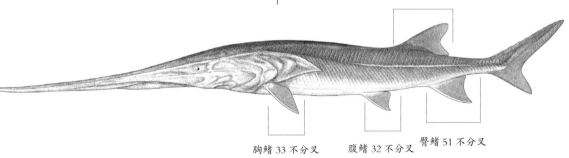

背鳍 48 不分叉

胸鳍 33 不分叉

腹鳍 32 不分叉

臀鳍 51 不分叉

物种名片

- ⊙ 中文名：白鲟
- ⊙ 学名：*Psephurus gladius*
- ⊙ 目：鲟形目
- ⊙ 科：长（匙）吻鲟科
- ⊙ 属：白鲟属
- ⊙ 保护等级：国家一级重点保护野生动物
- ⊙ IUCN：灭绝（EX）

■ 中华鲟、长江鲟和白鲟都属于鲟形目，鲟形目起源于 3.62 亿 ~4.14 亿年前，化石可以追溯到中生代的三叠纪时期，鲟形目的体形相对于先祖的体形，没有太大的改变，所以有"活化石"之称。鲟形目全世界共有 2 科 6 属 27 种，我国境内分布的野生鲟类有 2 科 3 属 8 种。属于鲟科的中华鲟和长江鲟出现于 1 050 万年前，目前都仅存于长江。鲟和匙吻鲟的分歧约发生在 1.84 亿年前，属于匙吻鲟科的白鲟曾有 6 种，其中的 4 种在距今 3 400 万 ~ 7 500 万年前，就已消失在历史的长河中，此后匙吻鲟科只留下了长江白鲟和栖息于密西西比河的美洲高首鲟。总之，这三种长江鲟鱼都经历了 6 500 万年前白垩纪末期的第五次生物大灭绝。在三种长江鲟鱼中，中华鲟和白鲟都是体形庞大的长寿型鱼类，分别有着"长江鱼王"和"淡水鱼王"之称。《诗经·周颂·潜》中记载"猗与漆沮，潜有多鱼。有鳣有鲔，鰷鲿鰋鲤。以享以祀，以介景福"。这是中华鲟和白鲟最早出现在古籍中的记录，分别被称作鳣和鲔，一起被用于周王室的祭祀中。

中华鲟

中华鲟是一种海河洄游性鱼类，隶属于鲟形目鲟科鲟属，最大个体曾有 680 千克的记录，寿命可达 40 年。中华鲟曾经遍布东亚大陆架海域及主要入海河流，北自鸭绿江，南至珠江，在朝鲜半岛西部和日本九州岛附近也有发现，因中国是它的模式产地而被冠以现名。作为海河洄游型鱼类，中华鲟在长江上游出生，在大海中成长，平时生活在黄海、东海、南海北部的浅海区域，以虾、蟹、头足类、小杂鱼等底栖动物为食。中华鲟复杂曲折的生活史堪称生命的壮歌：雄鱼最早 8 年龄、雌鱼最早 14 年龄才达初次性成熟，性腺即将成熟，个体需要离开浅海，沿着长江溯河洄游，逆流游行 2 500 千米以上，抵达长江上游的金沙江河段进行产卵繁殖，进入长江后要停留 1 年多时间，在此期间基本不摄食，依靠体内积累的脂肪提供繁殖过程中的能量消耗和性腺发育。因此，在长江

中个体越成熟，身体越消瘦，忍耐饥饿的能力非常惊人，在硬骨鱼类中极为罕见。待性腺发育成熟后，中华鲟在第二年的秋季 10 月中旬至 11 月中旬产卵，金沙江河段水流湍急，江底多为砾石，中华鲟的受精卵黏附于江底的岩石或石砾表面进行孵化。产卵后的中华鲟会迅速离开产卵场，重新回到海洋摄食育肥。受精卵发育到约 15 厘米幼鱼后，进入浅海栖息地。中华鲟并非每年产卵，重复产卵的间隔期为 5 ~ 7 年。现如今，因为栖息地丧失和过度捕捞等种种原因，其种群数量迅速下降，截至 2010 年只剩数十尾。为了保护中华鲟物种，人们做了大量的努力。但要恢复其自然种群，仍然任重道远。

白鲟

白鲟隶属于鲟形目匙吻鲟科白鲟属。白鲟是中国最大的淡水鱼类，个体长度一般在 2 米左右，重量在 25 千克以上。20 世纪 50 年代由鱼类学家秉志记录了白鲟的最大个体，体重为 908 千克，体长 7 米，是世界淡水鱼类体长的最高纪录。《诗经》中还记录了在春秋时期，中华鲟和白鲟都曾经出现在黄河流域。有生物学家认为，白鲟早期广泛分布于我国东南的淡水水系及沿海海域，北至辽河，南至钱塘江。但在 13 世纪到 19 世纪，白鲟数量明显下降，最终在黄河中消失，1949 年之后仅见于长江。虽然叫白鲟，但它的体色是深灰色，吻部和鳍的边缘为粉红色，最典型的特征就是尖长突出的吻部和又宽又大的头部，在吻部和脑袋两侧布满了呈梅花状的凹陷，这其实是被称为陷器和罗伦氏器的皮肤感受器，能够感知周边的水环境变化，让白鲟能在水流湍急、光线昏暗的淡水河流区域搜寻和捕食猎物。白鲟的初次性成熟年龄较迟，雄鱼为 5 ~ 6 年龄，雌鱼为 7 ~ 8 年龄。每年春季白鲟溯江产卵，洄游到金沙江水流较急、水较深、底质多为岩石或鹅卵石的河段进行产卵，一次产下 17.8 万 ~ 78.8 万粒的沉性卵。

20 世纪 70 年代，捕捞强度提升，每年捕捞上来的白鲟有 20 多吨；80 年代水利工程兴建，

阻碍了白鲟的洄游路线，之后白鲟种群数量迅速下降。当意识到问题时，白鲟已经成为长江的偶见种。1983 年，国家将白鲟、长江鲟、中华鲟一同列为一级重点保护动物，1996 年被世界自然保护联盟列为极危动物。但它数量下降的趋势并没能阻止。白鲟性格不如中华鲟温驯，难以驯养，科学家们一直都没能突破白鲟的人工育种。2003 年，专家们救助并放归了一只被船舶和渔网伤害的白鲟，这是人类最后一次见到白鲟。2019 年 12 月 23 日，科学家发表论文认为白鲟已经功能性灭绝。2022 年 7 月 21 日，由国际自然与自然资源保护联盟（IUCN）正式宣布灭绝。

长江鲟

长江鲟长得和中华鲟十分相似，个头与中华鲟和白鲟相比，长江鲟要小得多，记载的最大个体也才 16 千克。长江鲟喜欢在较暗的底层缓流水体中活动，常栖息岩礁、沙底、卵石区域，主要以蜻蜓幼虫、摇蚊幼虫等底栖无脊椎动物为食，也摄食水生植物碎屑、藻类和腐殖质等，少数个体会捕食鱼苗和幼鱼。冬季在缓流的河道中越冬，立春后开始溯水到上游干支流进行摄食与繁殖。雄鱼 4～7 年龄、雌鱼 5～8 年龄达性成熟。每年会在春季 3—4 月进行产卵，受精卵黏附在石砾滩底上发育。长江鲟仅分布于长江中上游地区，主要分布在宜昌与宜宾之间的干流江段，在上游金沙江、沱江、嘉陵江等支流和洞庭湖也有记载过它的踪迹，和中华鲟长距离洄游不同，长江鲟不进行洄游，属于淡水定居性鱼类。长江鲟可能是中华鲟的陆封型类群，是我国的特有物种。水电工程兴修、航道整治和挖沙活动、过度捕捞等使得长江鲟的种群数量衰退严重，自 2000 年以后再没有监测到长江鲟的自然繁殖种群，仅剩人工保种的野生个体几十尾。自 20 世纪 90 年代开始，长江水产研究所和四川省宜宾珍稀水生动物研究所的科研人员开展达氏鲟收集蓄养和物种保护研究。值得庆幸的是，1998 年，蓄养的达氏鲟人工繁育实现突破。2003 年，其子一代苗种繁育已初具规模；2018 年，农业农村部发布了《长江鲟（达氏鲟）拯救行动计划（2018—2035 年）》，通过人工放流试图恢复达氏鲟野外种群。但效果甚微，在 2014—2018 年的专项监测中，每年检测到的长江鲟数量仅为 1~4 尾，野生种群的濒危状况非常严峻，如何提高放流个体的存活率和对外界的适应力，对栖息地进行修复，是未来保护长江鲟需要解决的关键问题。

长江孕育了悠久灿烂的中华文明，同时也孕育着千万生灵，这条延绵数千千米并通向海洋的河流，从古至今都公平地滋养着每一个物种，鲟鱼古老且稀少，是劫后余生的孑遗物种，在生物进化史上具有特殊地位和重要学术价值。它们的生命在长江中谱写，在金沙江江底的砾石上延续。希望我们对鲟鱼的保护，能挽回损失，让鲟鱼在长江中世世代代生生不息。■

如果它们消失了……

中华鲟、长江鲟因栖息地丧失和过度捕捞造成种群数量迅速下降，白鲟更是在 2022 年 7 月 21 日由国际自然与自然资源保护联盟（IUCN）正式宣布灭绝。中华鲟、长江鲟等长江鲟形目类物种不容乐观的现状对生物多样性造成了影响，生物在生态系统中一环扣一环，彼此之间相互联系。一环受影响，与之相关联的生物也会受影响，最后对人类的生存造成威胁。

■ 入荆楚后，长江在江汉平原的缓冲下减少了落差，夹带的大量泥沙和营养物质便沉积下来堆积成一个个平静的、肥沃的通江湖泊。武昌鱼，便是长江中下游水系的通江湖泊中独有的水下精灵，它只喜欢平静的、淤泥底质的水域，到了五六月，才会游到水流急的地方产卵繁殖。■

武昌鱼　才饮长沙水，又食武昌鱼

团头鲂

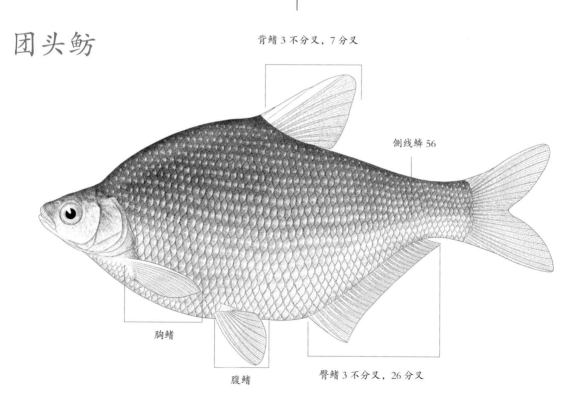

背鳍3不分叉，7分叉

侧线鳞56

胸鳍

腹鳍

臀鳍3不分叉，26分叉

物种名片

- ⊙ 中文名：团头鲂（武昌鱼）
- ⊙ 学名：*Megalobrama amblycephala*
- ⊙ 目：鲤形目
- ⊙ 科：鲤科
- ⊙ 属：鲂属
- ⊙ 保护等级：无
- ⊙ IUCN：无

■ 到武昌吃武昌鱼，
你可能走错了地方

才饮长沙水，又食武昌鱼。
万里长江横渡，极目楚天舒。

许多人第一次听说武昌鱼，多半是来自一代伟人毛泽东在 1957 年发表的这首诗词。

但许多人第一次体验到诗词所展现的，那种说走就走去食武昌鱼的潇洒感和满足感，大概是在 2009 年底武广高铁开通之后。"才饮珠江水，又食武昌鱼"，这是诗词之外的真实时空体验。

广州人小陈对此记忆犹深。2005 年，小陈第一次到湖北的大学报到，他决定第一站必须先去吃武昌鱼。但那时候只能乘坐老武广线的绿皮火车，小陈坐了一夜，历经 10 个小时才到达武汉，疲惫不堪的他早已不想追寻所谓的满足和潇洒。

到了 2009 年底，小陈已经在广州工作半年。

武广高铁开通后不久的一个周末，他一时性起，决定为了武昌鱼来一次说走就走的美食之旅，于是买了前往武汉的票。高铁 350 千米的时速让小陈感觉在梦游，早上 8 点才饮完早茶从广州出发，不到 11 点就到达了武汉站，再转大巴赶去 70 千米外的产地，午饭就吃上了肉嫩脂多、肥美鲜甜的清蒸武昌鱼和孔雀开屏武昌鱼，简直不敢相信。

实际上，武昌鱼的鲜美已经闻名 1 000 多年了，在古代就有"鳊鱼产樊口者甲天下"的说法。

"鳊鱼"，以及其他叫"鲂鱼""平胸鳊""缩项鳊"的，便是指武昌鱼。在人们没法区分鳊鱼种类（团头鲂、三角鲂）的时候，武昌鱼是一种统称。直到 1955 年，中国科学院水生生物研究所的易伯鲁教授将武昌鱼里的主要一种鳊鱼确定为新物种"团头鲂"后，"武昌鱼"就几乎约定俗成地指"团头鲂"。它属于鲤形目，鲤科，鲌亚科，鲂属，是长江中下游特有的淡水鱼类。

由于团头鲂的说法较为专业，大家就常将武昌鱼、鲂鱼和鳊鱼用作团头鲂的简称，而"鳊"和"鲂"在古代是不分的，两者就是同一个东西。这在武昌县志中也有记载："鲂，即鳊鱼，又称缩项鳊。"

那搞懂了"鳊鱼""鲂鱼""团头鲂""武昌鱼"原来是同一条鱼后，是不是就可以专业地吃鱼了呢？如果你说要到武昌去吃最正宗的武昌鱼，那就走错地方了。武昌鱼中的"武昌"并不是指现在武汉三镇中的武昌，而是三国时孙吴的旧都城武昌（如今的鄂州樊口）。

在鄂州梁子湖连通长江的水道入口处，有一个小镇叫"樊口"，古时称为武昌县。这一片水域可供鱼群自由觅食、洄游，是武昌鱼的天然集散地；拥有 42 万亩水面的梁子湖饵料丰富，又为武昌鱼提供了绝佳的肥育场所，樊口历史上一直是武昌鱼的主产区和最佳捕捞区域。"鳊鱼产樊口者甲天下"便是来源于此。

野生武昌鱼原本只生长在跟长江水系相通的中型湖泊里（通江湖泊），主要是梁子湖、淤泥湖以及鄱阳湖这三个淡水湖。它们喜欢平静的水体，年幼时吃水蚤、红虫和甲壳动物；成年后则以苦草、轮叶黑藻和少量的浮游动物为主食。武昌鱼长期生活在淤泥底质的水下，每年 5—6 月到了繁殖期才会游到水流急的地方。

近 40 年来受到各种高强度的人类活动影响：过度捕捞、拦河筑坝、水体污染、水土流失等，长江流域的渔业资源急剧衰退，经济鱼类资源量接近枯竭，就连青、草、鲢、鳙"四大家鱼"的资源量都大幅萎缩，野生武昌鱼自然也是难觅踪影了。我们现在见到的、吃上的，几乎都是人工养殖的武昌鱼。

1965 年，武昌鱼的鱼种、鱼苗、成鱼养殖取得成功，目前已推广到全国 21 个省区进行养殖。2019 年，武昌鱼的全国养殖总产量达到 76.3 万吨，在全国淡水鱼养殖产量中排名第七。时

至今日，尽管武昌鱼已经培育出如人工选育版的"华海 1 号"，杂交版的"先锋 1 号"和"先锋 2 号"等优质养殖良种，但人工养殖鱼类在经过多代繁衍后，不可避免会出现遗传多样性退化。杂交选育和人工养殖鱼的亲本更迭需要从野外水体的原始物种中获取种源，武昌鱼的野外资源保护就变得必不可少了。武昌鱼作为长江的特有原生鱼种，更是长江生物多样性的重要组成部分。保护武昌鱼的种质资源，便是保护长江生态环境的重要一环。

近年来，湖北省各级管理部门也对梁子湖进行了生态保护和修复，整治污染、清退养殖、增殖放流鱼苗、种轮叶黑藻，持续改善梁子湖作为武昌鱼水产种质资源保护区的生态环境。长江沿岸各省市持续开展增殖放流活动，探索长期的渔业资源恢复手段。我国于 2021 年 1 月 1 日零时起全面执行的"长江十年禁渔"政策，也正在彻底整治长江生态环境，恢复长江生物多样性，让母亲河长江和长江鱼类休养生息。

"才饮长沙水，又食武昌鱼"，60 年前交通不便，但武昌鱼自在遨游；相信在 10 年后，说走就走去到鄂州樊口，或者武昌，吃最鲜美的武昌鱼，也不再是梦想。■

大江大湖
八方通衢

长江之旅行至重庆，天府之国从四面汇集的滔滔江水，突然由一道长长的峡谷收紧，有诗云："西控巴渝收万壑，东连荆楚压群山。"这一道峡谷，即为长江三峡。长江三峡绵延193千米，从宜昌奔涌而出，进入江汉平原和荆楚腹地，成为长江中下游的起始，一个更为开放的中国也从这里徐徐展开。

开放的关键，即为连通。由于洞庭湖、鄱阳湖与长江水系的连通，带来了交通的便捷，位于黔东南山区的木材，可以抵达京城，原本名不见经传的昌江小城，成为享誉全球的景德镇，偏远地带由此进入流域乃至全球贸易的链条当中。因此，长江不止是一条水道，也是经济、政治、水利、文化生态的重要廊道。

■ 长江水道具有地理上的局限性。长江三峡，自古以来作为"天府之国"连接荆楚大地的通路，汇集了上游江河来水的长江，从这里的崇山峻岭之间以劈山之势奔涌而出，其间乱石密布，惊涛拍岸，水道天然凶险，即便连通，也是"蜀道艰难"。水势奔涌而出的要塞之地，即为宜昌。

宜昌古称夷陵，取自"水至此而夷，山至此而陵"。在漫漫的时间长河当中，宜昌衔接着山地与平原、自然与人文。公元前278年，秦将白起伐楚，攻打并占领西陵（今宜昌西），扼住了长江咽喉，严重削弱了楚国实力。抗日战争中，宜昌沦陷，中国军队在长江西陵峡畔的石牌天险之地，以一万兵力迎敌，最终阻止了日军西进，拱卫了重庆。历朝历代，一夫当关、万夫莫开的宜昌，更多起到军事码头的作用。历史上，还曾有一种关系民生的日常物资——盐，在偶然与必然的碰撞当中登上历史舞台，通过长江水道真正连通了川楚。■

连通川楚　盐运

川盐济楚，打开长江三峡的闸门

长江三峡总长193千米，川江航道以艰难险恶闻名于世，首当其冲的西陵峡，险滩最多。这些险滩，有的山岩崩落，有的砂石冲积，有的礁石林立，也有的怪石横陈，凶险万状，到处都是激流和漩涡，随时有触礁风险，被人称为"鬼门关"。瞿塘峡绝壁千仞，古人曾用"峰与天关接，舟从地窟行"形容这里的行船之险。在水路凶险、滩多水急的航段，两岸的纤夫用古老的方式助力行船，嘹亮的纤夫号子，盘桓在深谷绝壁之间。

作为连通川鄂最为便捷的水运通道，从五代时期开始，人们便通过凿石、火烧、爆破等方式疏通航道，但触礁风险仍然无法化解。长江上虽然有纤夫拉着船只往来作业，但与这极高的风险相互衡量，便注定了上游的"天府之国"，仍然是个相对独立、自给自足的所在。

除非商业的扩张和政府的干预之间，达成了某种妥协。

这次妥协的结果，是"川盐济楚"。由于食盐是与人的基本饮食和身体机能息息相关的物资，供给和需求本就十分旺盛，"川盐济楚"仿佛打开了三峡的闸门。这道闸门便在宜昌。自古"川船不过宜，湘船不入川"，由于川江航道的特殊性，外地船舶无法入川，否则就可能船毁人亡，因此必须在宜昌中转。这道闸门一经打开，宜昌便以食盐为先导，迅速成为入川和出川物资转运集散中心。宜昌于19世纪中叶突然兴盛起来，从"规模并不甚宏廓，商业亦不甚炽盛"的"荒寒之村市"，改头换面为长江沿线的重要商埠，只用了短短20年的时间，就成了继汉口之后被迫开埠的第二个湖北城市。

在古代社会，食盐作为重要的民生资源，由朝廷进行统一的盐政管理，实施了"划界行盐"的专卖制度，盐税也成为国库的重要收入来源。比如，南宋时期，全国被划分为四大盐区，清朝则有11个，都严格规定了产盐区的销售范围，盐区之间禁止买卖流通，违者将视为走私，会受到重罚，各地盐商必须凭官府签发的凭证"盐引"运销食盐。

以湖南、湖北为主的长江中游地区，即史料中的荆湖一带，为著名的鱼米之乡，地广人多，富庶繁华，唯独不产盐。但是，沿着长江上行，蜀地是盛产井盐的川盐区；沿着长江下行，江苏则是盛产海盐的淮盐区。历朝历代都将长江中游划入淮盐销售区，尽管人们更加喜爱色泽洁白的川盐，却也不敢越雷池一步。

最早有关"川盐济楚"的记载，是在700多年前的宋代。当时，川东盐业兴起，"大宁之井，咸泉出于山窦间，有如垂瀑，民间分而引之"。朝廷为使"盐策流通"，允许川盐销往两湖地区。由于路途遥远，盐商利润翻倍，吸引了更多盐商加入川盐入楚的行列。然而，自由逐利的市场在当时的历史条件下，注定如同昙花一现，官方为保障淮盐在楚地的市场，以"有害盐法"为名将其斩断，恢复了淮盐销售传统。

尽管如此，由于需求和利润的双重刺激，民间的私盐贩卖从未止歇。在这个过程中，作为交通大动脉的长江及其支流太过暴露，川东鄂西人迹罕至的崇山峻岭就成了私盐贩子最好的庇护，也催生了一种靠艰难行脚为生的古老职业——盐背子。如今在川鄂边界，时常可见"川鄂古盐道"的遗址，这些异常凶险的道路穿越了连绵不断的群山，其中著名的一条，连接着重庆巫溪大宁盐场和湖北神农架地区。

在宜昌市的点军区牛扎坪村，有条狭长的坡地通向长江，如今叫施盐坡，史书记载为"私盐坡"，曾经作为私盐贩子躲避官府盐卡拦截的码头，运送私盐。这样的"猫鼠游戏"，常年在川东鄂西的崇山峻岭当中上演着，直到1851年。

这一年，洪秀全建号太平天国，定都南京，并控制了长江中下游地区。持续的战火使众多盐商闻风而逃，两湖地区的淮盐供应出现短缺，"淡食堪虞"，也严重影响了朝廷的盐税收入，对鸦片战争之后本就背负赔款的朝廷而言，如同雪上加霜。于是，"川盐济楚"再次登上了历史舞台。

依托长江水运，川盐源源不断地进入了两湖地区，抵达宜昌、沙市、武汉、岳阳、长沙等地市场，同时沿长江流域的汉水、清江、酉水集散。1855年，清廷顺势而为，在宜昌设立湖北川盐总局，宜昌成为川盐济楚的主要集散地。

当时的歌谣唱道："大宁有个好盐场，一条大道通宜昌。宜昌有个古楼街，南北盐行两边排。荆州一过连荆门，荆门、沙市到武昌。"川江航道上，一派自由贸易畅通无阻的繁荣景象，贩卖私盐所走的崇山峻岭，迅速被"一条大道"所取代，陷入萧条。这"一条大道"，无疑指的就是运输大动脉——长江。

这次"川盐济楚"的过程也并非一帆风顺，由于"川盐济楚"让淮盐损失巨大，地方官员争论不休。太平天国刚被镇压，曾国藩就屡次上奏，请求在两湖市场恢复淮盐销售。1857年，两湖市场的川盐销售就猛增到每月800万斤的规模，已成覆水难收之势，川盐毫无阻碍地继续行销两湖。

到1863年，荆湖一带已无淮盐，川盐不仅给四川、湖北增加了税收，也极大地刺激了自身的发展。川盐资本集团纷纷抢滩宜昌，码头林立，停靠宜昌码头的船舶暴增，江面"帆樯如林，首尾相接，蔚为壮观"；城外码头"日有千人摇橹，夜有万盏桅灯"，船工、船民达万人。川、湘、鄂等水运船帮穿梭宜昌，以川盐贩运为主，往返携带棉花、绸缎、大米、瓷器等货物，还有从鄂西北山区经由陆路汇集而来的木耳、漆、桐油、动物毛皮、烟土等，中转水路向长江中下游输送。晋商、徽商、浙商也闻机而动，各种商品贸易纷至沓来，云集宜昌。这里的商业进入鼎盛时期，直到抗日战争爆发之前，这座小城已有73种商业、2 032家商户，形成南北约5千米、东西约500米，大小街道260多条的商埠区，成为湖北仅次于武汉的第二大城市。

一张清朝末年的宜昌老照片重现了100多年前的江景：由于枯水季节无法泊岸，船只只能锚在江心，连片的船只拥挤在退水的河滩边沿；宽阔的河滩上，遍布着竹木、茅草搭建的临时房屋，其中有茶坊酒馆、江湖杂耍，熙熙攘攘，热闹非凡；岸边临江则一字排开倚坡悬空的吊脚楼，成为船工、码头工人们休憩娱乐的场所，也便于随时观察生意与活计。商贾与江湖，商业文明与码头文化，在这里交融、碰撞。

说回荆湖一带更受人们青睐的川盐。

川盐的重要产地之一——大宁盐厂位于川东长江北岸大宁河的上游，这里有个盐泉，名为白鹿泉，盐泉附近龙君庙的碑文写道："龙君庙创自汉代，相传猎者见白鹿逐之，遂得盐泉，始庙祀焉。"

盐泉的形成，是亿万年地质作用的结果。在中生代三叠纪时期，四川盆地属于古地中海的一部分，由于地壳变化，四周隆起，形成湖泊。接下来湖水不断蒸发，盐分结晶沉淀，构成了含盐的岩层。喜马拉雅造山运动中，盆地边缘的地层继续隆起，发生弯曲、倾斜和断裂，使含盐层露出地表。雨水的冲积逐渐溶解了露出地表的盐卤，卤水沿断裂层汇集，又沿着裂隙冒出地面，最终形成盐泉。川盐以井盐闻名，大宁盐厂的盐泉即为盐井的变体，与盐井不同的是，不用加以开凿，直接涌泉而出。人们用拼接而成的竹筒管道将盐卤水引到灶房内，"置镬煮盐"，在宋朝时年产量就达到了250余万斤，成为川东盐业中心。

大宁盐厂距离长江中游荆湖一带最近，并且地处山区，盐多人少，食盐大有余，向下游拓展市场的需求非常迫切。沿着长江继续上溯，川盐产地更是不计其数，市场蠢蠢欲动，呼之欲出。历史上两次著名的"川盐济楚"，其实是各方势力博弈的结果，私盐贩运的"猫鼠游戏"从未间断，也是商业经济自身的选择。

然而，这一切都建立在向环境索取的基础之上。比如大宁盐厂的制盐工艺，起初燃烧薪柴，在铁锅中煮盐，称为"柴盐"。人们普遍认为，大宁盐厂盐色白而味美，正是燃薪煮盐的结果。薪柴是多数井盐产地煮盐的主要燃料，因此盐厂多靠近山林。史料记载，大宁盐厂"柴块层积如山，用以熬盐"。但经年砍伐，终会出现燃料短缺，"老林渐远，取柴甚难"，大宁县境的老林之中，曾盛产数人合抱的棠楸、枞树，都被砍伐殆尽，"童山"随处可见。用现在的观点看，老林消逝，植被破坏，势必造成严重的水土流失，产生耕地衰竭、泥石流、水旱灾害等直接或间接的连锁反应，甚至蝴蝶效应，波及更远的区域。野生动物也受到殃及，物种的生存空间变小、变得碎片化……不久之后，大自然实时地给予人类反馈，尽管这种反馈是简单粗暴的。

清朝嘉庆年间，大宁盐厂遭遇了洪水和泥石流，又困于薪炭短缺，盐灶规模急剧下降，折损约七成。薪柴滥伐带来燃料短缺和水土流失，给大宁盐厂造成了双重打击，从此再没有重现巅峰时期的辉煌。之后，大宁盐厂改以煤炭为主要燃料，"煤亦出附近山内"。明末清初，四川"凡产盐之处，未有不产煤者"，然而所产之盐，色味都十分逊色，只能以低于柴盐一倍的价格销售。

中华人民共和国成立后，当地对盐厂进行了整合工艺改造，但由于卤水浓度低，熬制所需燃料多，成本居高不下。直到 1996 年，国务院以浪费能源、污染环境为由，明令禁止"平锅制盐"，在亏损深渊里挣扎多年的大宁盐厂，顺理成章地停产，一切化作历史云烟。

1998 年，天然林保护工程——天保工程开始实施。过去，人们无休止地利用森林、砍伐森林，在创造直接经济价值的同时，生态遭到破坏。更重要的是，失去了这道最牢靠的生态屏障，人们最终将自己置于极高的生态风险当中。如今，在经历了惨痛的教训之后，越来越多的人认识到森林的生态价值。森林，分布于我国大江大河的源头、大型水库周边和重要山脉的核心地带，在蓄水保土、稳定河床、调节流量、保护水源、保土防蚀、减少江河泥沙淤积等方面发挥着至关重要的作用。它们生长在那里，就是对人类自身最大的价值，就是对人类最好的保护。

盐，一种小小的晶体，何以成为影响国家命运的战略物资？在中国的历史上，可以找到许许多多的答案和故事。在这些故事里，战争因它而起，繁荣因它而起，衰亡因它而起，人的命运浮沉也因它而起。在长江流域，盐的故事，其实是一个开放与共荣的故事，有人与自然的抗争，有人与人的博弈与妥协，有政治的强力，有商业的盛衰。当一切归于平静的那一刻，意味着人类的觉醒，大自然也重获新生。

■ 在没有出现钢筋混凝土的年代，树木是日常生活中不可或缺的材料。然而，木材往往产自高山密林之中，面对日常生活中巨大的需求，必须优先解决运输的难题。好在砍伐的木材能够在丰水季节顺着峡谷溪流漂流而下，甚至不用船只运输，就能形成天然的通途。水路相连，则构成了一个巨大的木材运输网络，区域经济也因此而连通。在长江流域，顺着洞庭湖上溯沅江，能够抵达黔东南林木繁茂之地。如今那里早已封山育林，水运也失去了往日的辉煌，只有记载在早年木材往来的珍贵史料以及一些老人的口述中，寻踪黔东南"苗木"漂运贵州、湖南、湖北、江西各省，甚至经由京杭大运河"皇木进京"的历史。■

连通山河　木材

放排洞庭：木材的通途

4 月一个阳光灿烂的下午，老周坐在瓜堤后街的路牙子上晒太阳。"我们是坐木排漂到武汉来的"。老周扬手笑了起来。他没了牙齿，说起 70 多年前的旧事来记忆犹新。那会儿，他还是个十来岁的湖南伢，生在湘西托口，为躲兵匪、谋生路，老家村子里的人散的散、逃的逃，许多人去沅江上的商业重镇洪江当了放排工。放排是个力气活儿，老周的父亲却是个文弱书生，于是带着全家人搭了个"顺风排"，下沅江，过洞庭，本来想去"堪比洪江"的汉口，却只漂到了鹦鹉洲。"带了三串辣椒一斗米，米袋子空的那天木排刚好触了礁，一个老乡跌到水里，没了。"

鹦鹉洲曾经是长江流域著名的木材集散地，如今早已没有了"洲"，满江排筏的壮观景象就连书里也鲜有记载，只剩了寥寥几家木材加工厂还隐约飘着木香。放过排的老人也有不少，却多是一口漏风的湖南话，街上无所事事的年轻人，也以操湖南口音的为多。据说，聚集于汉阳鹦鹉洲的湖南商人最多时达到数万，占洲上居民的三分之二，主要来自长沙、衡州、宝庆、常德、辰州 5 个州府，清时形成了被称为"五府十八帮"的商帮群落，并且击败了其他商帮，在木材市场上独占鳌头。其中，仅宝庆一帮，每年的贸易额便以百万计。

"汉口有我们邵阳人的码头，以前有会馆，很多老乡。"邵阳古称宝庆，老周说的自然是位于集家嘴的宝庆码头。"这里不远还有个杨泗庙，杨泗将军是保佑排工和船工的水神。"杨泗庙的旧址上如今建了杨泗港，货运不胜繁忙。

由于生计所迫，老周孱弱的父亲还是弃文从"武"当了排工，后来因为痢疾死在了去镇江的水路上。老周没有再做这行，却再也没有离开过这里。木材生意越来越少，杨泗庙渐成地名……

湘西人沈从文在《沅水上游几个县份》一文里，第一个提到的就是这个叫作洪江的地方：洪江是湘西中心，出口货以木材、桐油为交易中心。市区在两水汇流一个三角形地带，三面临水，有"小重庆"称呼。这个"三角形地带"的边缘，当地人形象地称之为"犁头嘴"。当地人有个说法："汉口千猪百羊万担米，比不上洪江犁头嘴。"

"洪江和武汉生意往来的历史，也在普通洪江人的生活中记载了下来。"来自洪江的地理老师尹忠，是一个摄影爱好者，生长在洪江，洪江的风物成了他取之不尽的创作素材，比如犁头嘴上方的那片让洪江人引以为豪的老房子。水运的衰落让洪江的繁荣成为历史，发展的停滞却恰到好处地保留了老房子的原生态。洪江古商城，由杂草丛生的围墙、老旧的青石板和黑压压的木房子连成一片，如今成为旅游观光点，导游们在其间一遍一遍地重复着那些古老的故事，行色匆匆的游客和住在里面的居民——打麻将的大人和奔跑打闹的孩子，对比鲜明。

据《中国实业录》记载，1921 年至 1934 年，洪江输出木材最高六十余万两，值七百万银圆，最低五万五千余两，值三十万银圆。曾经的洪江，大小木号就有百家，如今却只有宝庆木号"杨义斋"被象征性地保留下来。而当年富丽堂皇的宝庆会馆"太平宫"，只剩了一张孤零零的门脸，却仍然得见当年的荣光。

虽然洪江因木材而兴盛，木材却多来自湖南会同和黔东南山区。由于扎木排需要用到大量的"篾缆子"，本地盛产竹子便有了更多的用武之地。传说中洪江有"三响"：一是光洋响，洪江人爱数钱；二是锣鼓响，洪江人有了钱，就爱搭台唱戏；三是编缆子响。编缆子本来也不是件轻松的活计，经过沈从文《边城》的娓娓叙述，便也成了美丽动人的故事。

尹忠还记得那些"见排不见江"的日子，对他们这群水边长大的孩子来说，木排就成了每天放学途中的乐园，光是在上面跳来跳去就有无穷的乐趣，更别说游泳、捉鱼了。对面山上还有成片的吊脚楼，10 米高的脚柱子，姑娘坐在屋子里面编着"篾缆子"，编好的"篾缆子"顺着脚柱子自然下垂，又在山脚的岩石上自然成卷。但是 1996 年的一场大水，把吊脚楼都冲毁了。

2006 年，尹忠拍下了一组"绝版"照片，沿途记录了洪江放排的恢宏一幕。由于公路的畅通和电站的修筑，照片里面那些热情奔放的年轻人，大概也成了中国"最后的排工"。从洪江到辰溪几小时的公路里程，放排足足持续了半个月时间，光是尹忠跟踪采访的一天当中，就搁浅两次，排工不得不在秋寒的十一月，跳进刺骨的沅水当中"撬排"。"相当惊险，木材好像麦浪一样，在水里面此起彼伏，嘎哒作响。"在沅水边长大的尹忠，头一次亲身体验到排工的艰辛，"大冬天的，就穿一条裤衩，皮肤黑得发亮。过去遇到木排搁浅，排工们喝口酒就跳进河里，很多人就这样没了命"。

"最后的排工"们从萝卜湾出发，那里是洪江贮木场的所在地，如今年轻力壮的排工们早已另谋生路，留下了一片萧索。沈品高老人，1980 年从国营贮木场退休以后在家中务农，身子骨还硬朗得很，家中木板房子的阁楼上，还能翻出他曾经用过的扎排工具，蒙着一层厚厚的灰。"洪江是个金銮殿哪！"沈老人的父亲 20 世纪初从安江来到洪江讨生活，从此做了一辈子排工，儿子接着也随了老子。"除了怕浅滩，还怕土匪，木材老板都是有财有势，所以土匪不抢木材，只抢盘缠，我们把钱藏在灶底下。老板有的时候会请水警队送排，都拿着枪。"沈老人最远把排放到洞庭湖口，旧时的排从上游下来，水路渐宽，一站停洪江，二站停常德，需要把小排扎成大排继续放流到武汉。沈老人和同伴们，完成任务后再打常德步行千把里路回到洪江。因为沈老人外出放排动辄数月，沅江的急流和险滩让老伴向荷莲没少受到惊吓，如今望着老房子后面的青山绿水，老两口却再也舍不得离开了。

据贵州《天柱县志》记载，明正德九年（1514 年）至嘉靖、万历年间，明廷为修宫殿，屡派官员、皇商向湖广、川、贵三省采办皇木，而楠、梀二木，乃皇木中的巨大者，"近地难觅，须上辰州府以上的沅州、靖州及黔省苗境内采取"。可以推断的是，当年湖广、川、贵的皇木进京，充分利用了长江及其支流，以及洞庭湖、鄱阳湖、京杭大运河的水路进行输送。而在湘西人的传说中，黔东南与长江中下游地区的木材交易可以追溯到更早，这一带出产的木材（以杉木为主）被称为"苗木"，因为沅水上游的清水江，在贵州境内还有个俗称，叫苗河。沿江四十八个侗家山寨皆有"山客"，与来自湖南、湖北、江西等处的商人"水客"进行木材交易。

侗家山寨三门塘，位于黔东南州天柱县，在木材生意兴旺的年代曾经富甲一方，至今仍保留着金碧辉煌的宗庙和祠堂，甚至还可以看见老上海赫赫有名的"石库门"建筑。一块光绪二十八年的"永定章程"碑，记载了黔东南州天柱县坌处与"江汉"木商交易的细节，是湖北"水客"与黔东南"山客"之间木材交易的直观证明。住在这里的老人王承炎，以前是个有钱的少爷，受过良好的教育，会说侗语、贵州方言，亦会普通话，讲起曾经的木材交易头头是道。他的祖父和父亲既非"山客"，也非"水客"，而是带"水客"找"山客"采购的掮客，并且负责木材的加工。

"明朝廷发现天柱一带木材丰富，就从湖南会同一带开路三四百里，正统皇帝到嘉靖皇帝之间的 11 年，明朝军队九次征伐天柱，从此开始了汉族与苗、侗之间木材交易的历史。在这以前，黔东南一带很可能还是原始森林。"王承炎说，三门塘及其上游几百里的苗河水系，确实是"苗木"的始发之地。因为河路狭窄，最初的木排宽七尺，长三丈，抵达洪江以后，三块木排并为一块，称为一个"头"，过陬溪入洞庭，最多可以合并为九个"头"的规模。但洞庭湖上"无风三尺浪"，木排只能靠船来牵引，有风的时候船上挂帆，行至一定距离以后往湖底下锚，然后用"铰轳辘"的方法将木排牵引至前，再继续行船。因此放排基本上是个靠天吃饭的活计，就好像洪江的排工在沅水放排，如若遇上大水，一天一夜就可以放到常德去，否则得花上一个多月的时间，洞庭湖上也流传着"一斗米过湖，一碗米也过湖"的说法。

"木匠师傅一肚子的眼子，扒排师傅一肚子的岩头"。放排的人掌握航线也很重要，好的排工把"岩头"的位置烂熟于心，即便藏身水下也能够清楚辨认。但是有些地方格外险要，比如沅水青浪滩，自古流传"船过青浪滩，闯出鬼门关"的说法，沈从文《边城》里的天保，就是在此送命的。每当遇到这样的水势，就需要请当地的专业"飚公"渡滩。

在清水江沿岸著名的水运中心远口镇，曾建有"江西馆""两湖馆""宝庆馆""衡州馆"和"贵州馆"五大会馆。20 世纪 80 年代，唯一留下的"宝庆馆"毁于一场大火，如今只剩下一段石板街和几尊础石，还能帮助偶尔前来的文人墨客缅怀一下辉煌的过去。然而在这里的历史记录当中，由长江流域水路贯通带来的繁忙的经济往来，虽已逝去，却也是浓墨重彩的一笔。

值得一提的是，清水江流域的木材并没有因为长年累月的砍伐而资源耗尽，沦为"童山"，相反，这一区域是我国南方著名的人工林区，人工营林历史已有 500 多年。到清代乾隆时期，就已经形成较为成熟的林业生产关系，大量遗留至今的契约，记录了山林土地的买卖和转让，人工造林技术也已经相当成熟。从事造林的不但有本地苗人、侗人，也有来自洞庭湖下游流域湖南、江西、江苏等地的汉族人，文化、商业、技术的交融也随之而来，十分繁盛。当地亦有碑文记载了具有约束力的地方性环保法规，以至于其中一些村寨，至今仍然古木蓊郁。其中有一块立于乾隆五十年（1785 年）春季的"封禁碑"，碑文写道："此（村寨周边）木蓄禁，不许后代砍伐，留以壮丽山川。""留以壮丽山川"——这种生态自觉和生态智慧，在 200 多年后的今天读来，令人感动而钦佩。

■ 如果把长江比喻成一条巨龙，鄱阳湖就是巨龙腰间最别致的那块玉佩。鄱阳湖古称彭蠡泽，是一个巨大的盆地，三面环山，北边与长江连通。

被鄱阳湖水系覆盖的江西省，在这个母亲湖的庇佑之下，也成了著名的"鱼米之乡"。鄱阳湖流域水系的连通，带来了交通的便捷，往北可以经由京杭大运河，抵达丝绸之路。鄱阳湖的最大支流赣江则一路往南，陆上经由骡马、背夫转运，翻越大庾岭的梅关驿道，抵达珠江流域。鄱阳湖也成为中国内陆最重要的南北水运大枢纽。江西省最有名的物产，莫过于千年瓷都景德镇烧制的瓷器。曾几何时，景德镇的瓷器名扬天下。景瓷正是经由鄱阳湖及其众多支流连通的水上"陶瓷之路"，通达海上丝绸之路，走向了全世界。■

连通世界　陶瓷

昌江 – 鄱阳 – 世界：改变世界的陶瓷

1291 年，马可·波罗从中国回到欧洲，带回了一件瓷器，那是一个并不起眼的灰绿色小罐子。700 多年后英国人埃德蒙·德瓦尔，一位对白瓷十分痴迷的陶瓷艺术家，在威尼斯的圣马可大教堂找到了这件瓷器。在他看来，这件瓷器制作粗糙、修坯潦草。然而，正是这件瓷器和马可·波罗带回来的东方见闻，让西方人开始认识到，这是一种无与伦比的美丽器物。马可·波罗抵达的地方是福建沿海，显然，他没有到过景德镇。

西方人认为瓷器是速朽世界里可以追寻的完美。它质地轻盈，轻轻叩击的声音清脆动听，阳光下微微透光，甚至可以看到花瓶当中的水位。他们认为用瓷器盛放食物，可以耐久不坏，一个更奇异的说法是，瓷器是蛋壳和脐鱼壳捣成粉末加水调和而成，塑形以后需要埋在黏土当中，经历百年沉淀。就这样，在亦真亦幻的

东方故事渲染之下，西方人对瓷器长达几个世纪的痴狂开启了闸门。这种朝圣一般的热爱，最终寄托于 15 世纪新航路的开辟，推动了东西方贸易的繁荣。江西景德镇瓷器，是中国与欧洲瓷器贸易中的佼佼者。中国的英文名称 China，意为"瓷器"，但也有人认为，是"昌南"的音译，昌南——昌江以南，这个名字，曾经就是指景德镇。

从 14 世纪的威尼斯商人，到中世纪后期的欧洲贵族，再到法国国王路易十四，"瓷器"风行于欧洲大陆。当年在景德镇烧制瓷器的黝黑窑工怎么都无法想象，他们从瓷窑当中搬运出的普通器物，会带来一场席卷欧洲大陆的时尚风暴。法国国王路易十四为了获得制作瓷器的配方，派人给康熙皇帝带去新鲜玩意儿，并讲解现代科学和数学。康熙皇帝如痴如醉地学习，却并没有投桃报李。法国传教士殷弘绪，在景德镇停留 7 年之久，偷习瓷器的制作工艺。欧洲的数学家则通过研究光的反射和映照来研究瓷器的制作方法。德国奥古斯都大力王，拥有将近 4 万件瓷器，大部分都是来自景德镇，因为当时的瓷器贸易被荷兰东印度公司垄断，价格高昂，为了购买东方瓷器，他几乎掏空了国库。为了能自己制作瓷器，奥古斯都召集了炼金师、科学家、自然哲学家、矿物猎人研制瓷器，甚至找来了一名传说可以用魔法石炼金的小男孩。最终，德国人烧制出半透明的白色器皿。

难以超越的景德镇瓷器，独特价值究竟源自何方？

景德镇所在的中国江西省，从地形上看，三面环山，整体向北倾斜，在鄱阳湖形成属于长江流域的巨大集水区。鄱阳湖从北面连通长江，狭长的通道仿佛一个壶嘴，向长江倾倒湖水。这样的地形，给人一种封闭的印象。历史上，江西整体的经济发展的确因地形受到了限制。靠山吃山，靠水吃水，江西人也习惯于这种自给自足中衣食无忧的生活，但资源的优势吸引了本土之外的需求，开放成为历史的必然选择。

景德镇位于江西东北，是江西、安徽、浙江交界的山地，偏僻、闭塞，赐名"景德"之前，属饶州浮梁县昌南地区管辖。景德镇能够从一个籍籍无名的山区瓷窑地，一跃成为西方人眼里中国的象征，归根结底，是因为两种天赐的物产在这里完美交会。

高岭村，位于如今的景德镇东北部，在这个宁静的小山村的村口，一株大树仿佛展开巨大的臂膀，守护着这个因盛产高岭土而名震世界的地方。景德镇瓷器能有"白如玉"的美誉，正是得益于这种白色瓷土。1869 年，法国著名地质学家李希霍芬来此考察，认为这是他所见到的最优质的瓷土。此后，高岭（Kaolin）成了世界制瓷黏土的通用名称，在世界上已知的 153 种非金属矿中，唯有高岭土以地名命名。

高岭村如今留下一座高岭土的矿址，存有大量元、明和清代的矿坑、矿井、淘洗坑和尾砂堆积，山下还有清代街市和水运码头遗迹，见证了当年的繁华。

然而，景德镇能拥有独一无二的地位，并不仅仅是靠高岭土。事实上，在发现高岭土之前，人们一直用白墩子，也就是瓷石制作瓷器。元朝时，瓷石资源陷入枯竭，景德镇的匠人们在寻找新的材料过程中惊喜地发现，在瓷石当中混合高岭土材料，可以大大地提升瓷器的硬度和白度，还可以通过改变比例，来调节瓷器的质地。他们形容瓷石和高岭土是"肌肉"与"骨骼"的完美组合，赋予了瓷器真正的灵魂。 正是这两种物产在景德镇的完美相遇，让这个不可多得的"二元配方"，成为欧洲人在对瓷器制作孜孜以求的历程当中长久无法破解的奥秘。

如今在景德镇靠山的溪涧、河流当中，还保存了为数众多的水碓，穿镇而过的昌江与南河、小南河等众多支流，正是这些水碓源源不绝的动力之源。水流冲击水碓昼夜捣捶，不用人力，将坚硬的瓷石碾为粉末。古人相信，正是这些不附任何污浊的山间清流淘洗瓷土做胎，白瓷才能呈现出光洁细腻、超凡脱俗的气韵。这一带广袤的山林，为烧窑提供了所需的松材。景德镇如今的森林覆盖率仍然达到近 70%。历史上，由于松木油脂丰富，火焰长，耐燃烧，并且松脂会让瓷器更加温润，因此用松树段劈柴烧瓷，成为柴窑首选，维持了景德镇千年不断的窑火。如今，来到景德镇淘宝贝的人们，仍然着迷于柴窑烧制的瓷器。当然，在森林资源变得极为珍贵的当下，价格也极为不菲。

"水土宜陶"。水、土与火，在景德镇结晶出了欧洲人眼中最完美的器物。那么在交通尚不发达的古代，这些瓷器，是如何从景德镇出发，最终抵达遥远的欧洲的？

300多年前，前文所提到的法国传教士殷弘绪，在一封寄往欧洲的信中写道："有两条河从靠近镇边的山岳里流下来，并且汇合在一起。一条较小，而另一条则较大，宽阔的水面形成了一里多长的良港。"

殷弘绪所说的两条河，指的是从景德镇纵贯而过的昌江及其支流南河。昌江如今在景德镇境内总长120千米，大小支流50多条，在陆路交通不发达的古代，是运输窑柴、坯料的主要通道。昌江在鄱阳县与乐安河交汇，称为饶河，注入鄱阳湖，成为瓷器成品对外输送的通道。

清代《陶录》中记载："浮处万山之中，而景德一镇，则固邑南一大都会也，殖陶之地，五方杂居，百货据陈，熙熙乎称盛观矣。"地处"万山之中"的景德镇，因为瓷器吸引了"五方杂居"，信息的流通又进一步活跃了商业，推动了制瓷业的发展。历史上，景德镇还号称"十八省码头"。据说，当年曾经有18个省的客商常年往返景德镇。这一说法无法考证，但从清朝初年开始，景德镇相继出现了各地会馆，其中福建会馆、湖北会馆、湖南会馆、山西会馆、苏湖会馆、广肇会馆尤为活跃。

三面环山的江西省，在西南角由大庾岭山脉与广东省分界，如今有赣韶铁路和赣韶高速公路穿越大庾岭，以最短的距离实现了两地互连。在过去，高山是不易逾越的屏障，然而作为长江流域和珠江流域的分水岭，唐朝以来，人们不断地修葺翻越大庾岭的梅关古道，成为沟通岭南和岭北的商旅要道。景德镇的瓷器，从昌江、饶河进入鄱阳湖，继续南下赣江以及赣江支流章江，在大庾岭山脚的大余县城码头上岸，转陆运，用骡马或者肩挑背扛的方式翻越大庾岭，抵达浈江继续改走水路，进入珠江流域，南下广州，再输送到世界各地。

在江西最南端的大余县城，即古时南安府，运送物资过岭的挑夫曾经达到5 000多人的规模，而梅关古道也呈现"长亭短亭任驻足，十里五里供停骖。蚁施鱼贯百货集，肩摩踵接行人担"的热闹景象。如今，梅关古道早已失去了交通要道的功能，但书有"岭南第一关"的古关隘和那长满青苔的石阶，仍然记录着古代交通和商贸史上那些辉煌的岁月。

除了这条连接长江流域与珠江流域从而沟通世界的通道，事实上，昌江经饶河进入鄱阳湖以后，还有几条水路将景德镇与外面的世界相连。一条经鄱阳湖的狭长湖口进入长江，一条溯抚河、盱江而上，经石城翻山进入韩江流域，还有一条溯信江而上，至铅山翻山抵达宁波等地出海。鄱阳湖的四条重要水系——赣江、信江、饶河、抚河，如同动脉血管一般的存在，它们与众多的"毛细血管"——支流水系一起，构成了景德镇瓷器的运输网络，也构成了中国陶瓷之路的起始。

作为江西第一大河的赣江，自北宋以后，就确立了中原沟通岭南的交通干线的地位。这就意味着，不仅江西本省的瓷器、药材、茶叶等物产经由这条航道向外输送，来自全国各地的物产，皆可以经由长江流域的水网抵达鄱阳湖，再向大庾岭以南的珠江流域输送，进行对外贸易。岭南香药等百货也可经由这条航道直通中原地区。北宋朝廷为此加强航道沿线的统治，并致力于"凿赣梗阻，以通舟道"，同时拓宽、整修梅关古道，让两大流域的水陆联运更加畅通无阻。如今的江西省会南昌，曾经是赣江沿线航运商贸的大都会。王安石赞叹道："沉檀珠犀杂万商，大舟如山起牙樯。输泻交广流荆扬，轻裙利屣列名倡。"一句"输泻交广流荆扬"，呈现出道路的四通八达带来的商贸繁荣。

这一切，不仅推动了区域间的商贸、社会往来，也促进了中原文化在岭南地区的传播，"凡可资民生而备器用者，莫不舆马骈达，通流无阻，而岭南山川之气，遂与中州清淑相接"。直到鸦片战争，五口通商，广州对外贸易中心的地位让位于上海，货物从长江干线直接进出，赣江－大庾岭一线的繁荣才迅速衰退。

过去，以鄱阳湖为中心的水上陶瓷之路，曾"行于九域，施及外洋"，如今早已不见了往日的喧嚣。作为中国第一大淡水湖，人们开始关注鄱阳湖的自然之美，关注这里的巨大湿地及其重要的生态价值。

每年，有超过 60 万只候鸟在这里度过 5 个月的漫长冬日。万鸟齐鸣，遮天蔽日，制造着自然界的喧哗热闹。世界上的 9 种鹤类中，白鹤、白枕鹤、白头鹤、灰鹤 4 种，都能够在这里找到它们翩翩起舞的美丽身影。人们耳熟能详的鸿雁、小天鹅，更是不计其数，常常落满洲滩，或者漫天飞翔。反嘴鹬、黑尾塍鹬等鸻鹬类组成的庞大阵容，则翻滚着"鸟浪"，在蓝天下变幻莫测，蔚为壮观。不同的鸟类，都有着不同的故事，但它们共同选择了鄱阳湖。曾经浩浩荡荡地行驶着货船的鄱阳湖主湖区，如今大半成为自然保护区，人们守卫着这片世界级的"候鸟乐园"、野生动物的"安全绿洲"、无比壮观的"天鹅湖"和令人叹为观止的"白鹤长城"，以及半数长江江豚的栖息地。鄱阳湖湿地已经成为江西省的一颗耀眼的明珠。

只有在每年的枯水季节，水落滩出的时候，鄱阳湖茫茫无际的滩涂之上，才会冲刷出不知哪个朝代遗落的碎瓷，对于长江和鄱阳湖而言，它们都是历史的尘埃。

5

聚积与开创

扬子入海

长江从江西湖口平静如哥
约 400 千米后被江苏大
海。晓吹卷惊涛，烟淡云
沙不断堆积，日积月累形
长江中下游平原。这里是
水系纵横，稻米鱼羹，二
萃的区域共同体。长江
黄浦江的繁华璀璨。

也进入了安徽境内，蜿蜒
接纳，继续东流，奔向大
阔，滚滚江流挟带着泥
了闻名世界的冲积平原：
乡，这里也是鱼米之乡，
百年来绮丽多姿、人文荟
育了皖南美、江南秀、

从古至今，"江南"一直是个不断变化、富有伸缩性的地域概念，但始终代表着中国水乡景象；它自然条件优越，物产资源丰富，是中国综合经济水平最高的发达地区。而现在这里，通常被称为中国人的"江南"，它以人文渊薮、富庶水乡和繁荣发达而闻名于世。

俯瞰黄浦江

长江中下游平原，中国三大平原之一，素有"鱼米之乡"的美誉。

■ 2 000 多年前，长江在今扬州、镇江附近既已入海，河口宽阔，称海门。河口段起点江中瓜洲，向东呈喇叭形。公元 3 世纪，长江河口延伸至江阴，多汊并存，江流主泓游移不定。唐武德元年（618 年），崇明岛雏形初露水面，河口被分为南、北两支。14 世纪以后，河势趋稳定，主泓从北支入海达 300 余年。到了宋代，大诗人王安石才望江吟唱："京口瓜洲一水间，钟山只隔数重山。"

长江中下游平原位于扬子准地台褶皱断拗带内，燕山运动产生一系列断陷盆地，后经长江切通、贯连和冲积后，从上游侵蚀了大量泥沙，到了下游后因流速不再足以携带泥沙，结果这些泥沙便沉积在下游。尤其当河流发生水浸时，泥沙在河的两岸沉积，冲积平原便逐渐形成。

长江中下游平原区气候温暖湿润，为中国重要的农业基地，是重要产棉区和产粮区，区域内稻、麦、棉、麻、丝、油、水产等产量居中国前列，素有"鱼米之乡"之称。长江中下游平原工农业发展迅速，是中国工业集中区之一，尤其沿江长三角地区经济十分发达。■

① 上海风光

② 南京玄武湖城市风光

③ 金鸡湖畔边的东方之门

④ 傍晚的钱江新城

⑤ 湖州滨湖、楼宇交相辉映

⑥ 合肥城市风光

杭州西湖黛色参天玉涧桥

西湖美景

长江三角洲，
这块富庶之地。

■ 长江向东流淌，从江苏镇江开始，进入三角洲河段，其中江阴以下为河口段，江面不断扩张成喇叭状。长江三角洲，简称"长三角"，作为一个地理概念，是指长江所携带泥沙在入海口不断淤积形成的堆积体，是长江中下游平原的一部分，面积约 5 万平方千米。地处江海交汇之地，沿江沿海港口众多。

"长三角"作为一个经济区域概念，这片神奇的土地范围是在不断发展和变动着的。这里有着悠久的文化历史，加上发达的水系、丰饶的土地，使其在中国封建社会的中后期就已经初步形成了一个可观的城市群，包括上海市、江苏省、浙江省、安徽省，共 41 个城市。从明代到清代，长江三角洲出现了 9 座较大的商业与手工业城市：南京、杭州、苏州、松江；粮食集散地：扬州、无锡、常州；印刷及文具制作交易中心：湖州；沿海南北贸易的重要商业中心：上海。

长三角地区是中国经济发展最活跃、开放程度最高、创新能力最强的区域之一。以不到 4% 的国土面积，创造出中国近四分之一的经济总量，三分之一的进出口总额 。如果把长江比作一条经济长龙，那么长三角就是不折不扣的龙头。■

浙江四明湖水杉

南京玄武湖鸡鸣春雾

古韵徽州

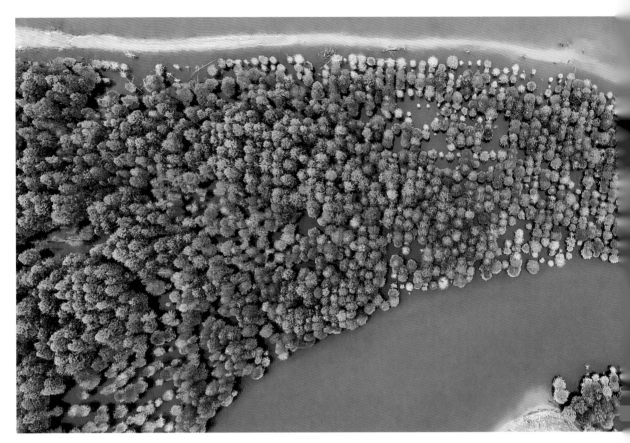

皖南秋色——红杉林

历经沧桑的皖河，
流经了多少文化。

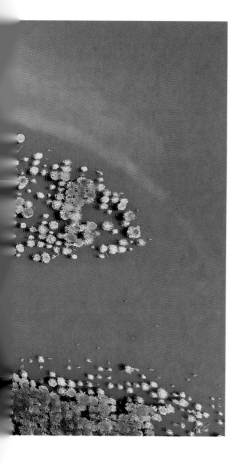

■ 皖河由皖水、潜水、长河三大支流组成，发源于安徽省岳西县境黄梅尖南麓，经岳西、潜山、太湖、望江、怀宁、安庆5县1市，在安庆市西郊沙帽洲南注入长江。

皖河和长三角地区山水相连，人缘相亲。同样是长江支流，相比长三角的辉煌，皖河是低调的。河道全长227千米，总流域面积6 442平方千米。

安徽简称皖，皖河由此得名。皖河江流平缓，水域宽广无冰期，航运条件优秀。历史上的徽商利用长江水系纵横商海，"多游于吴越荆襄间"，人杰地灵的皖河还孕育出清初文坛影响巨大的桐城派。

有一种美，叫皖南的山水。皖南山区位于安徽省长江以南，东南与浙江相接，西南和江西相邻。皖南山区可谓安徽的龙脉，风景迤逦，人文荟萃。敬亭山、黄山、齐云山、九华山、齐山、牯牛降、新安江、太平湖风光秀丽，西递、宏村、查济古民居、棠樾牌坊群等璀璨文化遗址交相辉映。皖南山水让人醉，水墨丹青绘仙境。黄山大名鼎鼎，"五岳归来不看山，黄山归来不看岳"，花岗岩构造的奇峰异石，为第四纪冰川提供了佐证，让人不得不赞叹大自然的鬼斧神工！■

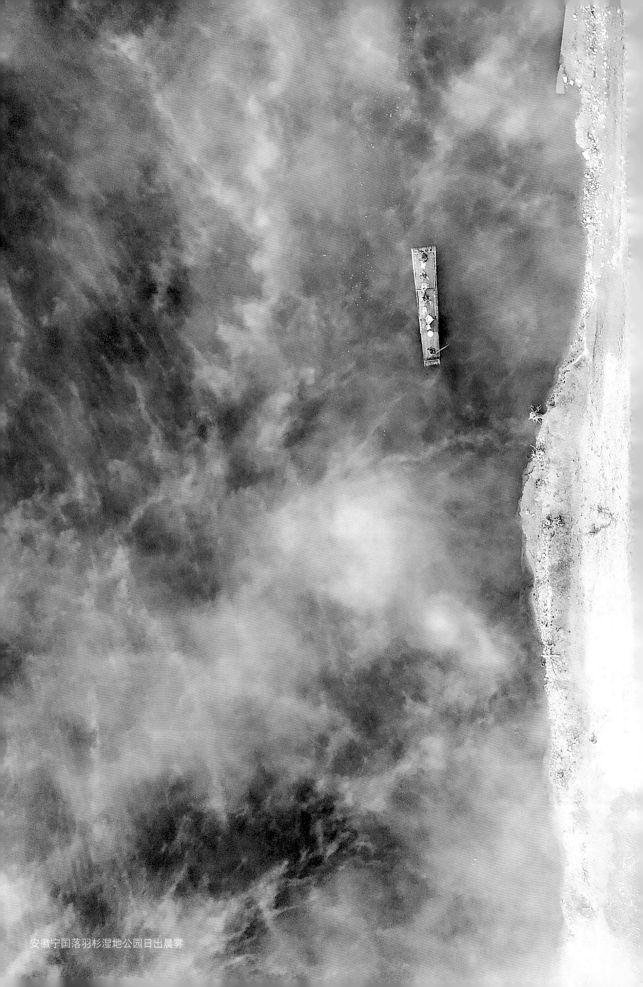

安徽宁国落羽杉湿地公园日出晨雾

巢湖如此砚中波，手把孤山当墨磨。

■ 巢湖，是位于长江中下游的五大淡水湖之一，位于安徽省中部，由合肥、巢湖、肥东、肥西、庐江2市3县环抱，面积780平方千米，湖形呈鸟巢状，故得名。地处江淮平原之上的这座大湖，水域辽阔，沿湖山峦叠嶂，湖光山色，交相辉映。

八百里巢湖波光帆影，气象万千。沿湖共有河流35条，其中较大的河流有杭埠河、白石天河、派河、南淝河、炯炀河、柘皋河、兆河等，从南、西、北三面汇入湖内，然后在巢湖市城关出湖，经裕溪河注入长江。

巢湖是著名的"鱼米之乡"，盛产大米、油料、棉花、蔬菜、家禽和水产品。银鱼、湖蟹、白米虾是自古有名的"巢湖三珍"；江涛、湖光、温泉是这里的"水景三绝"。巢湖湖区非大旱年可全年通航。沿湖有巢县、散兵、槐林、马尾河、塘西、施口、中庙等港口和码头。如今巢湖水质受到富营养化的威胁，蓝藻水华防控刻不容缓。

巢湖所处军事要塞，既可顺流东进，又可溯江西征，可截天堑长江，北控"淮右襟喉"合肥，左与大别山形成犄角之势，右威胁古都南京。"鱼米之乡"也为屯兵、囤粮带来天然便利，因此历史上巢湖便是"兵家必争之地"。■

巢湖风景区姥山岛晚霞

烟波浩渺，烟雾蒸腾
青弋江面如一首清丽的
说不尽的静谧和惬意。

■ 源远流长的青弋江发源于黄山，汇石台、太平、旌德、泾县诸水后穿越芜湖。青弋江之名始自南宋。《宁国府志》记载："青弋江古名清水，一名泠水，又名清弋水。称其为清弋江，是因为它河身渐广，春暖水涨，波涛汹涌，故曰江。"

青弋江，源出安徽省黟县黄山北麓，源头主河为清溪河，经石台县、黄山区，于周家坦注入太平湖，出太平湖流经泾县、宣城、南陵、芜湖等地，于芜湖市区入长江。青弋江从皖南的大地上匆匆流过，

水墨青弋

晨的

诗，

千万年来，它滋养着这片土地上的生灵万物。青弋江全长275千米，有大小支流30余条，流域面积8178平方千米，是安徽省境内，也是长江下游最大的一条支流。

西汉时，青弋江即为宣城府所在地，皖南商埠重镇，商贾聚集，集贸经济十分繁荣。晚唐诗人杜牧惊羡物华天宝的弋江古镇，曾留下"九华山上云遮寺，清弋江村柳拂桥"的不朽诗句，并书"柳拂庵"镌碑为庵门匾额，碑石仍存。风景秀丽的青弋江畔，南靠黄山余脉，北邻长江之滨，流露出温婉的水乡气质。这里土质肥沃，物产丰富，让农业发展拥有良好的先天条件。■

梨花似雪草如烟，
春在秦淮两岸边。

■ 长江中下游向东流入江苏境内，在众多支流中，秦淮河虽然流域面积不大，名气却不小。这是一条承载着厚重历史的河流，它孕育了中国四大古都之一——南京，文化地位不可小觑。

秦淮河有南北两源，北源句容河，发源于句容市宝华山南麓；南源溧水河，发源于南京市溧水区东庐山，两河在南京市江宁区方山埭西北村汇合成秦淮河干流，绕过方山向西北至外城城门上坊门，从东水关流入南京城，由东向西横贯南京主城，从西水关流出，注入长江。

秦淮河长度虽然只有110千米，但在历史上却极负盛名，被誉为南京的母亲河，也被称为"中国第一历史文化名河"。其中最精华的"十里秦淮"，也称内秦淮河，在大名鼎鼎的夫子庙景区内，也是来到南京的游客必打卡的网红景点。无数诗词歌赋咏唱它，"江南佳丽地，金陵帝王洲""烟笼寒水月笼沙，夜泊秦淮近酒家"……这条六朝金粉所凝的河流，究竟有多少动人的故事。

夫子庙秦淮风光带集自然风光、山水园林、庙宇学堂、街市民居、美食购物、节庆文化于一体，不仅是南京历史文化荟萃之地，也是中国最大的传统古街市。夫子庙是中国第一所国家最高学府，秦淮河是中国第一历史文化名河，明城墙是世界规模最大的古代城垣，三者交织串联起大量景点，形成独具特色的文化风光带。■

江南贡院 明远楼

南京紫金山灵谷塔

碧水上波光荡漾，远处的夕阳映着水面，这就是太湖，一个呈现在我们面前的美丽太湖。

极寒天气下，太湖冰封

■ "太湖美呀太湖美，美就美在太湖水。水上有白帆，水下有红菱，水边芦苇青，水底鱼虾肥。"作为中国五大淡水湖之一的太湖泽被四方，百姓广为传唱。

太湖为江苏省最大湖泊，古称震泽，又名笠泽，横跨江、浙两省。古语曾云"苏湖熟，天下足"，说的就是苏州和太湖附近地区的稻田成熟丰收了，整个天下的粮食便都能足够供给了，可见这片鱼米之乡的丰庶和富饶。不论洁白的稻米，还是鲜美的鱼虾，不论旖旎的景色，还是丰厚的文化，都是这片美丽的江南鱼米之乡带给吴地人民的福祉与安康。

守护太湖美，任重而道远。春秋战国以前，太湖地区原是陆地的冲积平原。唐代，湖水可达吴江塘岸。东山和西山原为湖中两大岛屿，后因泥沙淤积，滩地扩展，至清代中期，岛与沙洲相接。20 世纪中后期，太湖及其周围湖群，因围湖种植和围湖养殖，湖泊面积减少 13.6%，消失或基本消失的湖荡有 165 个，合计面积 161 平方千米。

治湖难，治太湖这样的浅水型湖泊更难。太湖下游的入江入海通道，古有吴淞江、东江、娄江，统称太湖三江，分别向东、南、北三面排水。公元 8 世纪前后，东江、娄江相继湮灭。从 11 世纪开始，吴淞江也很快淤浅缩窄。上游来水汇入太湖以后，经湖东洼地分流各港浦注入长江。明永乐元年（1403 年），在上海县东开范家浜，上接黄浦江，下通长江。不到半个世纪，黄浦江冲成深广大河，成为太湖下游排水的主要出路，吴淞江淤塞为黄浦江支流。1958 年，开挖太浦河，上接太湖，下接黄浦江。■

蠡湖之光日暮

江南水乡

古韵江南

世界从黄浦江认识上海
上海从黄浦江走向世界

■ 长江在入海之前，接纳的最后一条支流是黄浦江。黄浦江水质很好，它也是我国最早由人工疏浚的河流。江宽水深，万吨海轮可以上溯到南京市。

我们来看一看上海市的卫星地图，可以看到有一条蜿蜒曲折的河流绕城而过，上海的外滩、陆家嘴都分布在这条江的两边，它就是上海的母亲河——黄浦江。

黄浦江天际线

黄浦江，源于淀山湖，上溯连通太湖，河身较顺直，贯穿上海全市，在吴淞口汇入长江。黄浦江水系在上海市境内流域面积 5 193 平方千米，占全市总面积的 81.9%。

上海因水网而生，因河浜而建城，因大江而兴。从原始的滩涂，到工业仓储密布两岸，再到金融中心的风起云涌，黄浦江牵动着这座城的时代步伐。黄浦江是上海市的重要水道，穿越了上海市中心，已建成多条江底汽车隧道和跨江大桥。浦江两岸，流光溢彩，百年外滩，人声鼎沸。可以说，上海市的重要建筑和重要景致都分布在它的两岸，并以此为中心向周围扩散。黄浦江见证了上海滩的风云际会。长江奔腾数千千米后，最终在上海附近注入东海。■

滩涂湿地，鸟飞鱼跃，孕育出了长江口独特而丰富的生态系统。

■ 长江口，是指长江在东海入海口的一段水域，平面呈喇叭形。长江一路奔流所携带的泥沙，在入海口沉淀、堆积，造就了巨大的岛屿、沙洲等不同类型的湿地。

河口湿地的现代地理形势最终形成于 20 世纪初，并且有继续延伸的态势。在长江水与东海涨潮流的相互作用下，泥沙不断淤积，形成崇明、长兴、横沙诸江口沙岛及众多的浅滩、暗沙等。崇明岛将长江分成南北两支水道：长江口北支水道现日渐缩窄，水减，河道淤浅，航运价值日减；长江口南支水道由长兴岛、横沙岛分隔为南北两支，即南港水道和北港水道。南港水道入海最浅处水深约 7 米，是海轮出入上海市的唯一航道。东、北方滩地仍在继续淤涨，其中东滩每年以 100 余米的速度向东海推进，为上海市提供丰富的土地资源。

在河口湿地上，滨海泥沙湿地、滩涂生态系统为不同的鸟类提供了多样化的栖息环境。滩涂上丛生的芦苇中，隐藏着生机勃勃的世界，有国家级保护的野生珍稀禽类：黑鹳、白头鹤、大天鹅、小天鹅、雀鹰等。每逢春秋候鸟迁徙季节，成群的鸟类在水草丰美的东滩栖息、觅食。河口湿地成为南来北往的迁徙鸟的补给站。■

炮台湾湿地白鹭

炮台湾公园吴淞口滩涂海滩早晨

水系纵横
渚清沙白

长江奔腾数千里之后，经安徽，过江苏，至上海，在其附近注入东海。河汊纵横交错，湖荡星罗棋布。一路而来，长江所携带的泥沙，在这里沉淀、堆积，造就了面积巨大的岛屿、沙洲等不同类型的湿地，也为众多生物营造出一片属于它们自己的庇护所。

■ 长江下游，太湖之滨，地势低洼，湖泊众多，河网密布。这里土壤肥沃，是全国著名的"鱼米之乡"，也是极具特色的八种水生蔬菜——"水八仙"的主要产区。■

水八仙　江南人味蕾上的清新滋味

物种名片

- ⊙ 中文名：菰（茭白）
- ⊙ 学名：*Zizania latifolia*
- ⊙ 目：禾本目
- ⊙ 科：禾本科

- ⊙ 属：菰属
- ⊙ 保护等级：无
- ⊙ IUCN：无

物种名片

- ⊙ 中文名：莲（莲藕）
- ⊙ 学名：*Nelumbo nucifera*
- ⊙ 目：山龙眼目
- ⊙ 科：莲科

    莲藕为莲的根状茎

- ⊙ 属：莲属
- ⊙ 保护等级：国家二级重点保护野生植物
- ⊙ IUCN：无

物种名片

- ⊙ 中文名：欧菱（菱角）
- ⊙ 学名：*Trapa natans*
- ⊙ 目：桃金娘目
- ⊙ 科：千屈菜科

- ⊙ 属：菱属
- ⊙ 保护等级：无
- ⊙ IUCN：无

物种名片

- ⊙ 中文名：莼菜
- ⊙ 学名：*Brasenia schreberi*
- ⊙ 目：睡莲目
- ⊙ 科：莼菜科

- ⊙ 属：莼菜属
- ⊙ 保护等级：国家二级重点保护野生植物
- ⊙ IUCN：无危（LC）

物种名片

- ⊙ 中文名：荸荠（马蹄）
- ⊙ 学名：*Eleocharis dulcis*
- ⊙ 目：禾本目
- ⊙ 科：莎草科

- ⊙ 属：荸荠属
- ⊙ 保护等级：无
- ⊙ IUCN：无

物种名片

- ⊙ 中文名：华夏慈姑（慈姑）
- ⊙ 学名：*Sagittaria trifolia*
  subsp. *leucopetla*
- ⊙ 目：泽泻目

- ⊙ 科：泽泻科
- ⊙ 属：慈姑属
- ⊙ 保护等级：无
- ⊙ IUCN：无

物种名片

- ⊙ 中文名：水芹（水芹菜）
- ⊙ 学名：*Oenanthe javanica*
- ⊙ 目：伞形目

- ⊙ 科：伞形科
- ⊙ 属：水芹属
- ⊙ 保护等级：无
- ⊙ IUCN：无

物种名片

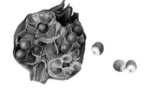

- ⊙ 中文名：芡（芡实、鸡头米）
- ⊙ 学名：*Euryale ferox*
- ⊙ 目：睡莲目
- ⊙ 科：睡莲科

- ⊙ 属：芡属
- ⊙ 保护等级：无
- ⊙ IUCN：无

■ 水八仙之典故和吃法

水八仙即茭白、莼菜、莲藕、马蹄、菱角、芡实、慈姑和水芹菜，自古便是江南人民餐桌上的美食。但现在人们常见的"水八仙"以人工栽培的为主，野生资源已经日渐稀少。《晋书·张翰传》中记载了这样一个故事：魏晋时期，在洛阳做官的张季鹰见秋色渐浓，思念起吴中家乡的菰菜、莼羹、鲈鱼脍来，感叹一句"人生贵得适意尔，何能羁宦数千里以要名爵"，后便辞官回乡。因思念家乡的几道菜，他连官也不做了。当然，这也可能是张季鹰见时局动荡，欲辞官回乡而找的借口，但江南水蔬之美味可见一斑，从此便留下了"莼鲈之思"的典故。

吃水八仙讲究时节。秋风不仅能引莼鲈之思，菱角和芡实也在秋日上市。《红楼梦》第三十七回"秋爽斋偶结海棠社，蘅芜苑夜拟菊花题"中，海棠诗社结束后，袭人端来两个小摄丝盒子："揭开一个，里面装的是红菱和鸡头（即芡实）两样鲜果；又揭那一个，是一碟子桂花糖蒸的新栗粉糕……"农历八月中秋前后，正是江南人民采食新鲜菱角和芡实的时候。菱角采上来后可直接生吃，芡实却难剥。每逢芡实成熟的季节，街道旁总能看到戴着铁指甲、铜指刀剥芡实的人。

马蹄、慈姑、水芹菜则要到冬天采食。新鲜马蹄口感生脆，搭配冬菇、鲜肉等一起包饺子，鲜美异常。准备年夜饭时还会将马蹄埋在饭里，盛饭时挖到就像挖到了"元宝"，讨个吉利。慈姑往往做成"慈姑红烧肉"，是传统的家常美食。水芹菜也在冬天上市，春节前后非常紧俏，菜市场里一把难求。

莲藕可在夏天吃，也可在秋天吃。夏季藕带上市，新藕口感清脆香甜，适合做冷盘或者清炒。秋冬季节，藕中淀粉含量升高，口感变得软糯。不同品种的藕适合不同的烹饪方式，或炖汤，或塞上糯米、浇上桂花蜜，做成一道"桂花糯米藕"。如果做成藕粉，则是四季皆宜的佳品。

水八仙之栽培

水生蔬菜的采食与栽植自古有之，早期以野外采集为主，到宋代时水生蔬菜的人工栽培已相当兴盛。

以菱角为例，如一直往前追溯，早在距今5 000～7 000年的河姆渡遗址中就发现了菱角。随农业技术的发展以及先民们兴修水利的进程，太湖流域出现了众多陂塘、圩田，同时自然水势趋于平缓，水患减少，这为水生蔬菜的人工栽培提供了先决条件。

《宋史》中记载，苏轼任职杭州时，"募人种菱湖中"，以此治理西湖杂草之患。在南宋范大成的《吴郡志》中，记载了腰菱和馄饨菱两种"家菱"，即菱角的人工栽培品种。南宋《吴兴志》中有更详细的记载，说菱角："实有二种，一四角，一两角。今乡土种此成荡，不止二种。"四角的有野菱、泰州菱，两角的有果菱、湖趺菱、青菱；还有无角的馄饨菱。菱角秋晚采实，种菱大户有"收至十数斛者"，足见当时菱角的人工栽培已相当兴盛。

南宋《吴郡志》和《吴兴志》中记载的水生蔬菜，还有莼菜、莲、茭白、芡实、荸荠、慈姑、水芹、水芋、香蒲等。到了明清时期的《苏州部物产考》中，"水实之属"记载有菱、芡实、藕、荸荠、茨菰五种；"溪毛之属"记载有莼菜、茭白、荇菜、芹四种。至于"水八仙"是如何从一众水生蔬菜中脱颖而出成为"固定搭配"，文献鲜有记载，推测是明清之后的事情了。

如不考虑现代农业技术的反季节问题，一年中我们最早能吃到的是茭白。茭白品种有"一熟茭""两熟茭"之分。两熟茭春季5—6月一收，秋季9—10月一收。《苏州部物产考》记载："惟吴县梅湾村一种四月生，名吕公茭。"

茭白这种植物的中文正式名为菰，与小麦和水稻同为禾本科植物。但食用部位绝不同于水稻和小麦，如今我们吃的茭白，乃是植物受到真菌感染后异常增生的茎。当菰的嫩茎被一种黑粉菌侵入并寄生后，黑粉菌分泌的一些化学物质会刺激茎节细胞快速分裂，使其逐渐膨大形成白色的肉质茎，即我们今天所吃的茭白。

这一膨胀过程是十分夸张的，菰的茎从与一次性筷子差不多的粗细，一直膨胀到如小儿手臂般粗壮。为了给黑粉菌"建造"这些额外的空间，茭白往茎秆中输送了大量的养分，包括糖和各类氨基酸，这使得茭白有着非常独特的口感和鲜味。为了让茭白更大、更鲜美，如今的茭白田四周往往设有强光灯彻夜长明，好让植物"加班"进行光合作用。

《苏州部物产考》写道："中心生，台如小儿臂，名茭手。有黑点者名茭郁。"所谓"有黑点者"，便是黑粉菌开始散播孢子后造成的。这些"心如墨"的茭白已经"老了"，口感和风味远不如新鲜时。书中还说："茭中有米，可作饭，然今未有作饭者。"作为一种禾本科植物，菰当然也能够像水稻、小麦一样结种子，但被黑粉菌寄生后的菰将会丧失开花能力，自然也不能够结种了。不过黑粉菌并不会造成植株的死亡，食用寄生有黑粉菌的茭白也不会影响人体健康。

莲藕人所共知，不过初夏上市的藕带是长江流域以外的人比较少吃，也比较难吃到的。藕，即植物莲的根状茎，藕带则是刚刚生长而出的幼嫩根状茎，一般只截取最先端的一个顶芽和后方一个尚未膨大的藕节。藕带如果不挖就会长成藕，《苏州部物产考》记载："出吴县黄山南塘者佳。"此外苏州还产一种"伤荷藕"，在唐代时被列为贡品。

莼菜，为莼菜科莼菜属植物，食用部分为叶片。虽然"莼鲈之思"乃是由秋风所催发，但要采收到上佳的莼菜，还得在春夏之交。《本草纲目》载："春夏嫩茎未叶者，名稚莼，稚者小也；叶稍舒展者名丝莼，其茎如丝也；至秋老则名葵莼或作猪莼，言可饲猪也。"叶片稍稍舒展的丝莼乃是最上品，这部分莼菜大都在 5 月到 7 月采收。如采早了，叶片稚小不堪食。如采晚了，叶片吃起来会有苦味，只能用来喂猪了。

丝莼为什么是上品？吃过莼菜的人一定忘不了它表面那一层滑溜溜的胶质，这些胶质是莼菜分泌出来保护茎和幼嫩叶片的。丝莼表面的胶质分量最足，口感无比丝滑。但莼菜本身却没有什么味道，需要与其他食材一起烹饪。

莼菜采收后难以保存，一般要进行腌制或用醋渍保鲜。《周礼·天官》中记载，"茆菹"即保鲜处理过的莼菜，是用来祭祀宗庙的祭品。如今我们购买到的瓶装、袋装莼菜，一般也是采用醋渍保鲜。

菱角和芡实，均在中秋前后采收。菱角为植物欧菱（以下简称菱）的果实，芡实为植物芡的种子。

菱是一年生植物，水深时为漂浮植物，水浅时也能生出根来扎进水底淤泥里。菱是江南水乡的一种代表性植物，它们的特征再明显不过了，"菱形"这个形容词仿佛就是为它量身定做。夏天菱叶碧绿，菱形叶片旋转、重叠，排列成莲座一样的菱盘，漂浮在水面上，具有一种神奇的秩序美感。叶片的叶柄处长有一个小"气囊"，气囊内部呈海绵状，这是菱叶得以漂浮的倚仗。春夏季节菱角开出白色花朵，花朵受粉后沉入水中。秋天菱角长出，成熟后菱角的外壳是红色或紫黑色的，剥开后内部却是白白嫩嫩的样子，可直接生吃，味道甘甜。

芡实的生长环境与菱角类似，因此总能看到两者混生。芡之叶大而圆，其大型浮水叶直径可达 2~3 米，远超荷叶、睡莲叶，可与亚马孙王莲比肩，叶表面还生长有骇人的利刺。夏季开花，花朵看起来与睡莲十分相似，但花梗和萼片上同样有刺。结出的果实上自然也是长满刺的，果实形如鸡头，还是一个"刺鸡头"。碾碎鸡头，再剥开具有坚硬外壳的种仁，就能得到珍珠似的芡实了。刚剥出来的芡实需要经过长时间浸泡，才能有良好的口感。

冬季采收的马蹄和慈姑，分别是植物荸荠和华夏慈姑的球状地下茎。

荸荠是一种莎草科植物，在长江流域的水田里时常会出现它们的身影。它的地上部分像葱一样挺直，且中空。但与葱不同的是，荸荠没有叶片，它的地上部分是茎秆而非叶片。开花时，几缕白穗长在茎秆顶端，颇似笔头。荸荠的地下茎扁球状，外表紫黑色，形如大块卵石。剥开外皮，其内光洁如玉。现在荸荠更广为人知的名字是"马蹄"。这个名字很有意思，但实

在看不出荸荠与马蹄有何相似之处。语言学研究指出，"马蹄"之名可能源自台语，古侗台语中"马（mak）"意为果子，前置时表示水果的名称，"蹄"则是"地下"的意思。因此，"马蹄"的意思是"地下的果子"。

华夏慈姑为泽泻科植物野慈姑的栽培亚种。野慈姑在长江流域的湿地中广泛分布，慈姑叶形更接近箭形，叶茎似燕尾。夏天开白花，花朵三瓣，花心为黄色花蕊。野慈姑的球状地下茎较小，不堪食用。经过先民的努力，培育出了栽培亚种华夏慈姑，植株相对高大，球状地下茎也更大，形如芋头。因此，慈姑有别名"乌芋"。

水芹菜为伞形科植物，一般在每年的11月到次年3月上市。但随着农业技术的进步，有些地方全年都能买到水芹菜。■

■ 有着 46 千米长江岸线的六合龙袍湿地，万亩芦苇荡是鸟类的天堂，江边，芦苇荡一眼望不到边际，芦苇荡间的浅滩里，成群的绿头鸭、白头潜鸭、小鹧鹕、骨顶鸡自在地嬉戏……顺着江堤下的小路走入芦苇荡深处，不时有鸟儿伴着脚步声飞走，斑鱼狗、苇鹀、白鹭、鸬鹚，身材娇小的震旦鸦雀在茂密的芦苇荡中穿梭，并不时发出欢快的叫声……■

震旦鸦雀　芦苇丛中飞舞的美丽精灵

物种名片

- ⊙ 中文名：震旦鸦雀
- ⊙ 学名：*Paradoxornis heudei*
- ⊙ 目：雀形目
- ⊙ 科：鸦雀科
- ⊙ 属：莺鹛属
- ⊙ 保护等级：国家二级重点保护野生动物
- ⊙ IUCN：近危（NT）

■ 震旦鸦雀的发现

震旦，是古代印度对中国的古称，震旦鸦雀以震旦为名，因为它们来自中国。

1871 年 12 月，法国天主教会的修德神父在江苏的长江沿岸第一次发现了它们，并采集了第一枚震旦鸦雀标本，成为这个物种的模式标本。后来经过法国天主教会的神职人员让·皮埃尔·阿芒·大卫（Jean Pierre Armand David）的科学描述和形态学测量，这种鸟被确认为一种新的物种，并被定名为 *Paradoxornis heudei*，中文名"震旦鸦雀"。

震旦鸦雀的分布

虽然被命名为"震旦",但这种鸟并不是只生活在中国,震旦鸦雀分南方和北方两个种群,北方种群分布于中国东北松嫩平原、三江平原,分布区域亦渗入蒙古国东部极小一部分以及俄罗斯远东的南部(地理上也属于乌苏里江湿地的一部分)。南方种群分布于华北平原至长江中下游湿地及南黄海沿岸滩涂湿地,该种群为中国东部独有。

芦苇里的鹦嘴鸟

震旦鸦雀,中等体形,体长 18 ~ 20 厘米。黄色的嘴带很大的嘴钩,黑色眉纹显著,额、头顶及颈背灰色,黑色眉纹上缘黄褐色而下缘白色。上背黄褐色,通常具黑色纵纹;下背黄褐色。有狭窄的白色眼圈。脚为粉黄色。震旦鸦雀叫声急促而连贯,有时会展翅鸣叫,可是力度并不大,但扇翅膀的频率比较高。

在 1891 年,有一段对震旦鸦雀的描述:"这种鸟很有意思,它们似乎只局限出没于南京周边芦苇覆盖的江中沙洲。我只在冬天造访过其栖息地,那里有大片三五米高的干芦苇,大群震旦鸦雀栖于其中。它们从一片芦苇飞蹿到另一片芦苇,时时发出流水般悦耳的声音。飞行能力很弱,往往从芦苇底部往上蹿,用强有力的嘴撕扯茎秆。它们似乎只吃植物。"除了在食物的描述上有所偏差外,其他的描述可以说是非常准确了。目前的研究资料显示,震旦鸦雀是芦苇生境的特化鸟类,其独特的生理构造和生活习性使得芦苇植被的存在是该鸟种出现的必要条件。震旦鸦雀以昆虫为主要食物,喜欢撕扯芦苇,摄食里面的虫卵和幼虫。

从外形看,震旦鸦雀跟麻雀差不多,但比麻雀鲜艳一些,羽毛的颜色和冬天枯萎的芦苇颜色很像。这种保护色使得它们在冬天芦苇稀少的时候也可以完美地保护自己。与麻雀不同的是,它的尾巴更长,它有一个短而高且有些粗钝的

嘴巴，这个大嘴巴占据着震旦鸦雀大部分的脸庞，看起来就像是一个大鹦嘴。在英文中，它又被称作"Reed Parrotbill"，翻译过来就是"芦苇中的鹦嘴鸟"，这个名字也间接说明了其对生境的苛刻挑剔。嘴巴大小还可以作为区分雌雄震旦鸦雀的一个依据，总体上雄鸟的嘴要比雌鸟的大一些。

震旦鸦雀有着美妙的歌喉，芦苇里总是会传出它们阵阵流水般悦耳的鸣叫。它翅膀短小，翅膀负荷较重，飞行能力不强，但是在空间拥挤的芦苇丛中，短小的翅膀更显灵活，所以它们最喜欢从芦苇底部往上蹿。研究表明，这种芦苇生境的特化鸟种对芦苇环境极其依赖，确切地说，只有在有芦苇的地方才会有它们。震旦鸦雀那张粗钝的嘴非常适合撕扯芦苇，如果你安静地在芦苇丛边听一会儿，就能听到它们撕扯芦苇的沙沙声，它们则在那里大快朵颐，享受着芦苇里的食物。这种鸟喜食条锹额夜蛾和芦苇日仁蚧这两类昆虫，这些昆虫多寄生在芦苇当中。条锹额夜蛾是鳞翅目昆虫，震旦鸦雀主要捕食它们的幼虫。芦苇日仁蚧则是同翅目昆虫，一年四季都有供应，数量极多。根据季节或繁殖状况，震旦鸦雀对这两种"猎物"的兴趣会有所增减，取食高度多在芦苇茎秆的中部。

每年12月至次年2月，震旦鸦雀开始集群行动，共同觅食，一起抵抗寒冷的冬天。到了春暖花开的4月，震旦鸦雀就开始成对活动，分别组建家庭，繁衍后代。育雏投入是亲代投入中重要的一环，繁殖期亲鸟的育雏投入决定了其后代的成活率。震旦鸦雀采用双亲育雏，这种方式比单亲育雏有更高的繁殖成功率。雌雄亲鸟轮流值班，夜以继日，每20~60分钟轮换一次，晚上雌鸟留巢，而雄鸟则露宿附近的芦苇枝。震旦鸦雀的繁殖成功率较低，在恶劣天气、天敌和人为干扰甚至是杜鹃"混巢"等不利条件下，亲鸟有时甚至会被迫放弃整个巢。为了拥有更多的后代，震旦鸦雀每年都要繁殖2~3次才能保证种群繁衍。每年的8月到9月，随着

最后一只鸦雀开始独立生活，繁殖期宣告结束。随后，震旦鸦雀会再次聚集，等待下一个繁衍季的到来。

震旦鸦雀的保护

震旦鸦雀，是全球性濒危鸟类，被称为"鸟中熊猫"。尽管中国有很多特有鸟种，但大部分都集中在青藏高原和横断山区，在人口稠密、经济发达的东部地区能有这样一种特色鸟种实在难能可贵。在长江大保护战略背景下，保护震旦鸦雀具有格外重要的意义。

可惜的是，有很长一段时间，因为滩涂开垦、外来种入侵、定期的大面积芦苇收割等种种原因，震旦鸦雀的栖息地不断萎缩，支离破碎，震旦鸦雀的数量也越来越少了。

每年12月到次年4月，沿海滩涂的大片芦苇会被全部收割，只有靠近水边长势不好的零星芦苇得以保留。这意味着震旦鸦雀的食物供给在这段时间内将十分短缺。震旦鸦雀是一种芦苇生境特化了的鸟类，这种特化决定了震旦鸦雀具有较低的扩散能力，它们在强化利用芦苇生境能力的同时，势必会减弱对其他生境类型利用的能力，容易受到灭绝威胁。■

郝夏宁 / 摄

如果它消失了……

某一物种可能因为环境因素而灭绝，比如气候变化、进化发生的变异、人为因素（人类活动导致栖息地丧失）。在对这些物种的诸多威胁中，人类活动造成的栖息地丧失（包括人口增长，农耕、住宅侵占的土地等）是物种灭绝的主要原因。大部分时候，我们只是想到栖息地消失或是改变会使它们不适合野生动物生存，可我们从未想过，这些改变会给人类带来什么影响。

震旦鸦雀作为一种生境特化的鸟类，其分布情况有着生境指示作用，它所生活的长江河口地区的潮滩芦苇沼泽湿地是水体和陆地间的重要生态通道，不仅有减少潮滩冲刷和保护临近堤防以及陆域的重要作用，而且具有保护生物多样性的生态服务功能。一方面，区域经济发展日益增加土地资源的各种利用，使得潮滩湿地面积日益缩小，生态功能有所退化；另一方面，区域经济的可持续发展又依赖于潮滩湿地的生态服务功能，其中包括了潮滩湿地的鸟类栖息地功能，妥善处理两者的关系影响到区域发展的可持续性。一个不适合震旦鸦雀生活的环境一样不适合我们。

■ 长江下游泛指西湖口以下到上海的长江，是长江水量最大的河段。长江下游支流不多，却有着一个特殊的支流，那就是淮河流域。而江苏盐城湿地，作为淮河流域中最重要的区域之一，这是拥有着中国最大的沿海滩涂地，全球数以百万的迁徙候鸟会在这里停歇过冬。■

丹顶鹤　飞入神话的"仙鸟"

物种名片

⊙ 中文名：丹顶鹤
⊙ 学名：*Grus japonensis*
⊙ 目：鹤形目
⊙ 科：鹤科
⊙ 属：鹤属
⊙ 保护等级：国家一级重点保护野生动物
⊙ IUCN：易危（VU）

■ 2019 年，位于江苏盐城的中国黄（渤）海候鸟栖息地（第一期）获批入选《世界遗产名录》，成为中国第 54 处世界遗产，这一新的世界遗产也成为我国首个滨海湿地类型的自然遗产。在中国黄（渤）海候鸟栖息地中，盐城湿地能率先成为世界遗产，体现了盐城海岸保护的重要意义。盐城地处江苏沿海中部，位于长江三角洲城市群北翼，拥有着中国最大的沿海滩涂面积。这里栖息着多种世界濒危物种，是东亚－澳大利西亚候鸟迁徙路线上的关键枢纽，是全球数以百万迁徙候鸟的停歇地或越冬地。在盐城栖息的众多候鸟中，最具有代表性的当数国家一级重点保护野生动物丹顶鹤。

丹顶鹤是鹤形目鹤科鸟类，是中国分布的 9 种鹤中最被人熟知的一种。在我国繁殖于东北的三江平原、松嫩平原以及内蒙古东部等地，主要越冬于山东、江苏等地的沿海滩涂。说丹顶鹤是栖息在盐城的众多候鸟中最具有代表性的物种，原因主要体现在其文化价值、鹤生态价值两方面。

从文化价值上来说，中国人对于鹤自古以来就有着特殊的情感，赋予其"仙鹤"的美称，认为它是吉祥与长寿的象征。丹顶鹤更是鹤文化传播中的代表性物种，具有重要的文化价值。丹顶鹤的某些形态和行为特征正是鹤文化的重要组成部分。丹顶鹤整个身躯以白色为基调，部分飞羽鹤颈部为黑色，头冠鲜红凝重。丹顶鹤的这种白、黑、红色彩具有很高的审美价值。白色固有的一尘不染的品质，常使人从中体会到纯洁、神圣、光明、正直、坦率、飘逸、素雅的思想启迪。黑色则常体现出力量、永恒、刚正、神秘、高贵、意志的意味。黑色与白色是反差最大的色彩对比，黑白两种颜色集中在丹顶鹤身上，使人联想到太极图中黑白色彩对比所昭示的阴阳、虚实、无有、负正的对立意念；黑白共处于一体，又使人产生平衡阴阳以至太和的理念，形成了神秘感和锐利的美的冲击力。丹顶鹤行走时，细腿高抬，挺胸昂首，尽显高雅，透着阳刚之气，其优美的舞姿让人过目难忘。丹顶鹤更是爱情的典范、长寿的象征、祥瑞的征兆，深受各人群喜爱。

从生态价值上来看，丹顶鹤属于大型涉禽，栖息于广阔而洁净的湿地，是湿地环境洁净安全、动态变化最敏感、最明显的生物指示者。同时，丹顶鹤在湿地生态系统中处于食物链的顶层，是湿地生物多样性保护中的旗舰物种。丹顶鹤

的存在给人的生活环境带来一种天然的安全感。江苏盐城湿地作为丹顶鹤在中国最大的越冬地，做好该物种的保护工作具有重要意义。保护好该地区栖息的丹顶鹤，保护好其栖息地，也就间接地保护好了其他候鸟的栖息地，保护了其他数以万计的候鸟。为了更好地保护该物种，在当地已建立江苏盐城珍禽和江苏大丰麋鹿两个国家级自然保护区。在保护区内已开展多年的丹顶鹤越冬种群数量监测工作。随着保护力度的不断加强，丹顶鹤在该区域内保护成效显著。■

陈国远 / 摄

■ 沿着大丰的海堤公路一路向南，目光穿过海堤边防护林参差的树，就是一望无际的黄海了。这里的海岸并不是礁石和沙滩，而是辽阔的淤泥质滩涂。在河口青色的芦苇、粉红的碱蓬中，常常能看到成群的麋鹿嬉戏。星星点点的麋鹿群，赋予了黄海之滨独特的荒野之美，这里也成了世界上最重要的野生麋鹿栖息地。麋鹿的脚步自盐城开始，顺着滩地一路向南，脚步能一直延伸到上海。■

麋鹿　重归故里的湿地精灵

物种名片

⊙ 中文名：麋鹿
⊙ 学名：*Elaphurus davidianus*
⊙ 目：鲸偶蹄目
⊙ 科：鹿科
⊙ 属：麋鹿属
⊙ 保护等级：国家一级重点保护野生动物
⊙ IUCN：野外灭绝（EW）

■ 6月的海滨，鸻鹬类已经补充好能量踏上北归之路，河口芦苇和碱蓬青葱茂密。和大部分秋冬发情的有蹄类不同，麋鹿发情在夏初。闷热的空气让麋鹿也开始躁动不安起来——鹿王争霸赛开始了。这个时候，6岁以上性成熟的雄鹿变得与众不同起来：它们会经常在泥中打滚，让自己的身体沾满泥浆，显得略微偏黑又魁梧；它们的角时不时在河道和海水中剐蹭，让水草甚至渔网挂在自己的角上，显得壮硕又滑稽。有了这种体饰和角饰，雄鹿开始一边寻找雌性圈地成家，一边攻占和守卫鹿王的地位。在麋鹿低吼炫耀之余，能看到两只雄鹿扎在泥地之中，弓起背低着头，用角狠狠地顶撞对方。胜利者会把对方一直推到无路可走，让落败者心服口服。鹿王争霸就像擂台赛，只有打得下江山又守得住江山的，才能受到雌性的青睐，获得交配权。有记录的最成功的雄鹿，足足圈到了200余只雌鹿。

麋鹿是体形高大的鹿科动物，仅肩高就可达1.4米，在长江中下游平原算得上是庞然大物了。很多人对麋鹿耳熟能详，但并不知道它们就是我们传说中的"四不像"：头像马、尾像驴、角像鹿、蹄像牛。麋鹿的这些特点，也是与其生活的湿地环境高度适应的。麋鹿有像马一样的大长脸，即使是在水中吃水草的时候，依然能看到周围发生的一切，保证安全。鹿角是麋鹿最重要的特征之一，把麋鹿角倒过来，可以安稳放在一个平面上。和其他鹿不同，麋鹿前权分叉而后权不分叉，与其他大部分鹿角的形状相反，这样保证了在茂密湿地植被中穿行的便捷性。麋鹿的生境往往淤泥遍布，人走在里面都会觉得双脚下陷，寸步难行。这时候，宽大如牛，还带皮腱膜的蹄子，不仅不会轻易下陷，走在水中也如履平地。此外，潮湿的环境蚊虫遍布，长而无毛的尾巴自然成了驱虫利器。在数千年之前，麋鹿曾经遍及长江中下游的湿地，化石出土量相当巨大。

在我国的传统文化中，麋鹿扮演了非常重要的角色。姜子牙的坐骑便是麋鹿。"荆有云梦，犀兕麋鹿满之""姑苏成蔓草，麋鹿空悲吟"。曾经遍布荆楚和吴地的麋鹿，由于人的捕猎和栖息地的缩减，种群发生了极大的衰退。到了元朝，最后的野生麋鹿逐渐消失在了黄海之滨。爱好骑射打猎的皇族把麋鹿抓来，圈养在今天的北京。到了清末，世界上仅存的麋鹿就只生活在南海子皇家猎苑内了。随着八国联军的入侵，在那个动乱不堪的年代，所有的麋鹿被列强捕捉带走之后，麋鹿便从神州大地上消失了。幸运的是，英国的十一世贝福特公爵，把欧洲最后的18只麋鹿悉数购买，放到了乌邦寺庄园之内。麋鹿数次从灭绝的边缘被抢救回来，短短几十年间，欧洲大陆竟然繁衍出了千余只麋鹿。

20世纪80年代，麋鹿终于踏上了正式归乡的路。1986年，大丰人民敲锣打鼓喜迎麋鹿回归。

杨国美 / 摄

30 多年过去了，经过了一代又一代人的努力，大丰的麋鹿从最初的 39 只到现在超过了 5 000 只，占据了全球种群的 60%。从黄海之滨，再到湖北石首、湖南洞庭湖、北京南海子……麋鹿慢慢地重回了故乡，并在自己祖先生活的地方不断壮大，生生不息。麋鹿成了长江流域尊重自然的旗帜，绿色发展的典型。有麋鹿在的地方，因为麋鹿的伞护作用，也庇护了湿地生态系统其他的万千生灵。

现在，野化的麋鹿已经繁衍到了子六代。新生的麋鹿并不知道，它们的祖先是怎样从灭绝的边缘重回故里，并一步步走向兴盛；也不知道多少人为了它们，通过牺牲和奋斗，完成了保护生物学史上的一个壮举。■

■ 长江江豚是我国特有的水生哺乳动物，仅分布于长江中下游流域，包括干流、鄱阳湖、洞庭湖及大型支流如赣江、汉江等。

当白昼逐渐变短，古城南京步入冬季，穿城而过的奔腾长江也逐渐收起她的脾气。随着水位消落，长江中的精灵——长江江豚便频频出现在人们的视野。到江边观赏江豚，已经成为南京本地人休闲娱乐的新时尚，而呵护江豚和长江，也逐渐成为南京人的自觉。■

长江江豚　留住长江精灵的"微笑"

物种名片

⊙ 中文名：长江江豚
⊙ 学名：*Neophocaena asiaeorientalis*
⊙ 目：鲸偶蹄目
⊙ 科：鼠海豚科
⊙ 属：江豚属
⊙ 保护等级：国家一级重点保护野生动物
⊙ IUCN：濒危（EN）

■ 由于身子圆滚滚、胖乎乎，沿江渔民称江豚为江猪。小型鲸类，体长 140 ~ 170 厘米，体重 50 ~ 70 千克，雌性个体稍小，寿命一般为 20 年左右。体色为瓦灰色，腹面尤其是喉部颜色稍淡。长江江豚头部较短且钝圆，额头略微向前凸出，吻部短而阔，上下颌几乎一样长，牙齿较小呈铲形。看江豚的正脸，和善、悠然，宛若微笑，因此，江豚又被冠以"微笑精灵"的美誉。呼吸孔新月形，位于头部背面，眼睛较小。长江江豚最显著的特征是背部没有背鳍，仅在背部中央有一隆起的背脊和 2 ~ 5 列疣粒。鳍肢较大，呈三角形。尾鳍宽大，分为左右两叶，呈水平状。

作为生活在水中的齿鲸，长江江豚进化出了发达的声呐系统，用以导航、觅食和交流。通常，长江江豚的发声峰值频率为 130 千赫兹左右，具有探索环境和锁定鱼群的功能。有趣的是，长江江豚刚出生时只能发出 2 ~ 3 千赫兹的低频声音，大约 3 周后才能发出高于 100 千赫兹的高频声音。

长江江豚是全球唯一的淡水鼠海豚，它的两个亲戚——印太江豚和黄海江豚（注：该物种暂采纳《中国动物志 兽纲 第九卷》的中文名）都生活在海里。它们外形很接近，一般不容易辨别。区别在于，印太江豚的背部疣粒区明显宽大，而黄海江豚的背脊通常较长江江豚更高。值得关注的是，长期以来，长江江豚和黄海江豚一直被认为是窄脊江豚的两个亚种，但许多人想不明白的是，分布于淡水和海水的二者难道不该是两个物种吗？难道它们还可以进行频繁的基因交流？南京师范大学杨光教授团队的研究成果（2018 年发表于国际知名学术期刊《Nature Communications》）终于为大家解开了谜团。杨光团队发现，黄海江豚和长江江豚有关水盐代谢和渗透调节的基因功能出现了显著分化，原因可能是为了适应不同生存环境中的渗透压。这一遗传分化也提示它们相互间已经长期没有基因交流，因此，长江江豚应该被作为独立物种加以对待。这样一来，长江江豚的保护价值和保护急迫性便更加凸显。

长江江豚是群居动物，性情温顺、胆小，通常集群活动。它们偏好在近岸水域、沙洲的洲头洲尾栖居。在长江干流，目前长江江豚群体大小一般为 2 ~ 10 头，孤豚和十几头的大群都较为少见。在鄱阳湖，仍然能见到 20 头以上的大群，有时不同的群体还会进行更大规模的集群活动，此时，江豚出水此起彼伏，"扑哧扑哧"的呼吸声在耳边回荡。虽然没有海豚那么强健有力和富有技巧，但它们依然是活泼好动的动物。通常，长江江豚在水中游动时仅露头完成呼吸，身体露出水面不多，看起来悠然自得。到了求偶的春夏之交，它们的动作变得丰富起来——在水中不停地窜动身子，有时发生激烈的追逐，连续出水，大半个身体抛出水面，泛起巨大的浪花。江豚在受到船舶等惊吓后会加快游动，有时甚至会使身体腾空，然后深潜。江豚的围猎行为亦非常有趣：它们发现并锁定

居涛 / 摄

陈曙明 / 摄

鱼群后会把鱼群围住，接着不断搅动江水，让鱼群"慌不择路"，然后快速缩小包围圈（例如往岸边驱赶），最后扑向鱼群。此时，慌乱的鱼群会跃出水面，泛起阵阵银光，而鸥群也会乘机加入吃鱼的行列，一时间，水面格外热闹。江豚还有一个有趣的行为——拜风。据渔民讲述，风雨来临前，江豚的呼吸频率加快，露出水面也会更高，头"迎风"出水，看起来如人类的磕头跪拜一般，于是渔民就管这种现象叫"江猪拜风"。

长江江豚主要以各种小型鱼类为食，例如鲫、似鳊及银鱼等，偶尔也会吃一些小虾。长江江豚不挑食，基本上是有啥吃啥。这一特性可能是长江江豚能在长江生存至今的关键因素之一。长江江豚一般在 4 ~ 5 岁性成熟，繁殖高峰期为春夏之交，孕期 12 个月左右。新出生的小江豚体长一般在 70 厘米左右，体重大约为 6 千克。

人工饲养环境下的观察发现，小江豚的哺乳期一般为 6 个月，后 3 个月开始进食鱼类。如同人类刚出生一样，新生的小江豚游泳能力较弱，需要母亲的陪护。在野外，母豚通常会用鳍肢、背或者尾鳍驮带幼豚。在江边观察会发现，母豚出水后，紧随其后的，是一个黑黝黝的小家伙。小家伙看起来脑袋大大的，对世界充满好奇，会时不时地把头探出水面观察四周，场面非常温馨、有趣。目前，我们对长江江豚群体构成依然不甚了解。或许，长江江豚也是运行"母系社会"法则，即一个群体由一头成年雌性江豚领导并包含其多头后代。

长江江豚作为在长江中生活了数万年的动物，远比人类古老。我们的祖先对江豚非常熟悉，记载江豚的古籍、描写江豚的古诗也颇为丰富。东汉的许慎在《说文解字》中说："鯽，鱼名，出乐浪潘国。从鱼，匊声。一曰鯽鱼，出江东，有两乳。”“江东”大致就是如今的江西北部、皖南、苏南及上海等地，可见，当时人们已经知道朝鲜沿海及华东水域有江豚。晋代的郭璞在《江赋》中有“鱼则江豚海豨，叔鲔王鳣……”唐宋是我国古代诗词热度及成就达到顶峰的时期，有关江豚的作品也颇多。例如，大文豪韩愈有《岳阳楼别窦司直》“江豚时出戏，惊波忽荡漾”，元稹有《送王十一南行》“江豚涌高浪，枫树摇去魂”，诗人许浑作有《金陵怀古》“石燕拂云晴亦雨，江豚吹浪夜还风”，表达了对世事变迁的喟叹。宋代诗人王禹偁的《江豚歌》非常出名：“江豚江豚尔何物，吐浪喷波身突兀。依凭风水恣豩豪，吞啖鱼虾颇肥腯……”对江豚的行为和外形都做了很好的记录。孔武仲赋有《三山矶》“矶下长川欲倒流，江豚出没水禽浮”，对出没于南京的江豚及其栖息地风貌做了描写。同一朝代的楼钥写有《渡扬子》：“江豚吹浪雨飕飗，望断天涯人白头。一舸乘风渡扬子，数鸥导我过瓜州。”抒发了对世事多艰的忧愁。明代诗人尹应元留下了“时有江豚乍出没，中宵渔火清人骨”的诗句。清代薛时雨《临江仙 · 大风雨过马当山》中的“江豚吹浪立，沙鸟得鱼闲”则描写了江豚和鸥鸟的自由自在。

可以说，长江江豚是陪伴中华文明成长的鲸类。但是，长江两岸人类活动的加剧，尤其是改革开放以来经济开发的大幅扩张却让长江江豚家族险些遭受灭顶之灾……20 世纪 50 年代，长江江豚的数量在 5 000 头以上；90 年代，还有 3 000 头左右；但到了 2012 年，仅剩下约 1 000 头，且呈现加速下降的趋势——年均减少达到 13.7%。长江江豚致危因素是多种多样的，包括水利工程、航运开发、非法渔业及乱采乱挖等，但最核心因素是水利工程在湖泊通江河流上建造的节制闸导致江湖隔绝，不仅进一步缩小江豚的栖息地，还严重影响江豚食物——鱼类的生存繁殖。此外，航运也是干扰

王臻祺 / 摄

王臻祺 / 摄

江豚生存的因素之一。2006 年，长江干线货运量达到 9.9 亿吨，首次跃居世界首位。而到了 2020 年，这一数字达到惊人的 30.6 亿吨。货轮不仅会压缩豚类的栖息地，产生的水下噪声还会严重干扰江豚的声呐系统，干扰江豚的交流与繁殖，螺旋桨甚至可以直接击毙江豚……

2006 年的长江淡水豚考察，宣告了长江江豚的远亲——白鱀豚的远逝，长江江豚种群下降；而 2012 年的长江淡水豚考察则进一步证实，长江江豚已经极度濒危，再不抢救即将步白鱀豚的后尘……对此，中国科学院水生生物研究所研究员、知名鲸类保护专家——王丁老师甚至用"保种"一词来形容当年长江江豚的保护形势。

"九曲回肠"的荆江在石首有一小段裁弯取直，留下了宛如"C"形的天鹅洲故道。1990 年，中国科学院水生生物研究所首次向湖北石首天鹅洲故道引进 5 头长江江豚，并进行观察研究。此后，随着江豚的不断引入以及天鹅洲江豚的自然繁殖，此地的江豚数量不断增加。迁地保护也曾经历 3 次重大危机。1998 年长江特大洪水，天鹅洲故道与长江干流连通后，部分江豚逃入长江。2008 年冬季发生罕见低温，故道突然结冰。江豚为了呼吸而撞破了冰层，许多江豚被划伤，有一些不幸感染死亡。2011 年大旱，附近村民引天鹅洲的水灌溉，与江豚抢水，并与前来劝阻的工作人员发生冲突……在黑暗中摸索前进的迁地保护终于取得喜人成果——2021 年的普查显示，天鹅洲故道的江豚数量已经突破 100 头。天鹅洲故道不仅是世界上第一个江豚迁地保护区，也是世界上第一个鲸类迁地保护成功的范例。目前，天鹅洲故道已成为重要的江豚资源输出地，2015 年至今，已经先后向长江新螺、湖北监利何王庙、安徽安庆西江、安徽铜陵等迁地保护区输出 20 余头江豚。目前，我国已建立 5 个江豚迁地保护区，江豚总数达到 150 头。

40 多年来，中国的科学家们一直为长江豚类（白鱀豚和长江江豚）的保护奔走呼号、夙兴夜寐。由于大环境的限制，经费及人员等的严重不足，老一辈保护工作者无奈亲眼目睹了白鱀豚的消亡……值得欣慰的是，中国科学院水生生物研究所王丁老师团队经过近 30 年的不断探索实践，不仅对长江江豚开展了大量科学研究，而且还实实在在地推动建立了一个稳定的长江江豚迁地种群，摸索出一套长江江豚迁地保护方法，为挽救长江江豚做出了巨大贡献。

当然，我们不希望长江江豚仅仅被限制在迁地保护区，我们希望它们能够在野外、在它们的故园畅享自由，与人类共存。目前，在"长江大保护"政策推动下，长江江豚生存形势转好，甚至在南京、南昌、宜昌等城市的中心江段，都可以遇见它们的身影。尤其是长江南京段，江豚数量长期稳定在 50 头左右，已成为人与江豚和谐共生的典范。不过，在巨大的人口及生存压力之下，长江中下游人豚冲突必然会一直持续，长江江豚的生存危机也将长期存在，如何保护长江江豚、如何处理人与自然的关系，是人类需要一直思考和面对的问题。■

如果它消失了……

有人会问，为什么要保护长江江豚？首先，长江江豚作为大自然孕育的物种，本身就有生存的权利，作为人类，就应该保护它们；其次，对人类而言，长江江豚具有很高的文化及科研等价值；最为重要的是，长江江豚是长江的旗舰物种，保护它们就相当于保护母亲河长江，保护中华民族赖以生存的生命线。实际上，长江江豚几乎人见人爱，仅凭这一点，就没人愿意它们消失。

假如有一天我们真的失去了"长江的微笑"，那么就说明长江的水生态状况进一步恶化，人类尤其是长江两岸居民的生存也会遭到更大威胁。此外，长江江豚作为中国特有物种，中国野生动物的代表物种之一，如果灭绝或只能苟延残喘于迁地保护区和水族馆，将对我国的国际形象造成较大的负面影响。

值得庆幸的是，我国很早就通过建立自然保护地（如铜陵淡水豚国家级自然保护区、江苏镇江长江豚类省级自然保护区、南京长江江豚省级自然保护区）和迁地保护区等（如湖北石首天鹅洲故道）措施对长江江豚实施了保护。从 2021 年开始，长江重点水域还实行了长江十年禁渔政策。这些措施对保护长江江豚和长江都具有重大意义。

■ 扬子鳄虽然名带"扬子"，但宽阔湍急的江流并不是它们喜欢的地方，它们曾栖息在长江流域各个水流平缓的湖泊与湿地里。历史上整个东亚地区都是它们的地盘，甚至在日本都发现了古扬子鳄生活的痕迹。扬子鳄是中生代恐龙的近亲，在它身上可以找到早先恐龙类爬行动物的许多特征，对于人们研究古代爬行动物的兴衰、古地质学和生物的进化都有重要意义，所以人们称其为"活化石"。■

扬子鳄　中生代恐龙的近亲

物种名片

⊙ 中文名：扬子鳄
⊙ 学名：*Alligator sinensis*
⊙ 目：鳄形目
⊙ 科：鼍科
⊙ 属：鼍属
⊙ 保护等级：国家一级重点保护野生动物
⊙ IUCN：极危（CR）

■ 提起中国的鳄鱼不少人会想起韩愈那篇著名的《祭鳄鱼文》，不过文中祸害一方、惹得韩公对其宣战的鳄鱼其实是个"外国移民"，许多科学家认为它是流窜到中国境内的湾鳄，今天早已找不到它们的行踪。不过在广大的长江流域，确实住着一位鳄形目的"原住民"，和昙花一现的湾鳄不同，这位原住民已经在华夏大地上生活了 1.5 亿年之久，这就是长江流域爬行纲的标志性物种扬子鳄。扬子鳄古称"鼍"，民间也称其"猪婆龙"。很早以前先民们就注意到了扬子鳄的存在，比如《诗经》的《大雅·灵台》中，就留有"鼍鼓蓬蓬"的记载，这说明我们的先民不仅知道这个物种，而且对它还进行过仔细的观察。这里的"蓬蓬"形象地描述了扬子鳄能够发声，并利用声音进行远距离交流的习性。

成年扬子鳄的体长在 1.5～2.1 米，体重可以达到 36～45 千克，雄性体形普遍大于雌性。对于长江流域的动物而言这个体形已算得上巨物，可以在江中横着走了。然而在巨兽遍地的鳄形目大家族，扬子鳄则是体形最为娇小的物种之一。在分类学上，扬子鳄曾困扰了科学家们数十年之久。虽

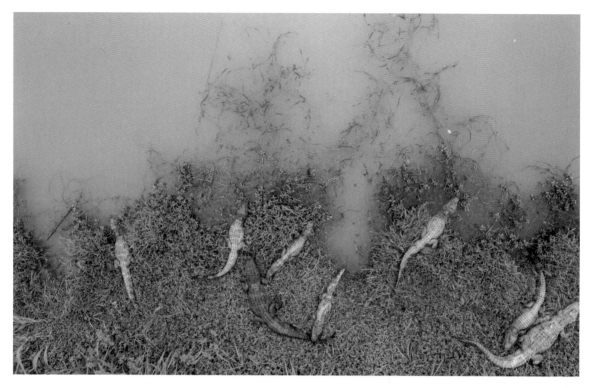

王聿凡 / 摄

然早在元朝，西方人就从马可·波罗的记述中得知了东方这一神奇物种的存在，但直到1879年，法国分类学家阿尔伯特－奥古斯特·福夫（Albert-August Fauvel）才第一次按照林奈的双名法将其命名为 *Alligator sinensis*。这也是扬子鳄第一次领取到了科学界的"身份证"。扬子鳄名字的种加词 sinensis 意思为"中国的"，因此直到今天英语中还将其称为"中国短吻鳄"。扬子鳄的到来对当时鳄丁单薄的短吻鳄属 *Alligator* 不啻为一个天大的好消息：在这之前的整整72年里，该属内唯一的物种只有来自美洲的 *Alligator mississipiensis*，即人们所熟知的美洲短吻鳄。然而这个分类体系通行了68年后，一个新的发现却让扬子鳄的归属再起波澜：扬子鳄上眼睑处的骨板在当时已知的美洲短吻鳄的身上难得一见，反倒在亲缘关系更远的凯门鳄身上普遍存在。因此斯里兰卡的分类学家保尔斯·爱德华·皮耶里斯·德拉尼亚加拉等一些学者把扬子鳄又从短吻鳄属独立出来，单

独建立了"*Caigator*"即所谓的"凯吻鳄"属，但也有不少学者对他这一"和稀泥"的做法嗤之以鼻。这一争论最终被两大发现所解决：古生物学家们在地层中找到了扬子鳄的祖先——一种已经灭绝的短吻鳄化石，同时在现生的部分美洲短吻鳄的眼睑上方也找到了类似的结构。至此 *Caigator* 被归为了 *Alligator* 的异名，扬子鳄的身份之争也正式画上了句点。

扬子鳄虽然名字带"扬子"，但宽阔湍急的江流并不是它们喜欢的地方，它们栖息在长江流域各个水流平缓的湖泊与湿地里。历史上整个东亚地区都是它们的地盘，甚至在日本都发现了古扬子鳄生活的痕迹。然而自从4.5万年前，人类的脚步踏入了这一地区，东亚特有的以农耕为主要的生活方式，在有意和无意间对扬子鳄的栖息地构成了严重的破坏。扬子鳄的故乡水源丰沛、气候温暖，不仅适合它们生存，也成了水稻的理想家园。在江南地区成为"鱼米

王聿凡 / 摄

王聿凡 / 摄

之乡"的时候，扬子鳄却只能步步后退，几乎被逼上了绝路。农业社会的生产对扬子鳄的干扰几乎是全方位的：每年 7 月到 8 月人类的农业活动高峰期恰巧与扬子鳄的产卵期吻合，扬子鳄对产卵环境要求非常苛刻，不仅要选择离水较近的地方用腐烂的植物等筑巢，而且之后的 70 天左右的时间雌鳄除了偶尔外出外，基本都要在巢边护卵。它们对来自外界的打扰非常敏感，当某个地区有人类活动出现时，扬子鳄通常的选择是避开人烟，迁往更偏僻的未开发地区。不少雌鳄被迫放弃了祖先生活了数百万年的产卵场地。进入 20 世纪后，为了"向自然要粮"，大量的湿地、浅滩与湖泊先后被改造成农田，湖泊和湿地的消失，对于扬子鳄这种具有打洞习性，需要依仗洞穴隐藏和过冬的物种来说，相当于直接毁掉了它们的宅基地。和农业发展的"强抢民房"不同，渔业的发展则造成了"强抢鳄粮"的尴尬局面。扬子鳄虽然体形小，但作为鳄形目的一员也是个不折不扣的食肉主义者。它的主要食物来源是水生鱼虾和各种软体动物。但渔业的发展使得越来越多的湖泊被圈成鱼塘，让生性胆小的扬子鳄敬而远之，江河湖泊里越来越密的网眼造成扬子鳄食物的短缺。人类在进入 20 世纪后，现代化农业、渔业生产方式的普及，外加长江中下游流域经济的腾飞与工业化进程的加速，更是让扬子鳄的栖息地支离破碎。到了 2015 年，

能够确定有野生扬子鳄分布的地区只剩下安徽省境内的宣城、芜湖等 6 个县市，总面积更是缩小到了惊人的不足 5 平方千米。

不仅栖息地面积在缩小，野生扬子鳄的数量也在快速下跌，造成下跌的原因除了天灾，更多的则是人祸，比如当年为了防治血吸虫疾病而采取的消灭钉螺行动，尽管扬子鳄根本不是针对的对象，但不少池塘、湿地被填平，毁掉了它们的栖息地。余下的水体中施用的灭杀钉螺的农药杀死了钉螺，但也造成其他软体动物大量死亡，这就让以淡水螺类为主食的扬子鳄日子过得更加艰难。到了 1970 年左右，野生扬子鳄数量就已下跌到 1 000 条左右，比大熊猫还要濒危了。就在这时，贪欲让人类却再一次扮演了不光彩的角色，一股对野生动物的猎奇之风膨胀起来。扬子鳄的肉在民间被赋予从治疗感冒到治愈癌症的各种神奇"功能"，连内脏都变成了包治百病的所谓"良药"。更有一些餐厅为了牟利，利用扬子鳄在民间的俗名"猪婆龙"，打着"龙肉"的旗号非法捕捉、贩卖扬子鳄以满足某些人的需要。到了 2001 年，野生扬子鳄的种群已经到了岌岌可危的 130 条上下，濒临灭绝。这种一路狂跌的趋势使得世界自然保护联盟于 2017 年在濒危物种红色名录评级上，将连续六次评估为"濒危"的扬子鳄，升级为"极度濒危"。

为了拯救扬子鳄，我国政府、民间与国际社会都进行了大量的努力。我国于 1972 年正式将扬子鳄划定为国家一级野生保护动物，从法律上禁止对野生扬子鳄的捕猎、贩卖行为。与之相应的是，《国际濒危物种贸易公约》也将扬子鳄列入禁止交易的附录 I 中，不少其他国家比如美国的渔业与野生动物署也将扬子鳄列为濒危物种，从而为打击扬子鳄的跨境非法交易提供了法律依据。与此同时，我国于 1979 年在安徽宣城建立了第一个扬子鳄繁育中心，并在 1982 年正式确立其为国家级扬子鳄自然保护区。同年，第二个扬子鳄繁育中心在浙江长兴建立。在保护站工作人员的努力下，扬子鳄在人工放养环境下的繁殖、孵化和饲养等难题先后被攻克。截至 2016 年，人工繁育基地内的扬子鳄数量已达到 20 000 条左右，避免了其整个种群灭绝的风险。然而，人工环境下的保育只是应对危急状况的权宜之计，想让这个物种长久生存下去，关键还要让它回到野外的栖息地去。扬子鳄的野放工作在 2007 年展开，这一年 6 条扬子鳄迈出了历史性的第一步，回到了祖先曾经生活了数千万年的地方。8 年后的 2015 年，第二批 6 条扬子鳄再次被野放，2017 年野放的数字增加到了 18 条。对野放扬子鳄的跟踪考察也得到了可喜的数据：尽管受到台风等不利天气因素的干扰，野放的扬子鳄多数已经在栖息地扎根，并成功进行了繁殖，这使得野生扬子鳄的数量在 2001 年触底后也已呈现出反弹上升的趋势。相信在各方的共同努力下，长江流域的人们重新听到"鼍鼓蓬蓬"将不再是一个遥不可及的梦。■

刀鲚历史悠久，《史记》中就有了关于刀鲚的记载，《本草纲目》中对刀鲚的生长形态、洄游及生活习性等已有较为详细的记载。刀鲚在我国分布广泛，除了近海均有出现外，足迹还遍布长江、黄河、钱塘江以及其他通海河流、湖泊，其中长江流域产量最高，并以味道鲜美、富含脂肪、细嫩丰腴而著称。■

刀鲚　长江第一鲜

物种名片

⊙ 中文名：刀鲚
⊙ 学名：*Coilia nasus*
⊙ 目：鲱形目
⊙ 科：鳀科
⊙ 属：鲚属
⊙ 保护等级：无
⊙ IUCN：濒危（EN）

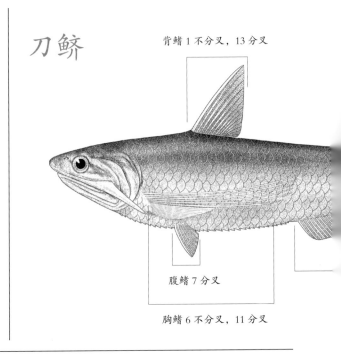

刀鲚

背鳍 1 不分叉，13 分叉

腹鳍 7 分叉

胸鳍 6 不分叉，11 分叉

■ 刀鲚俗称刀鱼、毛花鱼、胡子鱼、鲚鱼等。早期学者认为中国鲚属鱼类分为刀鲚、短颌鲚、凤鲚和七丝鲚 4 种。后来众多学者通过形态、生化和分子等手段进行探讨，认为只有刀鲚、凤鲚和七丝鲚 3 个有效种。最近的（2021 年）一份研究基于线粒体脱氧核糖核酸、微卫星标记和耳石微量元素分析重新将短颌鲚认定为有效种。刀鲚是其中唯一进行长距离溯河洄游的种类。我国刀鲚按生活习性分为江海洄游型和湖泊定居型两个生态类群。江海洄游型刀鲚多生活在底质较浑浊的近海海域，不喜群居，多分散；定居型刀鲚多生活在江河、湖泊。

刀鲚体长而侧扁，前体微高，向后而渐细，吻短圆，口大而斜，胸鳍上部鳍条呈麦芒状延长，可超过体长二分之一。体侧鳞片薄而圆，腹部有棱鳞，呈锯齿状，无侧线，尾鳍不发达。刀鲚身体呈银白色，背部一般分为青灰、淡黄、青黄杂交 3 种，渔民称为"青背""黄背"和"花背"。

洄游型刀鲚具有典型的生殖洄游特性，成体初春从海洋进入长江口，并溯江而上进行生殖洄游，产卵完成后返回长江干流直至近海育肥越冬。每年 2 月下旬到 3 月初，刀鲚成体先从沿海集中到长江口一带并停留一段时间，到三四月达到刀鲚汛期，渔民中有"河鲀来看灯，刀鲚来踏青"的说法。刀鲚进入长江后迅速成熟，在流速缓慢的淡水河弯处产卵。上溯的刀鲚不摄食，排卵后恢复进食。当年孵出的幼苗在河口咸淡水中生活，次年下海生长和育肥。亲鱼离开产卵场，进行降河入海洄游。

由于能形成稳定鱼汛且具有较高的经济价值，刀鲚一直以来都是长江口及长江下游重要的捕捞及消费对象。历史上长江刀鲚产量颇丰，20 世纪 70 年代后其捕捞量迅速增加，1973 年曾达到峰值，后逐渐下降，而今野生刀鲚已成为濒危物种。受水域生态环境恶化、过度捕捞和长江流域涉水工程建设等影响，刀鲚捕捞量持续大幅下滑，2001—2005 年刀鲚年平均捕捞量相比于 20 世纪 70 年代，降幅为 76.83%，2010—2013 年年平均捕捞量进一步下降，鱼汛基本消失。近代以来，很多研究学者为保护长江鱼类资源持续不懈地努力，其中著名鱼类学家袁传宓先生耗费近 20 年心血奔走于长江沿岸，追随刀鲚洄游路线，对拯救长江刀鲚及其他珍贵的鱼类资源做出了重大贡献。

为保护长江流域水生生物资源，2007 年刀鲚被列入首批国家重点保护经济水生动植物资源名录。2015 年 12 月，农业农村部将长江流域的禁渔期从之前的 3 个月调整到 4 个月，并于 2019 年 2 月 1 日起停止发放刀鲚专项捕捞许可证。2021 年 1 月 1 日起，长江流域重点水域正式进入十年禁渔期。■

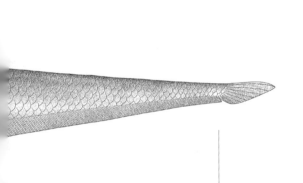

臀鳍 110 分叉

■ 奔腾的江水给河口区带来了丰富的营养，使得长江口水域成为了地球上生产力极高的一块水域。江水与海水的交汇，形成了河口特有的咸淡水消长之势，给更多的水生生物提供了生存繁衍的生境。在这众多的生物中，有一类形如气球、憨态可掬，但是体内经常带有剧毒的小鱼，这便是河鲀。■

河鲀　憨态可掬的剧毒江鲜

物种名片

- ⊙ 中文名：暗纹东方鲀（河鲀）
- ⊙ 学名：*Takifugu fasciatus*
- ⊙ 目：鲀形目
- ⊙ 科：鲀科
- ⊙ 属：东方鲀属
- ⊙ 保护等级：无
- ⊙ IUCN：无

暗纹东方鲀

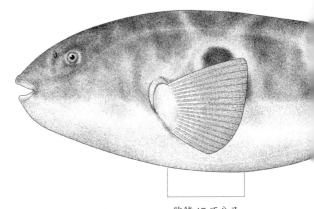

胸鳍 17 不分叉

■ 长江如仕女肩臂上的披帛，秀美蜿蜒，万里东行，终汇于海。长江口是江水的旅程终点，却也是一些生命的起点，或者另一些生命的重要中转站。

河鲀，也常常被写作河豚鱼，可以泛指二齿鲀科、三齿鲀科、四齿鲀科以及箱鲀科所属的鱼类。河鲀身体一般粗短，呈圆筒形或由体甲包裹而成的箱形，具有相对细窄的尾部，外形十分可爱。部分种类体色尤其鲜艳，还成了水族宠儿。

千年前的古人已经认识河鲀，晋时《三都赋·吴都赋》注曰："鯸鲐鱼，状如蝌蚪，大者尺余，腹下白，背上青黑，有黄纹，性有毒。"宋时沈括在《梦溪笔谈》中留下"吴人嗜河豚鱼，有遇毒者，往往杀人，可为深戒"的记录。河鲀味鲜美，位列有名的"长江三鲜"之一，同时往往含有剧毒，在坊间留下许多"拼死吃河鲀"的传说。

河鲀虽种类众多，但在长江口，暗纹东方鲀是当前最为常见的一种。暗纹东方鲀为近海暖温性底层鱼类，体背侧褐色，具5～6条宽横纹，胸鳍和背鳍基部各具一大黑斑，腹部白色，分布于朝鲜、日本和我国沿海水域，喜食鱼、虾、贝，也食水生昆虫等。

同大部分河鲀一样，遇到敌害或者受刺激时，暗纹东方鲀会快速将水或气体吸入胃部特化的囊中，使身体膨胀到原本的数倍以上，防止被捕食，并借机逃走。暗纹东方鲀有溯河繁殖的习性，随着春季水温回暖，亲鱼群体进入长江，溯河而上可至长江中游及各大湖泊，产卵期为4月下旬至6月下旬，盛期为5月，繁殖后回到海里，幼鱼在淡水中保育。繁殖期间的河鲀毒性较强，食用须十分谨慎。

历史上，暗纹东方鲀在长江中下游流域的渔业捕捞中具有一定地位。随着捕捞强度加大和环境变迁，20世纪60年代以来，其资源逐渐枯竭。近年来，相关机构通过增殖放流向长江口水域投放了大量暗纹东方鲀幼鱼，这些补充群体的进入为种群规模的恢复提供较强的助力。同时经过近几年的发展，全国多地已经建立了培育、养殖、加工暗纹东方鲀的产业链，为市场供应了低毒的养殖河鲀，解决了食客们吃河鲀要"拼死"的难题，也为河鲀天然种群的恢复在一定程度上缓解了压力。■

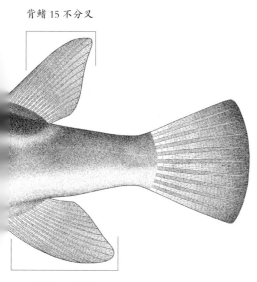

背鳍 15 不分叉

臀鳍 14 不分叉

■ 40 多年前，四五月份，成年鲥鱼储存了丰厚脂肪，从海洋奔赴内陆江河进行生殖洄游。它们成群结队，纺锤形的身体在水中畅快前行，阳光下大而圆薄的鳞片闪着银蓝色的光。在海水中，鲥鱼主要摄食海洋桡足类和硅藻，越靠近河口，其摄食强度越小，进入江河淡水后一般不再摄食，直至产卵。5—7 月，水温到达 28℃左右时，鲥鱼在江河支流、湖泊洄水缓流、沙质底的水域繁殖。产卵后，亲鱼或死亡，或回海越冬。幼鱼滞留在淡水中觅食，于 9—10 月回归海洋生活。■

鲥鱼　最爱鲜鳞出素波

物种名片

⊙ 中文名：鲥鱼
⊙ 学名：*Tenualosa reevesii*
⊙ 目：鲱形目
⊙ 科：鲱科
⊙ 属：鲥属
⊙ 保护等级：国家一级重点保护野生动物
⊙ IUCN：数据缺失（DD）

鲥鱼

背鳍 4 不分叉，14

胸鳍 1 不分叉，13 分叉

腹鳍 1 不分叉，

■ 鲥鱼为中型鱼类，雌性比雄性大，头部和背部为灰色，略带蓝色光泽，腹鳍、臀鳍为银白色，无侧线，鱼身偏扁平。口大，吻尖，下颌稍长于上颌，上颌骨正中有一显著凹陷，无齿，鳃耙细长且密。鲥鱼背部鳞片排列紧密，身体两侧较松散，由于鳞下脂肪丰富，导致鳞片与肌肉间结合不牢，鳞片易碎、易脱落。它们对温度变化异常敏感，当水温脱离 7～30℃范围便不再进食，水质等环境变化也会对其生长、繁殖产生较大影响。

鲥鱼与刀鲚、河鲀并称"长江三鲜"，同属洄游性鱼类。而鲥鱼凭借肉质鲜美细嫩，富于脂肪，更是有"鱼中之王"的美称。

鲥鱼娇贵又脾气暴烈，可谓鱼中"贵公子"，身材标致曼妙，鳞甲色泽鲜亮，光彩熠熠，偏爱开阔水域，一旦受到惊吓容易互相冲撞，损坏鳞片继而易引发感染致死。其肠道较短，消化能力弱，终生不停止运动，又惜鳞如命，明代袁达撰《禽虫述》道："鲥鱼挂网而不动，护其鳞也。"渔民们捕捞鲥鱼往往用丝网缠绕，一旦挂住鳞片鱼便乖乖束手就擒，离水即亡。

中国人捕食鲥鱼的历史较为久远，喜爱鲥鱼的文人墨客也不在少数，像苏东坡、郑板桥、张爱玲等都对鲥鱼进行过独到的描述，为我们了解鲥鱼的历史留下了不少珍贵的文字记忆。

前有东汉隐士严子陵隐居富春江畔垂钓，借以鲥鱼之美婉拒汉光帝征召；后有明代诗人何景明作《鲥鱼》，"白日风尘驰驿骑，炎天冰雪护江船"，写出了鲥鱼像进贡给杨贵妃的荔枝一样金贵。《仁恕堂笔记》记载了鲥鱼的名贵："鲥鱼初出时，率千钱一尾，非达官巨贾，不得沾箸。"郑板桥更有名句："江南鲜笋趁鲥鱼，烂煮春风三月初。"袁枚在《随园食单》中称烹饪鲥鱼应做到"有味使之出，无味使之入"，已达到原汁原鲜滋润绝美的最高境界。通民俗文化专家王宇明在《衣胞之地》一书里也说："鲥鱼带鳞烧又肥又鲜又嫩，世上没有比它再好吃的东西了。"

如此美味的鲥鱼，在 20 世纪 80 年代已濒临灭绝，1993 年后，彻底杳无踪迹。鲥鱼被列入《世界自然保护联盟濒危物种红色名录》，1988 年，又被列入《中国濒危动物红皮书》一级野生保护。鲥鱼消失的原因主要归咎于人类的过度捕捞和对其产卵环境的破坏，近年来长江上游修建大坝和发电站切断了鲥鱼的洄游通道，改变了水流速度和温度，使得鲥鱼的生存环境雪上加霜。

目前鲥鱼的人工繁殖研究未见其效，鲥鱼的亲鱼难以寻找，市场上主要引进美国鲥鱼作为中华鲥鱼的代替品，两者在外形、生活习性、营养价值、口味和脱氧核糖核酸结构上较为近似，但它们是同属一个亚科但不同属的两个种。期待我们还能重见鲥鱼——消失的"鱼中之王"。■

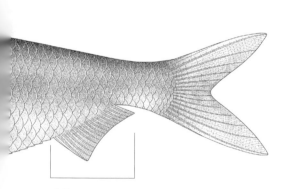

臀鳍 2 不分叉，16 分叉

■ 每年春节之后，捕鳗苗的渔民进驻到江边的简易棚屋。他们彼此间隔数千米，沿着江岸方向散布在南汇浅滩的芦苇丛中和崇明岛沿岸的堤坝内。■

鳗鲡　海生河长的鱼类奇葩

物种名片

- ⊙ 中文名：鳗鲡
- ⊙ 学名：*Anguilla japonica*
- ⊙ 目：鳗形目
- ⊙ 科：鳗鲡科
- ⊙ 属：鳗鲡属
- ⊙ 保护等级：国家二级重点保护野生动物（花鳗鲡）
- ⊙ IUCN：濒危（EN）

■ 鳗鲡通常指鳗鲡科鳗鲡属的种类，主要以其较高的经济价值和复杂的生活史为人所知。鳗鲡身体延长，体形似蛇，躯干圆筒状，较为粗壮，尾部略侧扁；鳞细小，埋于皮下，呈席纹状排列；体表黏液发达，十分黏滑。鳗鲡可以通过皮肤呼吸，因此能在空气中存活一段时间，通过潮湿的陆地环境转移栖息水体。

鳗鲡广泛分布在除东太平洋和南大西洋以外的温带、热带海域，并且全是降海产卵的种类，即大部分时间在淡水中生活，在海洋中产卵和繁殖。鳗鲡受精卵在大洋深处孵化后，仔鱼呈透明柳叶形，营浮游生活，被称为"柳叶鳗"或"叶形仔鱼"。经过数月乃至经年时间，柳叶鳗随着海流漂到近岸水域，体形变得接近成

鳗鲡

鳗，但仍然通体透明，被称为"玻璃鳗"或"白仔鳗"。

进入河口后，玻璃鳗身体上开始出现黑色素，皮肤逐渐变成了棕褐色，被称为"黑线鳗"。直到这个阶段，鳗鱼苗的性别才开始分化，在河口附近的分化为雄性，进入上游淡水中的分化为雌性。数年后，生长到接近性成熟的个体开始降海洄游，回到出生的地方进行繁殖，并终身不再返回淡水，完成整个生活史。

鳗鲡由于味美，具有极高的经济价值。我国市面上的鳗鲡包括日本鳗鲡、欧洲鳗鲡、美洲鳗鲡和花鳗鲡等，其中日本鳗鲡、美洲鳗鲡被世界自然保护联盟列为濒危物种，欧洲鳗鲡为极危物种，花鳗鲡被列为国家二级重点保护野生动物。

鳗鲡由于生活史复杂，目前仍难以实现产业化全人工繁殖，因此鳗鲡养殖主要依靠天然野采的鳗苗。长江口是日本鳗鲡鳗苗的重要产区。

捕鳗苗是一件异常艰苦的工作，也伴随着极高的收入回报期望。每个渔民投入到生产上的成本往往在数十万乃至上百万。

上百顶定置网在江面上一字摆开，渔民每日往返"取货"。他们所乘坐的泡沫船在浩瀚的江面上如纸片一样，十分惊险，一般人爬上去吓得大气不敢出。定置网密集的网眼拦截下溯河洄游的鳗苗，以及其他所有不幸被困入网中的生物。鳗苗价高时可达每尾三四十元，堪称软黄金，导致长江口江面上鳗苗网数不胜数，也就伴随着不计其数的兼捕生物，对生态环境造成的影响难以估量。■

如果它消失了……

鳗鲡可谓是海洋鱼类中的一朵奇葩，在千万年中演化出了极为奇妙的生活史，让几代学者倾尽毕生的精力进行研究。它应该以鲜活的存在流传下去，而不是通过博物馆里的标本或者书上的图片展现出来。

要是鳗鲡这种瑰丽的物种从地球上消失了，既是生命的遗憾，也是人类文化的遗憾。对生态系统来说，长距离洄游、生活史奇特的鳗鲡在大洋、近海、江河里都有其独特的地位，是地球生物圈中重要的存在。

需要特别强调的一点，是鳗苗的采捕方式。鳗苗洄游至近海和长江口的时候，也正是各种生物繁殖的高峰期。鳗苗细长，鳗苗网网目极小，仅1毫米，网中兼捕其他各种生物无数，对游泳能力弱的早期个体伤害尤其大。对鳗苗网作业方式的限制，不仅能保护鳗鲡的早期资源，也能极大地保护长江口的其他水生生物。

江海交汇
气象万千

当这条大河来到下游，每年几亿吨泥沙被江水裹挟冲刷而来。这部分地壳物质从源头的高原经过中游的云梦大泽，向大河入海口输送，塑造成形了北宋之后的中国最为核心的人文景观和经济地带——美丽富饶的长江三角洲。这里有稻谷飘香的圩田，风景如画的江南小镇，更有杭州、苏州、南京、上海等繁华的都会城市。

■ 脱胎自江河，诞生于海洋，这片地球上最富庶的土地仍然在生长。先民们的圩田开发十分适合长江下游地区水乡泽国的地理特点，大量沿江沿湖滩涂变成了良田。这种土地利用形式是江南人民在长期实践中的伟大创举，它在抗御旱涝、保证稳产高产方面，有着诸多的优越性。但是我们也应该看到，圩田开发与生态环境变迁的互动历程也曾一度反映了这个地区人地之间的复杂关系。■

长江与圩田的故事

沙的故事

当你来到长江下游，江面层浪推展、波光粼粼，相比上游和中游的汹涌澎湃已愈益平缓。这时你若有一试江水冷暖的行动，那你就在不知不觉中参与了一项改造地球的事业。浩瀚的长江，以每小时上万吨泥沙的冲刷，在 3 000 多年前东亚大陆的海岸边缘上，冲积形成了近 1 000 年以来的中国经济中心。我们甚至可以说，近千年来中国的经济中心其实来自长江不舍昼夜的搬运。

如此吨数的泥沙，它们最终并不全是冲刷入海，相当一部分会滞留河底，在历代河道摆动、河水泛滥时期，又堆积到两岸边缘甚至腹地，形成片片沙地滩涂。

在靖江焦山港（今东兴镇）曾发现一块断碑，可见几句碑文：“此沙为吴大帝牧马大沙……”这片大沙，三国时期称为“马驮沙”，就位于著名的猪肉脯和蟹粉汤包的原产地靖江。

东汉年间常熟名为“南沙”。当时这一片南北临一条大江（长江），东南外围便是东亚大陆的海岸线。今天的上海，那时还在南沙海岸线之东的汪洋大海中。如今的常熟人依然把北起江苏射阳北部、南至上海奉贤南端，绵延 500 多千米的沿海地区和长江口两岸 14 个县市边缘的人称为“沙上人”，这些人群说的都是"沙地话"。

当今常熟一带乃至上海人方言中依然遗留着上千年前沧海桑田的痕迹。中国大部分地区将早餐称为早点，午餐称为午饭，但常熟沿江福山一直向东至太仓、上海一带却相反，称早餐为早饭，称午饭为点心。因为沙上人整日沿江沿海治沙垦殖，中午几乎没有时间回家就餐，午餐就是在沙田上草草吃点干粮，谓之"点心"。到了中午喊家人吃饭叫作"吃点心"，依然是上海浦东、南汇人家今日的口语。

上海陆地最东侧迪士尼乐园所在的地带，1992 年之前叫作川沙（川沙县）。从迪士尼往西南，有一地铁站名为"下沙"。下沙的上方所冲积出来的沙地，便是今天的崇明岛，以下沙为中心所形成的城区，就是今天的浦东新区。

圩的故事

简而言之，圩就是围，就是围湖造田。但是，圩又并不完全等同于围湖造田。与直截了当的筑坝填湖，将湖床整个推平成土地不同，圩其实是对水面的层层分割与导流，是自然河流外围产生的水田，小的只有几亩，大的有数十平方千米——小的就像是一座院落，大的就像是一座城池。

圩田的内部以圩堤、河渠和闸堰为核心，其中最为关键的是圩堤本身。圩堤有"硬"有"软"。硬的圩堤多为官修，一般用石板、石块砌成；软的圩堤多为乡民自建，一般是以亲水的芦苇、杨柳成排插入水滩，以植物根茎滞留泥沙在岁月中自然生长，形成一道道堤坝。

圩以堤坝拦阻外部来水的同时，也以河渠引导水流。干旱时，开闸引江水灌溉田地。水涝时，关闸门将积水从河渠泄出。如果水－田面积比合理，圩田并不会造成严重的江水外泄的阻塞。当然，历史上也有发生因圩田面积过大，水－田比例失衡，而造成江水无法外泄而决堤洪涝的案例。长江与圩田，是一种长达上千年人类与自然的互动，有平衡相守之时，也有冲决破毁之时。但整体上，圩田与自然力量的关系是相对平衡和谐的，这也是漫长历史上圩田地带的长江中下游可以成为中国的粮仓，江南成为鱼米之乡的一个人造地理基础。

这个人造地理形态在长江中下游如此普遍，甚至在一定程度上塑造了下游两岸的地形和地理记忆。在靖江一地，就有 712 个居民点都是以"某某圩"为地名的。二圩、四圩、夹圩、小圩、长圩、贾圩、水圩、七圩、头圩、新圩、老圩……那些以数字命名的圩，在苏南一带多有重复。可见现今已连成一整片的广袤土地，是在 2 000 多年的时光里从水中层层推进累积而来。

谁在圩上？

长江-港-圩的水网结构，既起到了分流作用以及防洪排涝，又在平日里为北岸的耕种提供了浇灌水源。圩，可谓人类在长江中下游改造自然为己所用的同时，又力求与自然保持平衡的一项浩大又无比精心的创造。而这一切，都来自那些来到江边，制造了圩、生活在圩上的人。

来自靖江靠近长江岸边的沙上人吴丹说，她家原本就住在圩上（20世纪80年代初期之前），邻居数十家列成一排，在这排住家之前便是自己的耕地，耕地之前便是小小的河流，在住家之后则是一片竹园。那看似天然的河流，其实正是圩堤阻拦长江漫溢之水而形成的小型人工分流河渠。当然，她家祖辈最初是怎么来到这片圩上，在她的记忆中已经无从追索。

那可是一条有着1000多年历史的人工河流。据靖江地方志记载，从魏晋南北朝开始，便有从中原逃之而来的难民，在此地定居下来。因为岸边的土地都是不断冲刷生出，所以新来者只要自己去圈地耕种便可。最初都不存在地契，也没有租金，土地都是免费自得的。自发而来的移民形成了自发的聚落。

按照复旦大学中国历史地理研究所已故所长邹逸麟的研究，从西晋末年到宋代，曾经有三次从黄河流域向南大规模移民的浪潮，分别是西晋末年的永嘉之乱、唐代中期的安史之乱和宋金之际的靖康之乱。据统计，这三次移民浪潮大约分别带来了90万、650万和1000万的人口。这直接导致了长江中下游尤其下游的人口骤增，一时间"野无闲田，桑无歇地"，于是江边滩涂，及其他广阔的湿地成了新移民们的立足和开垦之地。

而按照靖江的民间说法，他们的先民有一支便来自这第三次人口浪潮。南宋年间，岳飞被害之后，岳家军遭遇朝廷打压，其中一部便来到江边沙洲。在这无人看管的荒地，他们开垦而居住的便是圩田。

这一批批来到长江下游两岸的先民，在一片水泽滩涂中，创造出了传统中国最高效的土地，一种多层次有机循环的农业。据明李诩《戒庵漫笔》的记载，太湖圩区的农业种植收入是普通农田的3倍，而圩田的副业收入又是农田种植收入的3倍。较高地势的圩中之地，就成了水稻耕种地。而较低洼的，则挖深成塘，将挖出的泥土堆成塘基，"塘基种桑，桑叶喂蚕，蚕沙养鱼，鱼粪肥塘，塘泥壅桑"，形成良性循环。

在这种循环中，圩田上的居民，已经不再是单纯的耕作农民，他们同时也是养殖民、桑蚕民，进入比纯粹的粮食耕作有着更多商业价值的产业中去了。

■ 江南从蛮荒落后的地区变成中国最繁荣、最发达和最具现代感的地区，江南水镇功不可没。所以，当我们来到江南，随便走进一座古镇，就会发现，小镇只是江南水镇经济网络中的一个节点。枫桥、南浔、乌镇、双林、震泽……这些名字都是一个个节点，曾经连接着整个东亚大陆的经济循环甚至明清时代的全球贸易圈。直到现代交通的发展取代了水路交通的地位，江南的这一众水乡古镇才逐渐沉寂下来。然而水镇作为江南的文化符号，在这一地区的文化构成中仍然有着特殊的地位。■

创造家园　水镇

明清时期，枫桥的夜晚已不复唐人张继《枫桥夜泊》的意境。如果不在夜半更深的时刻静心谛听，那就完全不会注意到寒山寺钟声的传来。尽管寒山寺其实也就在几百米之外而已，步行十分钟不到。因为即使到了半夜，各种酒肆、笙弦的声响与水波声层层将你围住。这些绵延到你朦胧视线外的商船，满载米粮和豆粕。这些米粮，是从四川、湖广运来供给苏杭的"进口粮食"。这一时期的长江下游地区，在江南经济最辉煌的明清时期，周边农村一半以上的土地都已经不再产粮，而是改种桑棉等经济类作物。江南地区，已经从最大的粮食输出区域变为粮食输入区域，成为东亚大陆的粮食吸纳和消费中心，也是米粮交易和运输中心。而这个米粮交易的中心市场，便是枫桥镇。

今天你来到枫桥，会发现自己来到了一片僻静之处，时而有驳船经过市郊河面东侧的一片新月形三角洲，颇有郊外野趣。但是在明清两代，尤其清代中期，枫桥所处的恰恰是整个东亚大陆的物流中心。江南段运河从杭州连通了嘉兴、吴江进入苏州境内后，从枫桥流出市区往北去无锡、镇江，然后汇入长江，再往北段运河奔流。枫桥镇正跨在南北向的运河主干道与东西向通往苏州城阊门水道的交汇之处。

有了便利的物流，又有苏州往整个江南辐射输出的市场，从明代开始，枫桥就成为全国的米豆转口地和集散地。因为是最大的交易市场，所以，枫桥市场上的米粮价格也决定了整个长江下游的米价标准。清代就有"探听枫桥价，买物不上当"的俗语。从另一个侧面也说明了，由于枫桥市场的流通量巨大，这里的价格应该是最为经济和低廉的，无论在哪里，以这里的价格成交，不会吃亏。大市场和大流通，带来了最合理的价格。

根据枫桥北侧 10 千米浒墅关的记录，乾隆时期所收米税在 10 万两至 21 万两白银，依据税率，可推算出在乾隆年间最高峰时有近 20 万吨稻米通过枫桥集散。其中，1.5 万吨左右的粮食经枫桥市场转运售卖到浙江甚至福建，约占浒墅关粮食流通量的十分之一。

这种大流通对于整个长江下游的人民生活产生了巨大而深远的影响。首先，农民从自给自足的粮食生产中摆脱出来，从事商品化种植，甚至有相当的农业人口摆脱了纯粹的农业，进入了手工业。有相当多的村落人口离开土地，进入市镇。这也正是江南各地市镇在明清两代如繁星一般成片长出，繁华发展的大背景。

大流通让粮食摆脱自给自足的束缚，也带来了商业形态的积聚发育。比如，从枫桥一地经过时，你几乎难以分辨从哪里开始是枫桥镇，到哪里又是它的结束，这感觉就如同你在 2021 年坐汽车从长三角或珠三角的城市群间穿过，几乎很难看到城市之间清晰的分界和大面积的、明确的田野。苏州城的阊门到枫桥的七里水道，到处商铺林立，而枫桥向西延伸至西津桥，运河两岸也成了闹市区，所以，当地有"二十里列肆"之说。

在清代画家徐扬 1759 年创作的《姑苏繁华图》中，可以辨认的各类市招有 260 余家，共有 35 个分类，其中饭馆酒肆林立。餐饮和酿酒业的繁盛，恰恰源于粮食的大量输入。仅苏州近郊的木渎一个镇子，就有 2 000 多家私人商铺酿酒——"烧锅者已二千余家，每户于二更时起火，至日出而息，可烧米五石有奇，合计日耗米万石，纵非日日举火，然以一岁计之，所烧奚啻百万"。（《乾隆年间江南数省行禁踩曲烧酒史料》，《历史档案》1987 年第 4 期）这么多的酒酿造出来，也绝非全由本地乡民喝掉，很多酒远销整个东亚大陆。绍兴黄酒作为一种商品的品牌和标志，也正是从清朝中期这个阶段开始的。

事实上，人们印象中坐在乌篷船里，悠悠荡荡半天又到了一座水镇的江南印象，完全来自明清之后。在明代之前，市镇在长江下游其实是相当稀少的，当时的城市化基本就是都城和各地的省城、县城，也就是帝国行政官署所在地和人员聚集生活的城池。乡间的市集往往是临时的。但是从明代开始，长江下游南岸如雨后春笋一般生出了各色市镇。根据刘石吉在《明清时代江南市镇研究》一书中以地方志资料进行的统计，苏州府明代正德年间有市镇45座，乾隆年间有市镇100座，到了光绪年间，则有208座。松江府明代正德年间有市镇44座，到了嘉庆年间，则有113座，到了清代光绪、宣统年间，更是猛增到了259座和303座，其中上海一个县在宣统年间发展到了72座市镇。包括无锡、江阴、靖江、宜兴等县在内的常州府，明代成化年间有22座比镇规模略小的集市，并没有明确的镇的记录。到了清代道光年间，已发展出了105座市镇，其中61座镇。南京所在的江宁府，在明代万历年间有镇13座，市63座，而到了光绪、宣统年间则有了83座市镇。杭州府在成化年间有21座市镇，万历年间有44座市镇，乾隆年间有88座，宣统年间则增至145座。嘉兴府在万历年间有28座市镇，到了清代宣统年间则有78座市镇。湖州府在明天启年间有17座市镇，到了清代光绪年间则发展到了57座。明朝初期，江南各地总共有市镇在250座左右，而到了晚清市镇数量增长到了979座。从水路出行，大体上每隔15里，就会遇到一座古镇。

大于县城的市镇

清代，长江下游南岸的一些市镇，比如吴江县的盛泽镇、昆山县的千灯镇、乌程县的南浔镇、桐乡县的乌青镇等，住户都到了万家左右，人口五万余人，超出了一般县城的规模。市镇大于县城，是当时的一大奇观。

以现存完整的著名古县城平遥为例，面积2.25平方千米，相当于东西方向走1500米长，南北方向走1500米，就走完了整个县城。而现保存相对完整的乌镇，城区面积为2.5平方千米。同样，南浔在明代末年时，从东头到西头，就得走1500米以上，"市廛云屯栉比，周遭四讫自东栅至西栅三里而遥"。到清乾隆时，这里已是"烟火万家，商贾云集"的巨镇。以清代曾任职江南的官员鲍轸在《南浔小泊》诗中的描述，这么一座市镇规模相当之宏大——"水市千家聚，商渔自结邻。长廊连蔀屋，斥堠据通津"。

一个市镇发育到上万户人家，五六万人口，城区规模大于县城，这绝非原先土地上农林渔业的增长所能支撑。明清以来，整个长江下游尤其江南的市镇，看似小镇地方的商号门面其实是国家级别的资本在运行，看似小镇地方特色的商品其实满足的是全国乃至全球的市场需求。

水镇背后的全国资本

清代道光年间，在江南的盛泽镇上，有许多来自徽州、宁国的商人，还有来自南京、湖州、宁波、绍兴甚至济南、济宁的商人。这些人可不是走过路过的行商，而是直接在此投资定居的坐商，所以，镇上会有徽宁会馆、山西会馆、宁绍会馆、济东会馆、济宁会馆、金陵会馆等。这些外来的大商人，有不少在此世代定居，成了盛泽人。

南浔镇，在晚清时期有来自徽州、宁波、绍兴、南京各地的巨商。因为鸦片战争之后五口通商，中国向全球输出生丝，出口量猛增，南浔成了直接连通江南各生丝产地与亚洲大陆东海岸正在崛起的最大海港上海之间的枢纽。到清末民初，这座水镇上的商人已经具有了影响整个中国经济乃至政治的财力。镇上有"四象八牛，七十二只小金狗"之说。据《湖州风俗志》载："家财达千万两以上者称'象'，五百万两以上不足千万两者称'牛'，一百万两以上不足五百万两者叫'狗'。""四象"之一的张家公子张静江，成了赞助孙中山革命的第一人。民国三年（1914年），这位来自南浔的商人出任财政部长，后来还成为上海证券交易所的创办人。

在归安县（今湖州）双林镇穿行，你不单会见到徽商的会馆，还会在市镇的边缘见到一所新安义园，这是徽商群体为自己同乡在此建造的公共墓园。可见，这一市镇上，有相当数量的外来客商长期居住经营。

按照经济史专家李伯重的判断，明清以来，江南的广大市镇乃至乡村已经不再只有原初意义上的农业经济，而是进入了近代的工业化。

市镇乃至乡村虽然看似生产者在自己家中做个体生产，但其实是由全国性的商业资本所开设的字号提供原材料（比如原丝），提供订单并加以收购。在清乾隆年间，盛泽镇上机坊老板雇用的"佣织"，有机工（操作织机的工人）、曳花（在提花织机的高架上"提花"的工人）等，人数多达几千人。此外，还有加工丝绸的炼坊、染坊、踹坊，专业的雇工也有上千人。这些人大部分为市镇之外的乡村乃至邻近县、市所流入的劳动力。这样的流动人口和劳动力规模，已具备一种近代工业城市的特质。

明末清初，江南市镇乡之间的非自然经济化已经到了相当程度，乃至很多乡村已经不再以种植水稻等粮食作物为主业，而主要以桑蚕或棉花为业，基本形成了七分桑蚕、棉花等经济作物，三分水稻粮食作物的耕地比例。明末清初太仓人吴伟业在《木棉吟序》就曾写道："嘉定、太仓、上海境俱三分宜稻，七分宜木棉。"而在康熙年间的《嘉定县志》中，嘉定一带甚至达到了"棉九稻一"，甚至专种棉花不种稻米的程度。

乡村农户的劳作不再是在土地上单纯自然耕种，而是应市场需求进行的商品生产。即使是种植水稻粮食，也可以成为新一轮商品生产起点的家庭资本，比如拿农田里收获的米粮典当了来换取银两，再用银两来购买纺织所需的材料和设备，开展家庭作坊式的纺织经营，待卖出丝绸或布匹，赚到利润之后，再用盈余银两来赎回米粮，保证家庭的口粮。明清时期徽商在江南市镇普遍经营一种"米典"，专做这类典当生意，这在万历、崇祯年间的《秀水县志》与《嘉兴县志》中都有所记录。

在这个产业转变和提升的背景下，整个长江下游南岸的市镇平民和乡村农户的整体收入和生活水平都有了显著提高。因为农户纺纱织布的收入，明显超过种植业，同样一块土地种植桑蚕的收益，也在种植粮食的 3 倍之上。乾隆年间上海县人褚华在《木棉谱》中记录道："以一手摇轮，一手拽棉条而成一缕……夜以继日，得斤许即可糊口。"一个平民，一人织布，可以养活八口之家（见咸丰年间《紫堤村志》）。

在这个长江下游水镇的市场网络中，中国近代的主要出口商品出现了，那就是丝绸和棉布。据经济史学家汪敬虞的研究，从 19 世纪 80 年代中期开始，中国生丝的年出口量常年保持在 5 万担以上；到 19 世纪 90 年代初期，中国生丝出口量突破了 10 万担。光绪六年（1880 年），震泽镇一地出口的生丝就达 5 400 余担，占了全国生丝出口总量的十五分之一，可见江南市镇在全国出口贸易中所占据的分量。

■ 宋代，南方的杭州已十分繁荣。柳永《望海潮》一词有云："东南形胜，三吴都会，钱塘自古繁华⋯⋯参差十万人家。"城市人口的增加，城市经济的发展，交通运输的发达及山水之美的驰名⋯⋯让杭州在很多方面实已超过当时的建康（南京）。当时南宋之所以最后定都临安（杭州），而非建康，也绝非偶然。■

长江与市的故事

杭州的崛起

北宋的国都开封被女真攻占 10 年之后，也就是 1136 年，在这次由北向南的人口大迁移中，这个叫作杭州的城池最终被宋高宗一行选择作为临时的都城，这座城也就改称临安。

作为长江下游经济圈重镇之一的杭州，在此时还只是北方移民们临时驻扎的地方。城区北侧的县衙被改作了临时皇宫。在最初的近 50 年间，皇族、群臣和北方文士、士绅们并未把临安作为永久都城来建设和居住，除了心怀收复中原的志向外，还因为临安所处的这种典型江南水泽环境，在中原移民看来并非宜居之地。

这里阴湿多雨，地形也不够平整开阔，水网纵横，能铺展开建筑、生活的土地也都颇为窄小。整个城区夹在西侧的人工湖泊（西湖）和东南侧的钱塘江之间。相比华北平原上的开封，临安的城区面积（城墙内）即使到了 1274 年的巅峰时期，也不到 20 平方千米。以这不到开封一半的城区面积，临安在 13 世纪却成为当时世界上极少数的百万人口大都市。

恰恰是因为临安这种临时的都城地位，带来了一种最初完全没有预料到的经济活跃与繁荣。当然，这种经济上的意外突破，首先有一个更为宏观的背景，那就是晚唐到南宋的 300 多年之间（以安史之乱爆发的公元 755 年到南宋定都临安的 1136 年来计算）政治经济中心由北向南的转移而带来的经济制度的变革和冲击。整体上，可概括为两个方向的变革：一是，官市制度的废弛与街头店铺私人市场的漫溢；二是，均田制、租庸调税制的废弛与私人土地所有制、货币化按资产累进税制的实施。

唐代中期，你在都城或州府大城里想要边逛街边购物几乎不可能，因为没有商业街，所有的商业市场都是官市，在朝廷划定的地块内，而且与市民居住区（里坊）互相隔离分开。但在安史之乱之后，这种官方对市场的严格控制与主导开始松懈。正是在中央权力日渐力有不逮的裂缝中，自由的市场交易江水般漫溢开来，居民生活的街面开始成为商铺和摊位。各个行业的商人和工匠也经常自发聚集，组成了各种分门别类的交易市场，比如金银制品、丝织品、书籍出版、牛羊屠宰和贩卖、粮食和木材的聚集市场，客栈、仓库等私人经营的商业空间也在城区内外不断增长。

这种转变来自安史之乱之后，但北宋期间，有一定程度的反复。在《清明上河图》中，能看到汴京（开封）大量沿街商铺的出现，这在唐代都城长安是不可想象的。但是在北宋汴京的大量文件中，也有不少对于"侵街"现象的清理和惩办。"侵街"说的就是都城街面上的私搭商铺和街头摆摊。到了南宋，临安都城清理"侵街"的事件就相当之少了。

随着政府管制的减弱，土地私有制成了主流。这一变化，带来了劳动力的解放，农民们不再需要每年几个月待在村里服劳役了，他们可以从事各种副业，甚至进入城镇，这在相当程度上促进了劳动的分工和技能专业化，为私人经济活动释放出大量的劳动力资源。这些变化带来的惊人后果几乎是一场经济市场化浪潮。

这一时期，临安成为一座不同于北方城市的古代摩登都城："临安城廓广阔，户口繁夥，居民屋宇高森，接栋连檐，寸尺无空。"（南宋，吴自牧《梦粱录》）临安不是一座平房大院的朴素都城，而是一座高楼层叠的繁华都市。皇宫大内压根就不在城市的中央，而是在城南一座山坡上，与整个市中心遥遥相望。城市的核心不再是皇宫，而是绵绵不绝的街市。

支撑这座 12 世纪末到 13 世纪中叶摩登都市的，除了相对自由涌入的劳力和私有地产之外，还有当时最为便捷、点到点的物流系统。因为大运河以及各种水道都在城里城外环绕穿行。

很多街巷临河而建，店铺的前门是店面，后门是码头（这种布局在今天的苏州以及苏南若干保持原貌的水镇依然能见到）。通达到家家户户的水运，是当时成本最低最高效的物流运输网络。长江中下游的稻米、布匹和各种物产源源不断被运送到临安。

临安城里街巷楼铺背面的石台阶码头上，不单有从长江一路而来的四川、江浙商贩，顺京杭大运河而来的货船，由太湖一带水网来此的客商，甚至还有从印度、阿拉伯、波斯以及日本、东南亚来的海外商人（《马可·波罗行纪》）。海外的特产与货物就在这些码头卸下流通，其中有孟加拉的犀角、印度和非洲的象牙、珊瑚、玛瑙、珍珠、水晶、持久散发出香味的木材（檀香木和沉香木）、樟脑、丁香、豆蔻等。从这里发往日本、东南亚和印度、阿拉伯等地的货物主要是丝绸、陶器和瓷器。

由于劳力的相对自由，私有地产的增加，繁密物流网络的充分发展，临安呈现出了商业与服务业惊人的发达和繁荣。

■ 明朝中后期，在欧洲和南洋曾经流行着一种来自东方的布料，叫作蓝京布，但是那个年代的江南各地，织户与商贾却没有一个人知道何为蓝京布。只有来到南京秦淮河与运河边的各个码头，与那些常年出海的福建进出口商打交道时，才恍然大悟，他们口中的"蓝京"，说的就是南京嘛。东洋西洋的商人听了他们的口音，以讹传讹，无意中发明了一种商品的名称。所谓的蓝京布，其实就是南京布，从南京这个枢纽流往海外各国的布匹。■

明的枢纽：

以南京为中心的东亚大陆物流网与全球贸易圈

在十二三世纪，长江下游替代中原而成为全国经济、文化中心地带之时，这个中心的中心是临安，但是到 14 世纪下半叶，这个中心则转移到了南京。南京尽管有着六朝古都的辉煌历史，但作为全国头号商业、文化中心——金陵的全面崛起，是在明代。明洪武元年（1368 年），朱元璋定都老家凤阳失败之后，正式定都应天府，将其命名为南京。这也是这座千年名城，第一次以南京这个名称出现。

从此，南京开始了一段通江达海、人流物流汇聚的繁华枢纽史。

东亚大陆的物流中心

元末明初，在整个长江以北被兵火破坏的背景下，朱元璋要调集足够资源来控制维续帝国，而最集中的经济、物力、人力资源都在江南，因此，南京被定为国都，成为调控这些资源的枢纽。元代以来的帝国漕运物流中心，也由大都（北京）变为南京。

洪武年间，长江下游南岸胥河、胭脂河以及南河、上新河等或被开凿，或被疏浚、拓宽，其结果便是太湖流域、浙东地区和长江下游地区被人工运河连成一片统一水道，而南京恰恰处于这片人工水道的核心位置。水网中的便利，仅就木材运输便可见一斑，来自长江中上游的无数木排、竹筏从江心洲夹江东侧的上新河直接运到水西门，再转运进城。

与陆运相比，水运有着绝对的优势。四轮骡车最大的承载也就在3吨，连续的行程极限在150千米，再远就得更换畜力。而大运河上的漕船，标准载重就在30吨，在明代以后的岁月里又渐渐增至78吨左右。长江上的大船则可以载货180吨。作为陪都，南京依然是当时南方最大、最繁华的物流中心。永乐皇帝朱棣将都城移到北京之后，南京的物流枢纽地位其实依然没有被动摇。

世界级消费性商业都市

明代的南京，市井繁荣，人烟辐辏。甚至在城外的河道两岸，也是店铺林立，车水马龙。明朝中期之后，南京城的规模已远远漫溢出了朱元璋当初大建城墙所划定的南京城区。

以《南都繁会图》为据，画面上所表现的主要商业街市大半在城门外，是沿着一条河的临水街区。据专家考证，这是明城门外最繁华的临水街区长干里。这里河面宽阔，可行大船，因为商贩行船上岸，货物交流的便利，自然形成了街市。这里有两个专业大集市：以经营粮食和其他农副产品为主的"米行大市"和以经营竹木薪炭为主的"来宾集市"。"西北两口皮货""立记川广杂货""福广海味发客""京式靴鞋店""川广云贵德森字号""南北果品"……这些琳琅满目的招幌牌匾，则表明在这里能购买到全国各地的特产和商品。有的店铺高悬的"东西两洋货物俱全"等店招，表明此地是国际化的商业都市。当然，这里的西洋指的还不是欧洲，而是印度洋一带国家。

繁华南京城，不单在城区上突破了朱元璋最初的城墙限定，而且它的繁华恰恰是在朱元璋去世后长达半个多世纪违背和突破这位皇帝条条律令的产物。

按照洪武皇帝所定法令，这条商业街上的店铺老板几乎大半都要被抓去吃牢饭。"粮食行"，十有八九属于违法，因为朱元璋规定，每年各县粮食收成的三分之一必须由县衙门所属的粮仓储存起来，而不应该到处售卖。事实上，如果各地三分之一粮食都存在官仓，而且在洪武末期，江南有一多半的耕地已经被收为国有，加之上缴中央政府的粮食，完全不可能有多余的私人粮食进入市场交易。

"万源号通商银铺""兑换金珠"这些金融服务业，严格说来也统统都是非法的，因为朱元璋禁止使用金银当货币买卖商品，宣布大明帝国唯一合法货币是他印发的纸币——大明宝钞。因此，按照大明律令，用金银买卖，兑换金银铜钱，都是违法犯罪。

东西洋货物，更是走私货了，因为朱元璋宣布了禁海令（针对个人商业航海，朝贡除外）。

那些到处游走四方采买的商贩，基本也都是罪犯。没有官府衙门所签发的经商许可证（商引），属于违法，一律可以逮捕入狱。按照朱元璋的律令，一个人在帝国内自主行动的半径是 50 千米，没有路程许可证而跑出 50 千米之外的人，被抓住要杖击八十。没有官方批文而私自出海的人，被发现后判死刑（见《明律集解附例》，转引自卜正民《纵乐的困惑：明代的商业与文化》）。

明朝中后期，皇帝们相对无为而治，带来了宽松的环境，南京才发展出了后世记忆中的繁华金陵的都市模样。

朱元璋将整个国家向自给自足小农经济转向的政策，在半个多世纪之后因为整个社会的反弹而得到修正。到 15 世纪末，朱元璋对基层民众的主要控制制度——里甲制和粮长制基本名存实亡。到了 16 世纪上半叶，流入中国的白银大增（先是从日本，之后是从西班牙的美洲殖民地），从而增加了明朝内部的真实货币流通量，增强了经济流动和活力。

在这个大背景下，有了金陵繁华的世界级商业都市格局。都市的银铺中兑换出来的银两，十有八九并非中国所产，而是来自东洋或南美的进口银或走私银。海外贸易的封禁至 1567 年正式废除。南京作为明代的商业中心，于海外也产生了很大影响。1557 年，明帝国允许葡萄牙人在澳门设立贸易基地，西班牙人在 1571 年于马尼拉建立了殖民地。由此，在南美与明帝国之间出现了一条跨越整个太平洋的贸易航道。第一条真正意义上的全球贸易航线由此诞生，连接了南美洲、东亚、东南亚和欧洲。

600 年前一带一路的起点

南京下关龙江往西 800 米便是长江南岸与江心洲之间的夹江，这一片地带在明朝便是东亚大陆与整个南洋、印度洋甚至非洲之间航行交流的起点——龙江宝船厂。郑和浩浩荡荡的国际远洋船队的大船，正是从龙江宝船厂的夹江水道下水，沿长江一路往东，在太仓正式集结启航，扬帆重洋的。

郑和下西洋在建立邦交之外，也进行了大量贸易。郑和采购的商品，与大航海中的西班牙船队如出一辙，都是香料。跟随郑和出使西洋的马欢等人都在其记录中提及郑和船队与当地人的香料贸易。郑和船队所到达的东南亚、印度洋沿岸、东非诸国，在历史上均是香料产地，当时郑和船队在海外进行的香料交易，主要以物物交换的形式进行。

史载"西洋交易，多用广货易回胡椒等物，其贵细者往往满舶，若暹罗产苏木、地闷产檀香，其余香货各国皆有之"。那些盛产香料的国家几乎都没有什么制造业，因此对明朝出产的陶瓷、丝绸、钱币等，都极喜爱。

以胡椒为例，《瀛涯胜览》记载，苏门答剌国胡椒100斤值银一两，但被运到中国后，则以每斤5～20两的价格卖出。胡椒有500～2 000倍的利润。在历史学界，学者根据史料普遍认为郑和的船队带回来的主要货物是胡椒和苏木。郑和船队的一艘主力大型宝船就在1 500吨以上，只要满仓运回一船（1 000吨）胡椒，获利即可在500万两白银以上（请注意，这是按照未有大批进口之前的国内市价计算所得的理论获利）。

郑和究竟带回来了多少香料？因为航海记录的档案整体被焚毁，这个数据至今在历史学界依然无从统计。但根据其他史料，我们可以看到郑和下西洋之后，明朝本土的香料数量大增——《明宪宗实录》卷八载："天顺八年八月甲辰，赏京卫官军方荣等，胡椒一千二百四十四斤，以造裕陵工完也。"在明朝的财政体系中，来自非洲或东南亚的香料甚至曾起到了替代货币的作用。朝廷一度以俸禄的形式将香料分配给官员。史载，自永乐二十年（1422年）至二十二年（1424年），文武官员的俸钞已俱折支胡椒、苏木，规定"春夏折钞，秋冬则苏木、胡椒，五品以上折支十之七，以下则十之六"。

■ 上海和长江流域重要地位的形成是唐宋以来才开始的。随着大运河的开掘，中国经济重心从黄河流域向长江流域转移。长江三角洲最重要的贸易港从唐代的扬州转移到宋元明时期的宁波及外港双屿港，近代开埠之前又转移到上海，大致呈现出自西北向东南，再自南向北转移的发展趋势。■

创造未来　海港

海港东移——当代中国母港的崛起

春江潮水连海平，海上明月共潮生。
滟滟随波千万里，何处春江无月明。

　唐代诗人张若虚这首《春江花月夜》，其中的"连海平""海上明月共潮生"，其实并不是虚写，而是肉眼所见的真实景象。

事实上，当时扬州的长江河段就是一个能看到海潮的地方，相当于如今在海宁能看到涌入钱塘江的巨大海潮一样。海宁观潮的位置，距离杭州湾外海面 60 ～ 70 千米。隋唐时代的扬州扬子津一带，100 千米之外便是海面，清末开始崛起的入海口和海港城市上海此时还远在海水底下。所以，古人在扬州城内的运河码头喝茶观花的时候，的确能看到海潮的浪头层层叠叠推展进来。

在唐代中期，每年阴历八月，便有四方人士会聚到扬州城，他们所为而来的便是著名的广陵潮。"鸬鹚山头微雨晴，扬州郭里暮潮生"（李欣，《送刘昱》）；"广陵三月花正开，花里逢君醉一回。南北相过殊不远，暮潮从去早潮来"（韦应物，《酬柳郎中春日归扬州南郭见别之作》）。这些著名诗人大老远跑来扬州看的潮，绝不是普通的江潮，而是更为壮观的海潮。

唐代的扬州，正是当时东亚大陆的第一大海港。伊本·胡尔达兹比赫在《道里邦国志》（另译为《道程与郡国志》）中列举了这位阿拉伯地理学家所知晓的唐朝四大港口，由南而北，分别是交州（现越南北部红河流域一带）、广州、明州（宁波）、扬州。其中，扬州除了是长江入海口之外，还是隋唐大运河的起点。公元7—8世纪，在扬州街头漫步或购物，常常会遇到波斯或阿拉伯商人开设的胡店。在这些带着明显西亚口音的店主人的铺子里，你会见到伊斯兰风格的珠宝、来自东南亚的香料和海外的药材。

唐代，长期在扬州经商的胡商有数千人之多，而朝鲜与日本商人则更为众多。日本遣唐使的船在大唐的登陆港便是扬州，鉴真东渡日本弘法，有三次是从扬州启程的。当时扬州港进口的大宗货物主要是西亚、南亚和东南亚的珠宝、香料和药材，出口货物是丝绸、陶瓷、铸币和印刷品。从品类上来看，进口货物主要以原材料为主，出口多为当时的奢侈品和文化产品，可见当时扬州港背后的整个大唐经济体在国际贸易上处于较为高等级的一端。当时的扬州城已经有了50万人口，20平方千米的城区面积。其国际化程度之高以至于在千余年之后依然留有印迹，在如今的扬州江都区，还有波斯庄、波斯村、波斯桥这样的地名。

唐代第一大国际海港的衰败，固然与后来长江泥沙的堆积、河道的摆动、入海口沙洲的沉积变化有关，但更直接的原因却在于政治军事上的变局。安史之乱和唐末到五代的战乱，让扬州丧失了当时整个东亚大陆海岸线上的枢纽港地位。五代的混战，最终将扬州变成一座芜城。200多年后，南宋在长江以南站稳脚跟，整个东亚大陆的第一大对外贸易的海港便南移到了当时的经济、文化和政治中心杭州的外港——明州（宁波）。

明代，因为长期的禁海令与后期倭寇之患，封闭了当时两个大港——泉州与明州，只留广州一个对外商港，所以长江流域便不存在真正意义上的对外贸易海港。长江下游再次成为四海汇聚的对外贸易中心，则已经是在晚清之后了。在这个急剧的变幻和发展过程中，上海的崛起成为近百年来东亚大陆上发生的最为重大的经济生活事件之一。

上海港自然条件形成，远在上海崛起的400多年前——明永乐元年（1403年），当时的黄浦江水道就基本成形。18世纪中叶，长江主泓改走南支，导致南支河槽显著扩大，这正是当今上海北侧所背靠的长江入海口。

但这些地球表面形态的大规模变迁并没有把当初的上海推进成一个重要的海港。一切都要等到100年之后，19世纪的中叶。

明清两代，上海县所隶属的松江府始终都是一座商业流通和纺织加工重镇，是以苏州为中心的东亚最繁华都市商业圈的重要一环。五口通商十余年之后，上海取代广州成为中国对外贸易的第一口岸。原先广州是清政府指定的对海外贸易唯一通商口岸，很多中国制造明明来自长江流域，却需要先运到广州再出口。而很多海外货物，大部分消费者都在江浙，但要从广州上岸，再一路运到长江下游。上海成为对外通商口岸之后，作为东亚大陆的制造业中心和消费中心的长江下游也与海运交通的枢纽相对等地重叠了。就这样，到1852年，上海超越广州成为中国面向海外商贸和运输的第一港。

不过，在此时，上海的真实身份依然是苏州的外港。上海真正的全面崛起，取代明清两代传统中国的商业中心苏州而成为长江下游乃至整个东亚大陆的经济中心，缘于一场冲击巨大的农民起义——太平天国运动。

1851年，太平军在广西起事，一年之后攻克南京，横扫江浙，导致长江流域的精英和财富由西向东迁移，积聚到上海。

当太平军沿江而下，兵锋指向南京时，江南富庶之乡就有消息灵通、神经敏感的富人收拾细软钱财逃往了上海。以致定都南京之后，太平天国的领导人发现都城周边有大量无主田地。

1860年的春季到夏季，太平军横扫杭州、常州、无锡、苏州，所到之处，清政府地方官员和富商望风而逃，纷纷进入上海。其中就有两江总督何桂清，托词借外兵助剿而遁入上海。总督大人的逃亡引起巨大的震动和恐慌，"继何之后，所有本省仍然活着的官员，陆续来到上海"【《北华捷报》（*North China Herald*）】。一时间，"苏省新署官僚，皆集上海城内"。清军退出苏州城前，将这座城市付之一炬，包括枫桥在内的繁华地带都沦为荒地，百姓无家可归，纷纷逃亡上海。

1860年的盛夏（8月），李秀成挥师进攻上海，再次引起地方官员、富商和民众的大逃亡。据上海租界内英国商人开办的中国第一家英文报纸《北华捷报》报道："我们顺着苏州河北岸回来，在那里看到成千上万的难民在露宿……在内线防卫线约一英里的周围，昨天夜里大致有十万人睡在露天里。"当时，租界内的外国侨民大约是1 500人，而逃入租界的中国难民高达50万之众。

这50万涌入租界的难民中，江浙富绅和商人不在少数，成为此后上海进一步崛起的基础。从人力到财富，江浙地区上百年累积的资本从此积聚在了上海租界这狭小的32平方千米城区内（公共租界22平方千米，法租界10平方千米）。

这个狭长区域的西端为现在徐家汇天主堂一带，东端则是外滩。这个影响整个东亚大陆近百年历史的核心地带，若是从东到西徒步而行，只需要两个小时。

太平天国运动所造成的这一波冲击，给上海带来具体多少财富无从考证。但据《北华捷报》的报道，那些露宿街头的人很快解开行李和包袱，取出细软银票，开始在上海租界和周边买地置业了——这些就是上海中西合璧的石库门里弄的最初来源。就在太平军攻击上海周边的同一年里，"每条大马路上都有高大的洋房兴建起来，中国行庄（钱行银庄）数目也大有增长……每天都有新行庄开张、新公司成立……又都是完全依靠当地的财源筹集资本的"。码头公司、货车公司、煤气公司、自来水公司这些现代经济组织和形态，纷纷在上海开张、兴起。

这场变动的深远意义不仅是现在人口和财富从江浙往上海的转移和汇聚，而是把江南地区分成了两个世界。一个是太平军和清朝军队交战地区，所有城镇、农村都化为战场和荒地，没有安全和秩序，更没有规则可言。另一边，则是相对稳定和尊重私人产权的上海城区。

上海租界的安全，并非来自列强军队的护卫。此时，英美法的军队正在北上，逼迫清廷做出更多政治和经济上的让步，因此，对太平军保持了一种中立不干涉的态度。上海奇迹般地躲开兵火战乱，来自一种独特的社会治理结构，几乎是一种国家化的地方自治结构，具体表现之一，便是洋枪队。

洋枪队，并不是来自英美法租界列强的军队，而是上海当地华人士绅倡议，由地方道台出资组建的一支为地方安全服务的雇佣军（由中国第一代报刊政论家王韬倡议，由苏松粮储存道杨坊和苏松太道吴煦所发起、主持），通常被称为华尔洋枪队。但这支洋枪队并不属于华尔，而是属于上海地方政府，由地方政府提供军饷，行军作战范围均受地方政府指挥节制，华尔只是地方道台雇用的军事教官和指挥官。这支军队的军人，也都是当地招募雇佣的中国人，而不是洋人，军队人数高峰时期曾达 5 000 人之众。使用了西方现代的训练方法，配备了现代武器，不单是洋枪，还有炮船、炮队和后勤保障队。这支有着完整现代体系的地方雇佣军，阻挡了太平军的数次进攻，确保上海城免于战火。

在这动荡之秋，上海成了整个中国工商业投资最为安全和最为稳定的地方。因此，在短短十几年时间里，所有重要的现代工业、商业和银行业都集中在了上海。这种积聚带来比简单的财富汇聚更为深刻的经济推进。因为人口密集，当地消费市场本身就不断膨胀，同时也给现代工业提供了足够的产业工人，劳动分工不断强化，一条涉及上下游的工业产业链自发形成并不断完善。

财富积聚，更带来了金融业的发达，国内外银行林立，集资和投资更为高效。大量投资产生的工厂、公司便沿着黄浦江两岸繁密生长。

于是，上海这块土地成了当时中国最有价值的地块。1870 年，外国租界中房地产的估值是 1 400 万两白银；1890 年左右，上海租界的地价和土地上建筑物的价值上升到 3 000 万两。1920 年 5 月 16 日出版的《申报》对和上海港利益相关的各种产业设施进行清点，仅"地基二百零九兆两，房屋租金价值二十六兆两，房屋价值二百六十兆两，共计地基房产两项，合为四百六十九兆两"。

这种崛起，不单在于上海本身的价值飙升，更在于它与其他地区的紧密联系。在 1872 年至 1919 年，上海港货物的中转率在 50% ~ 60%。也就是说，进入上海的货物，一半以上都是销往全国各地的，上海成为整个长江流域货物来源的主要母港。

到 20 世纪 30 年代，上海已经成了远东中心城市。1936 年，上海贸易总额达 8.9 亿元，占全国各通商口岸贸易总值的 52%；拥有外商金融机构约 30 家；58 家华商银行总行设在上海，占全国银行的 35%。工厂则有 6 097 家，工人 40 多万。这座城市还诞生了中国最早的报纸、百货业态和电影业。

上海成了整个中国现代工业、商业和银行业的发源地和成长成形的地方。而这些现代经济形态、组织形态，从上海扩散到全国，从而极大地改变了近代中国的面貌和历史进程。

20 世纪初，上海已形成内河、长江、沿海和外洋四大航运系统，出入上海的轮船和吨位都占全国总数的五分之一以上。斗转星移，当代的上海港，在 1984 年货物吞吐量首次突破 1 亿吨后，在 2000 年突破 2 亿吨，2003 年突破 3 亿吨，2006 年又突破 5 亿吨，达 5.37 亿吨。及至 2021 年，上海港集装箱吞吐量突破 4 700 万标准箱，连续 12 年位居全球第一。

491

参考文献

野性与神圣（通天河源）

［1］周天军，高晶，赵寅，等．影响"亚洲水塔"的水汽输送过程［J］．中国科学院院刊，2019，34(11):1210-1219.

［2］Yao T, Thompson L, Yang W, et al. Different glacier status with atmospheric circulations in Tibetan Plateau and surroundings[J]. Nature climate change, 2012, 2(9): 663-667.

［3］徐祥德，赵天良，LuC，等．青藏高原大气水分循环特征［J］．气象学报，2014，72(6):1079-1095.

［4］张冬梅，张莉．对话姚檀栋：走近第二次青藏高原综合科学考察［J］．科学通报，2019，64(27):2765-2769.

［5］吴豪，虞孝感．长江源自然保护区生态环境状况及功能区划分［J］．长江流域资源与环境，2001(03):252-257.

［6］李树德，李世杰．青海可可西里地区多年冻土与冰缘地貌［J］．冰川冻土，1993(01):77-82.

［7］熊明，李其江，邹珊．长江沱沱河源区水温变化规律分析［J］．水资源研究，2018，7（2）:117-125.

［8］丁瑞华．四川鱼类志［M］．成都：四川科学技术出版社，1994.

［9］武云飞．青藏高原鱼类［M］．成都：四川科学技术出版社，1992.

［10］王永军，孙晓勇．玉树通天河流域岩画的多样性风格研究［J］．青海师范大学学报（哲学社会科学版），2017，39（03）:75-81.

［11］张倩，唐邦城．玉树通天河流域牦牛岩画的风格研究［J］．文物鉴定与鉴赏，2018（04）:77-79.

［12］王永军．玉树通天河流域岩画中鹿图像研究［J］．西北民族大学学报（哲学社会科学版），2018（02）:89-99.

［13］王永军．玉树通天河流域岩画中犬图像研究［J］．西藏民族大学学报（哲学社会科学版），2018，39（06）:45-51, 154.

［14］王永军．一带一路背景下玉树通天河流域车辆岩画研究［J］．西藏大学学报（社会科学版），2018，33（04）:102-111.

［15］张晓霞．通天河流域两岸岩画对比研究［J］．西北美术，2017（01）:88-91.

［16］田峰．吐蕃别馆考［J］．中国边疆史地研究，2014，24（04）:72-80, 180.

[17] 董家平，安海民.多姿多彩的三江源历史文化 [J].群文天地，2010（001）:4-23.

[18] 陈进.回首寻找长江源 [J].中国三峡，2020（08）:7-15.

[19] 安海民.三江源地区民间传说及其文化意蕴初探 [J].青海民族研究，2009，20（01）:106-110.

[20] 黄永昌.藏族传统文化在三江源生态文明建设中的效能发挥 [J].攀登，2016，35（01）:146-150.

[21] 鄂崇荣，安海民，毕艳君，等.多姿多彩的三江源历史文化之四——三江源地区禁忌文化的展示及社会功能 [J].群文天地，2010（7）:26-34.

[22] 杨亭.藏族史诗《格萨尔王传》的生态意识 [J].青海民族大学学报（社会科学版），2013，39（01）:27-31.

[23] 索南多杰.简析寄魂物在《格萨尔王传·霍岭大战》中的重要地位 [J].青海民族研究，2002（02）:39-42.

[24] 李黛岚，白林.生态美学下的藏族史诗《格萨尔王传》研究 [J].贵州民族研究，2014，35（11）:149-152.

[25] 李天道.论藏民族史诗《格萨尔王传》的"崇高"之美 [J].民族学刊，2011，2（06）:78-84，104.

[26] 王沂暖，华甲.格萨尔王传：藏族英雄史诗[M].北京：中国国际广播出版社，2016.

[27] 李秀英.三江源草原"自然空间"的文化建构——以青海玛多县生态移民项目为例 [J].社科纵横，2019，34（11）:81-86.

[28] 赵智聪，王沛.三江源国家公园自然圣境认知传统与空间格局研究——以澜沧江源园区昂赛乡为例 [J].风景园林，2021，28（04）:117-123.

[29] 治多县第二次全国地名普查领导小组办公室.可可西里地名文化 [M].兰州：甘肃民族出版社，2017.

多样与强韧（金沙横断）

[1] 李炳元.横断山区地貌区划 [J].山地研究，1989（01）:13—20.

[2] 李宗省，何元庆，辛惠娟，等.我国横断山区 1960—2008 年气温和降水时空变化特征 [J].地理学报，2010，65（5）:563-579.

[3] 李吉均，苏珍.横断山冰川 [M].北京：科学出版社，1996.

[4] 杨红，杨京彪，孟秀祥，等.泸沽湖摩梭人传统文化与生态环境的适应 [J].中央民族大学学报（自然科学版），2009，18（3）:18-23.

[5] 金振洲，欧晓昆，区普定，等.金沙江干热河谷种子植物区系特征的初探 [J].云南植物研究，1994，16（1）:1-16.

[6] 欧晓昆，金振洲.金沙江干热河谷植物区系和生态多样性的初步研究 [J].云南植物研究，1996，14（4）:318-322.

[7] 李云琴，杜凡，汪健.金沙江上游干旱河谷维管植物区系特征 [J].西部林业科学，2019，48（1）:93-99，138.

［8］王大绍.胭脂虫毁了金沙江干热河谷仙人掌［C］.第十届全国生物多样性保护与持续利用研讨会，2012.

［9］曹文宣，伍献文.四川西部甘孜阿坝地区鱼类生物学及渔业问题［J］.水生生物学集刊，1962，2:79–111.

［10］韦先超，金灿彪，邓思红.鲈鲤养殖技术的初步研究［A］.2006中国科协年会农业分会场论文专集［C］.中国科协年会，2006.

［11］张桂林，周凯.长江上游珍稀特有鱼类保护困境调查［J］.瞭望，2018（28）:8–9.

险峻与征服（巴山蜀水）

［1］孙钠，何兴金，周颂东.岷江上游地区种子植物区系初步研究［J］.四川大学学报（自然科学版），2008，45（4）:972–978.

［2］江明喜，党海山，黄汉东，等.三峡库区香溪河流域河岸带种子植物区系研究［J］.长江流域资源与环境，2004，13（2）:178–182.

［3］沈泽昊，胡会峰，周宇，等.神农架南坡植物群落多样性的海拔梯度格局［J］.生物多样性，2004，12（1）:99–107.

［4］贺今生，林洁，陈伟烈.我国珍稀特有植物珙桐的现状及其保护［J］.生物多样性，1995，3（4）:213–224.

［5］刘玉珊，高兰阳，王辉，等.红花绿绒蒿的研究现状［J］.现代园艺，2012，6:14.

［6］茹辉军，李云峰，沈子伟，等.大渡河流域川陕哲罗鲑分布与栖息地特征研究［J］.长江流域资源与环境，2015，24（10）:1779–1785.

［7］申志新，唐文家，李柯懋.青海省玛柯河川陕哲罗鲑数量变动及原因分析［J］.水利渔业，2006（01）:71–73.

［8］谢平.长江的生物多样性危机——水利工程是祸首，酷渔滥捕是帮凶［J］.湖泊科学，2017，29（06）:1279–1299.

［9］向左甫.金丝猴社会生态学研究进展［J］.生命科学，2020，32（7）:692–703.

［10］Luo M, Liu Z, Pan H, et al. Historical geographic dispersal of the golden snub - nosed monkey (Rhinopithecus roxellana) and the influence of climatic oscillations[J]. American Journal of Primatology, 2012, 74(2): 91–101.

［11］Kuang W M, Ming C, Li H P, et al. The origin and population history of the endangered golden snub-nosed monkey (Rhinopithecus roxellana)[J]. Molecular Biology and Evolution, 2019, 36(3): 487–499.

［12］余小林，韩文斌，周友兵，等.神农架世界自然遗产地川金丝猴通道设计［J］.生态科学，2018，37（4）:97–104.

［13］张宇，李佳，薛亚东，等.气候变化背景下湖北川金丝猴种群生存力分析［J］.生态学杂志，2018，11:3333–3341.

［14］曹国斌，朱兆泉，杨敬元，等.湖北川金丝猴现状及保护研究［J］.野生动物学报，2019，40（3）:602–609.

［15］李广良，丛静，卢慧，等.神农架川金丝猴栖息地森林群落的数量分类与排序［J］.生态学报，2012，32（23）:7501-7511.

［16］陈远，白炎培，向左甫.连吃带"拿"：川金丝猴对森林的回馈［J］.大自然，2019，3.

［17］铁军，李燕芬，王传华.神农架川金丝猴栖息地树生地衣群落物种多样性［J］.生态学杂志，2016，35（11）:2991-2998.

［18］王翠玲，臧振华，邱月，等.湖北神农架国家级自然保护区森林和川金丝猴栖息地的保护成效［J］.生物多样性，2017，25（5）:504-512.

［19］张宇，李丽，张于光，等.人为干扰对神农架川金丝猴连通性及遗传多样性的影响［J］.生态学报，2019，39（8）:2935-2945.

［20］Xiang Z F, Yu Y, Yang M, et al. Does flagship species tourism benefit conservation? A case study of the golden snub-nosed monkey in Shennongjia National Nature Reserve[J]. Chinese Science Bulletin, 2011, 56(24): 2553-2558.

［21］张波，叶玭婧，卢浪，等.生态旅游对川金丝猴肠道寄生虫的影响［J］.兽类学报，2017，37（1）:66-77.

［22］刘新民，付钰涵，夏溶矫.流域生态综合补偿的机遇和挑战——以四川省岷江流域为例［J］.环境生态学，2020，2（9）:25-30.

［23］樊敏，李富程，郭亚琳，等.退耕还林对岷江上游高山聚落区生态服务价值变化的影响［J］.山地学报，2016（3）:356-365.

［24］杨春花，张和民，周小平，等.大熊猫（Ailuropodamelanoleuca）生境选择研究进展［J］.生态学报，2006，26（10）:3442-3453.

［25］刘雪华，范志勇，李艳忠，等.竹子开花对大熊猫种群及栖息地的潜在影响与预警方案研究［R］.WWF大熊猫保护研究报告（下册），2016:209-301.

［26］吴晓莆，范志勇，赵志平，等.气候变化对秦岭和岷山地区大熊猫栖息地与种群的潜在影响与未来保护策略研究［R］.WWF大熊猫保护研究报告（下册），2016:61-144.

［27］龚明昊，宋延龄，曾治高，等.秦岭、岷山山系大熊猫栖息地保护及空缺分析［R］.WWF大熊猫保护研究报告（上册），2016:89-160.

［28］李彬彬.中国特有脊椎动物庇护在大熊猫的保护伞下：量化大熊猫伞护效应［C］.第十三届全国野生动物生态与资源保护学术研讨会暨第六届中国西部动物学学术研讨会论文摘要集，2017.

［29］李爽，康东伟，李俊清，等.大熊猫，羚牛和川金丝猴的生境利用比较［J］.东北林业大学学报，2017，45（9）:81-83.

［30］胡锦矗，吴攀文.小相岭山系大熊猫大中型伴生兽类［J］.四川动物，2007，26（1）:88-90.

［31］胡锦矗.大熊猫的起源与演化［J］.中国林业，2008，22:30-35.

［32］张泽钧，胡锦矗，吴华.邛崃山系大熊猫和小熊猫生境选择的比较［J］.兽类学报，2002，22（3）:161-168.

［33］侯万儒，任正隆，胡锦矗.唐家河自然保护区黑熊种群生存力初步分析［J］.

广西科学，2003，10（4）:301-304.

［34］李晟.黑熊只让你拍一次［J］.森林与人类，2017（8）:30-39.

［35］侯万儒，胡锦矗.我国熊类资源现状［J］.生物学通报，1998，33
（8）:24-25.

［36］刘健瑜，黄建，肖凌云，冯杰.亚洲金猫(Catopuma temminckii Vigors
and Horsfield)的研究进展及威胁分析[J].四川林业科技,2020,41(06):137-
146.

［37］李晟.亚洲金猫：徜徉老河沟［J］.森林与人类，2015（3）:90-91.

［38］谌利民，熊跃武，马曲波，等.四川唐家河自然保护区周边林缘社区野生
动物冲突与管理对策研究［J］.四川动物，2006，25（4）:781-783.

［39］王一晴，戚新悦，高煜芳.人与野生动物冲突：人与自然共生的挑战［J］.
科学，2019（5）.

［40］伍明实.川江号子现状调查报告［J］.中华文化论坛，2011（03）:34-42.

［41］邓晓.川江流域的物产、木船与船工生活［J］.重庆师范大学学报（哲学
社会科学版），2005（04）:70-76.

［42］李良品.川江号子的形成、内容与文化精神［J］.涪陵师范学院学报，
2003，（02）:58-61.

［43］杨燕，何杰艳.从劳动号子到非物质文化遗产——川江号子的时代变迁及
其反思［J］.四川戏剧，2015（10）:73-76.

［44］毛小璐.川江船工号子演唱及表演方法的思考【D】.四川师范大学，
2014.

［45］赵永康.历史上的川江船工与木船[J].中华文化论坛，2016（11）:128-134.

［46］杨晴，王晓红.从都江堰视角看水利工程与生态保护的关系［J］.中国水利，
2020（03）:22-24.

［47］旷良波.都江堰灌溉工程遗产体系、价值及其保护研究[J].中国防汛抗旱，
2018，28（09）:72-76.

［48］刘佳明，王新奎.都江堰水利枢纽关键技术的分析与应用［J］.科技资讯，
2016，14（02）:87-89.

［49］郭钦.浅谈杩槎围堰在都江堰水利工程施工中的应用［J］.四川水利，
2014，35（01）:20-21.

［50］官性根.都江堰治水中的和谐思想探析[J].甘肃农业，2019（02）:88-90.

［51］都江堰水利文化的建设与研究［J］.中国水利，2020（03）:57-59.

［52］王忠静，张腾.浅议都江堰的工程伦理和文化贡献［J］.中国水利，2020
（03）:25-27.

［53］彭邦本.古代都江堰岁修制度——从《秦蜀守李冰湔堋堰官碑》说起［J］.
西华大学学报（哲学社会科学版），2018，37（04）:8-18.

［54］李奕成，张薇，王墨，等.品不够的风景——都江堰水利工程系统的生态
智慧及人居意义［J］.现代城市研究，2018（05）:124-132.

［55］颜文涛，象伟宁，袁琳.探索传统人类聚居的生态智慧——以世界文化遗
产区都江堰灌区为例［J］.国际城市规划，2017，32（04）:1-9.

［56］蓝薇.圣王、功臣与力士——都江堰诸神庙的神话及其历史隐喻［D］.西

南民族大学，2016.

［57］程得中．历史时期巴蜀水利工程的劳动力和资金来源述论［J］.经济研究
导刊，2019（12）:112-114.

［58］四川省水利厅，四川省都江堰管理局．都江堰水利词典［M］.北京：科学
出版社，2004.

［59］袁博．近代中国水文化的历史考察［D］.山东师范大学，2014.

［60］钱正英．中国水利：新版［M］.北京：中国水利水电出版社，2012.

［61］王仓仓．南京国民政府时期导淮委员会研究［D］.山东师范大学，2019.

［62］李永山，陈猛，郑友华．山区河流航电枢纽工程施工特点及措施［J］.四
川水利，2019，40（05）:103-106.

［63］陆以群．全面规划，续建渠化工程，发展綦江水运事业［J］.水运工程，
1984（01）:37-38.

［64］《百问三峡》编委会．百问三峡［M］.北京：科学普及出版社，2012.

滋养与连通（湖广鄱阳）

［1］岳阳市地方志编纂委员会．岳阳市志［M］.北京：中央文献出版社，2004.

［2］贵州省地方志编纂委员会．贵州省志·地理志（上册）［M］.贵阳：贵州
人民出版社，1985: 899-900.

［3］李欣，刘云国，吴立勋，等．洞庭湖的景观动态分析［J］.长江流域资源
与环境，2002（06）.

［4］李景保．澧水流域的水文特性分析［J］.湖南师范大学自然科学学报，
1991（3）.

［5］江西省地方志编纂委员会．江西省自然地理志［M］.北京：方志出版社，
2003: 90-97.

［6］胡雪松，石连玉．我国三角鲂种质资源的研究进展［J］.水产学杂志，
2020，33（03）.

［7］丁瑞华．四川鱼类志［M］.成都：四川科学技术出版社，1994.

［8］谢平．我们能拯救长江中正在消逝的鲟鱼吗？［J］.湖泊科学，2020，32
（04）:899-914.

［9］王熙，王环珊，张先锋．由长江中的三种鲟到长江水域生态保护［J］.华中
师范大学学报（自然科学版），2020，54（04）:734-748.

［10］张玉林．"人类世"时代的长江：生命衰减的社会动力［J］.云南大学学报
（社会科学版），2021，20（03）:107-122.

聚积与开创（扬子入海）

［1］安徽省地方志编委会．安徽省志水利志［M］.北京：方志出版社，1999.

［2］江苏省地方志编纂委员会．江苏省志·水利志［M］.南京：江苏古籍出版社，

2001.

［3］曹颖.明清时期太湖地区水生蔬菜栽培与利用研究［D］.南京农业大学，
2012.

［4］叶静渊.我国水生蔬菜的栽培起源与分布［J］.长江蔬菜，2001，000
（B08）:4-12.

［5］宋建华.苏州水生蔬菜溯源［J］.长江蔬菜，2001（B08）.

［6］沈啸梅，叶瑞宝.苏州水生蔬菜史略［J］.中国农史，1982（02）:70-79.

［7］林远锋，鲁长虎，许鹏，等.1976年以来丹顶鹤在我国的分布变迁及就地保
护状况［J］.南京林业大学学报（自然科学版），2021，45（06）:200-208.

［8］刘春悦，张树清，江红星，等.江苏盐城滨海湿地外来种互花米草的时空动
态及景观格局［J］.应用生态学报，2009，20（04）:901-908.

［9］刘荫增.朱鹮在秦岭的重新发现［J］.动物学报，1981（03）:273.

［10］钱法文.中国鹤类保护现状调查［J］.森林与人类，2005（05）:31-38.

［11］施泽荣，吴凌祥.丹顶鹤的越冬生态观察［J］.动物学杂志，1987
（06）:37-39.

［12］张亚楠，赵永强，陈浩，等.1983～2017年间丹顶鹤在盐城越冬地的种
群变化分析［J］.四川环境，2018，37（06）:154-159.

［13］周大庆，王智，高军，等.中国动物园圈养丹顶鹤的数量和分布格局［J］.
生态与农村环境学报，2014，30（06）:731-735.

图书在版编目（CIP）数据

一个长江 从雪山到海洋 / 长江保护与绿色发展研
究院，江苏省科普作家协会编著 .-- 南京：江苏凤凰科
技学技术出版社，2023.1

ISBN 978-7-5713-3251-8

Ⅰ.①一… Ⅱ.①长…②江… Ⅲ.①长江流域—介
绍②长江流域—生态环境保护 Ⅳ.① K928.42 ② X321.25

中国版本图书馆 CIP 数据核字 (2022) 第 192497 号

一个长江 从雪山到海洋

出 版 人	傅 梅
编 著	长江保护与绿色发展研究院
	江苏省科普作家协会
项 目 策 划	左晓红
责 任 编 辑	朱 昊
装 帧 设 计	WJ-STUDIO
责 任 校 对	仲 敏
责 任 监 制	周雅婷

出 版 发 行	江苏凤凰科学技术出版社
出版社地址	南京市湖南路 1 号 A 楼 邮编：210009
出版社网址	http://www.pspress.cn
编 读 信 箱	skqsfs@163.com
联 系 电 话	（025）83657623
印 刷	南京新世纪联盟印务有限公司

开 本	797mm×1024mm 1/16
印 张	32.25
插 页	16
字 数	400 000
版 次	2023 年 1 月第 1 版
印 次	2023 年 1 月第 1 次印刷

标 准 书 号	ISBN 978-7-5713-3251-8
审 图 号	GS（2022）5277 号
定 价	198.00 元（精）